Gemütliche Genusstouren

Panoramawege für Senioren Bayerischer Wald

30 aussichtsreiche Höhenwanderungen

J. BERG

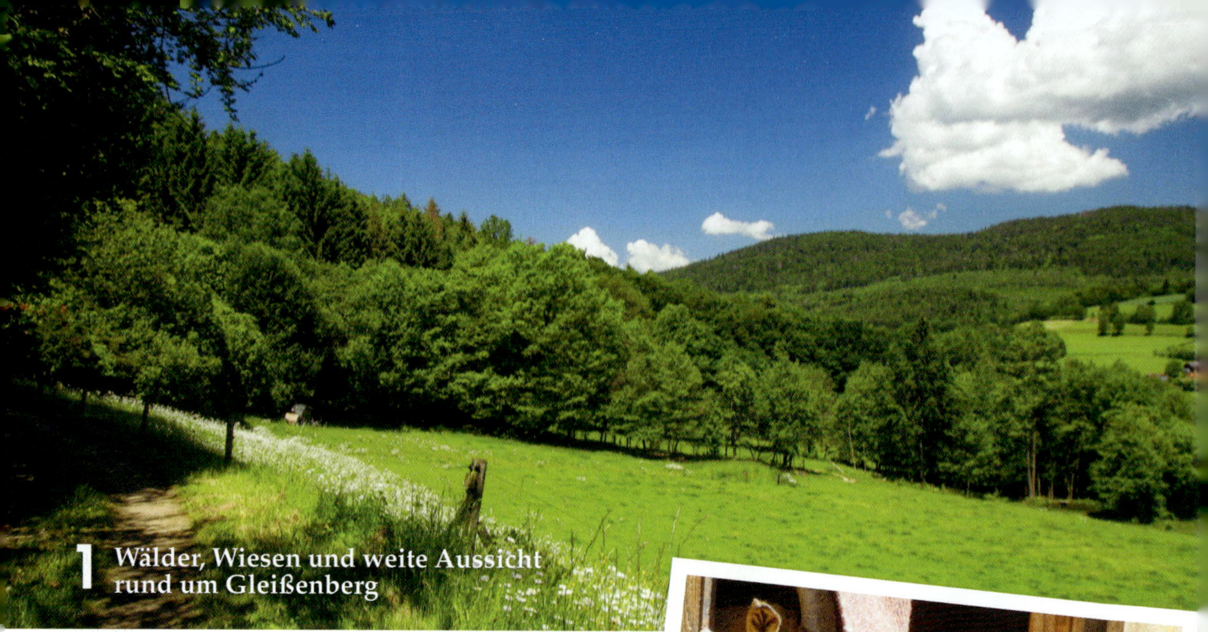

1 Wälder, Wiesen und weite Aussicht rund um Gleißenberg

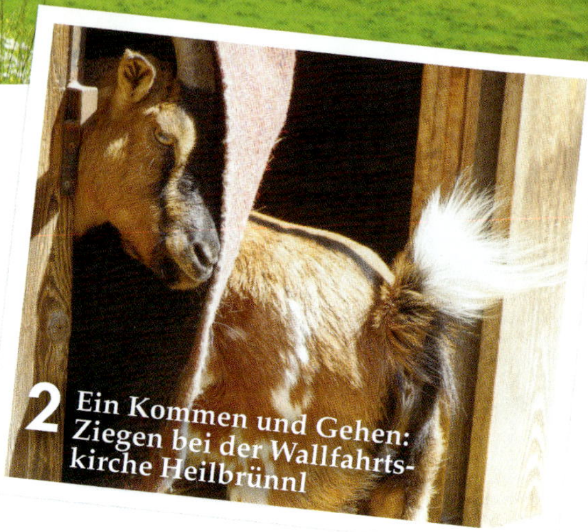

2 Ein Kommen und Gehen: Ziegen bei der Wallfahrtskirche Heilbrünnl

Inhalt

Unterwegs im Arberland 70

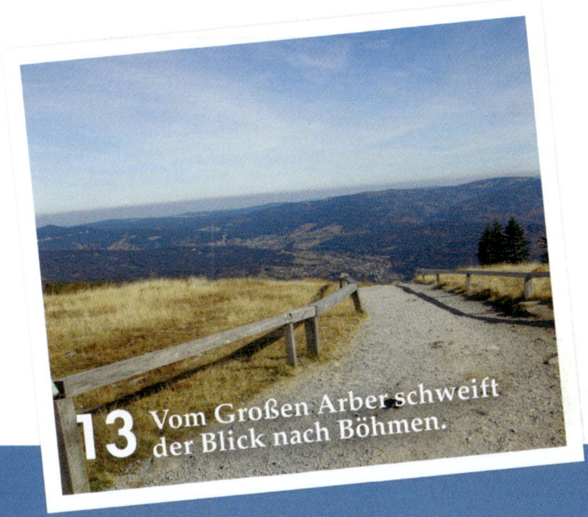

13 Vom Großen Arber schweift der Blick nach Böhmen.

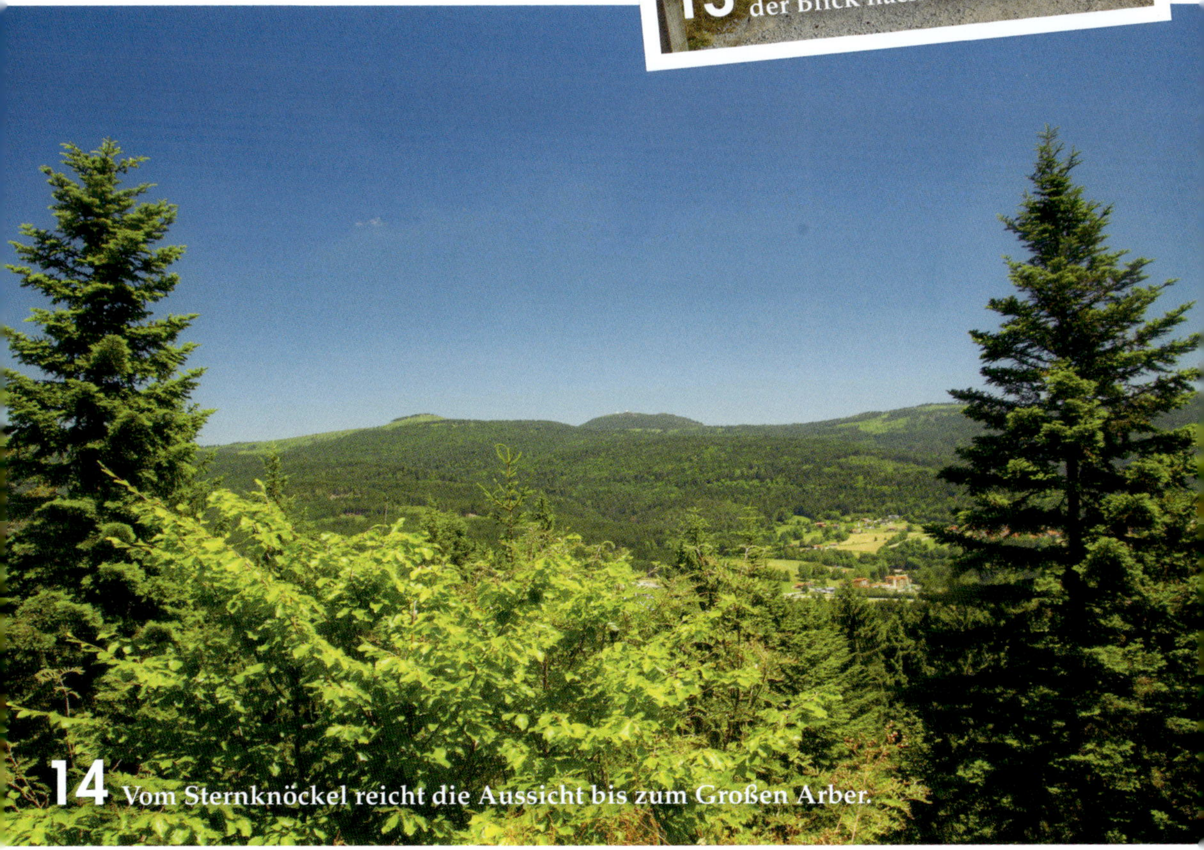

14 Vom Sternknöckel reicht die Aussicht bis zum Großen Arber.

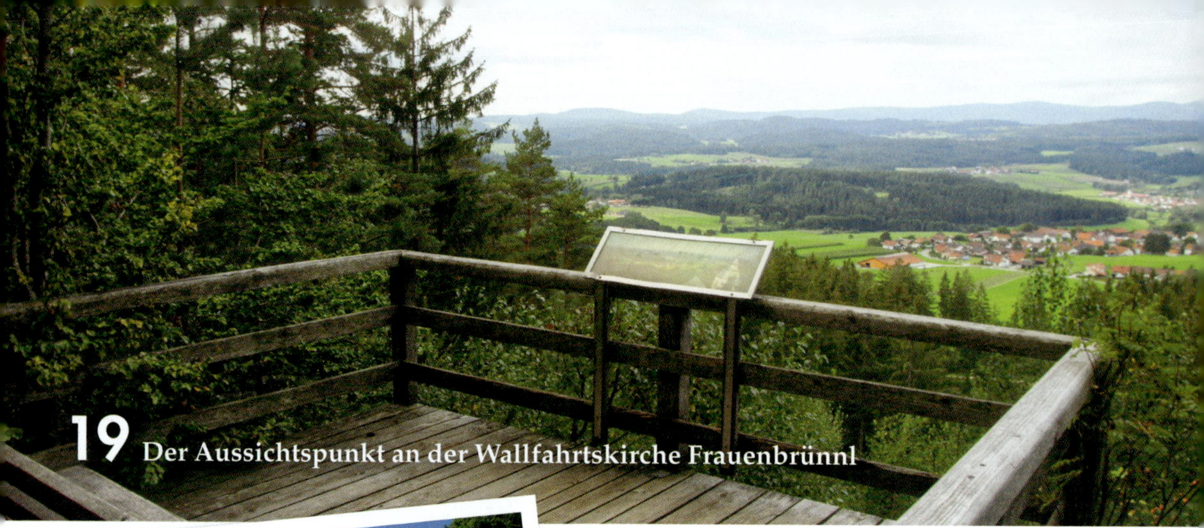
19 Der Aussichtspunkt an der Wallfahrtskirche Frauenbrünnl

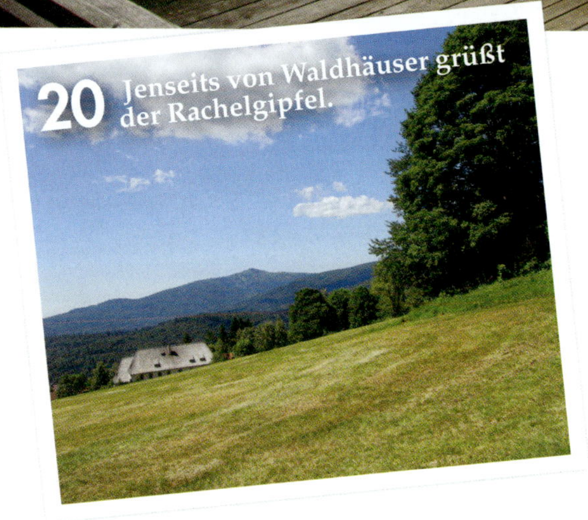
20 Jenseits von Waldhäuser grüßt der Rachelgipfel.

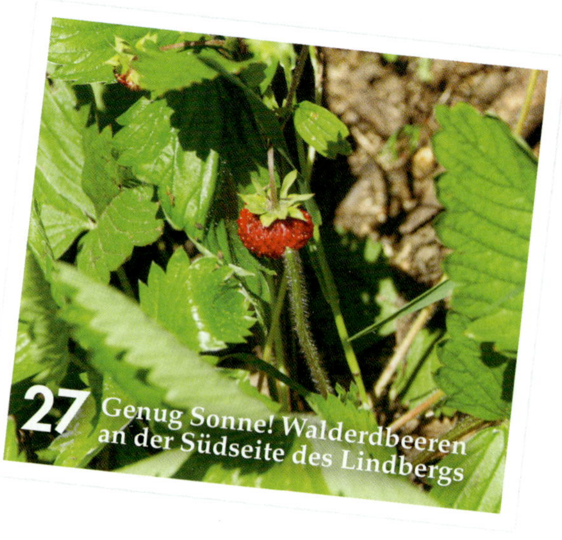
27 Genug Sonne! Walderdbeeren an der Südseite des Lindbergs

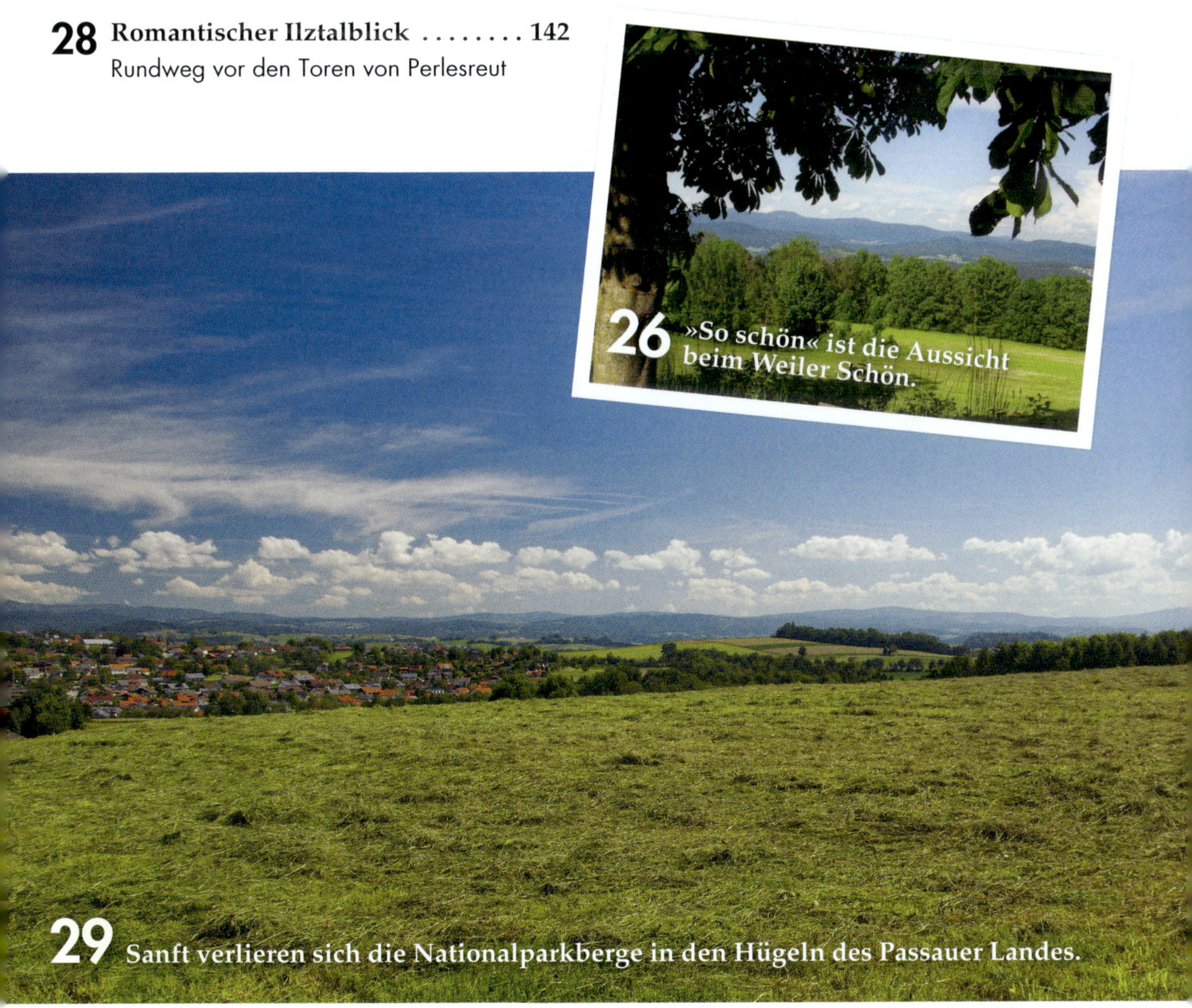

26 »So schön« ist die Aussicht beim Weiler Schön.

29 Sanft verlieren sich die Nationalparkberge in den Hügeln des Passauer Landes.

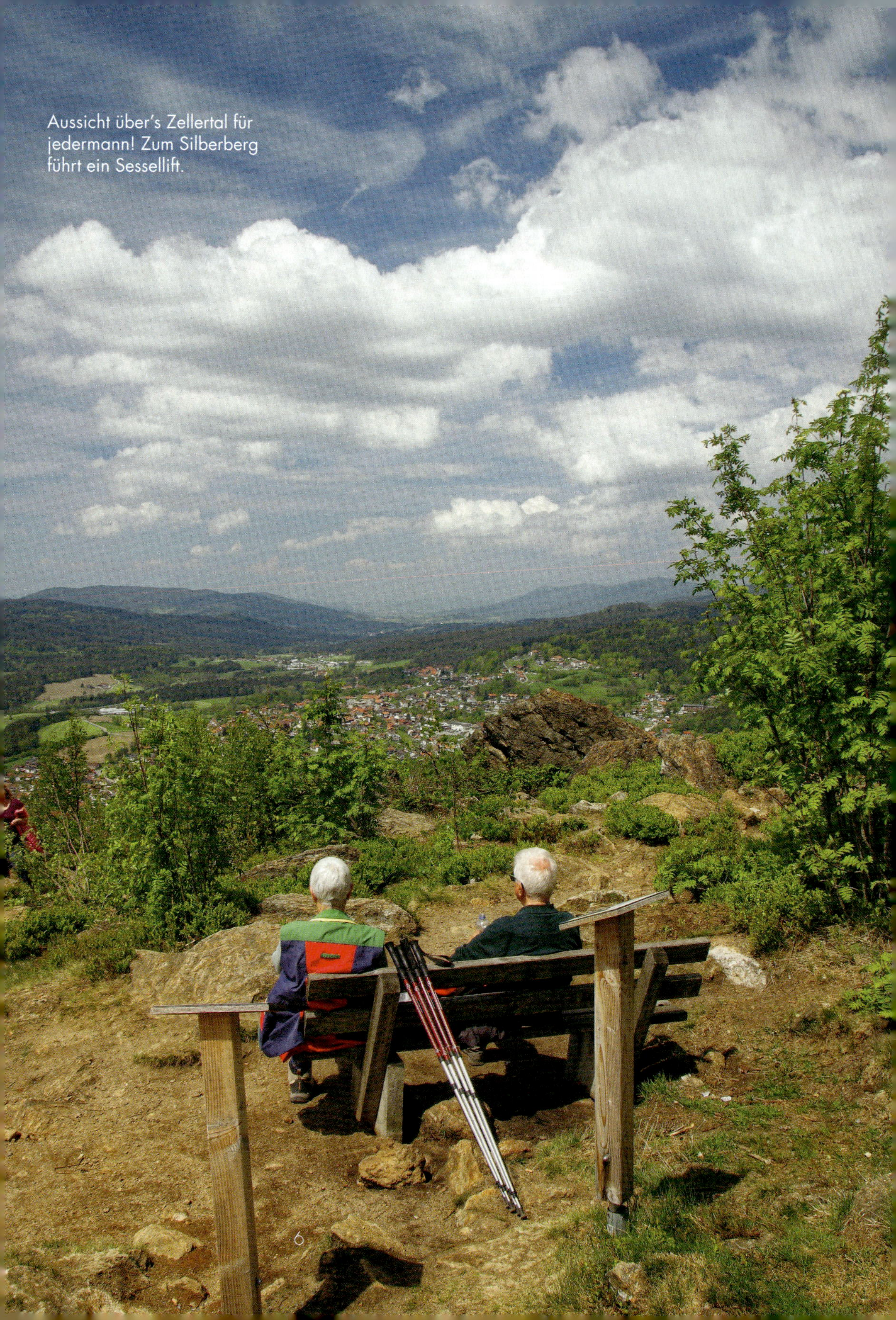

Aussicht über's Zellertal für jedermann! Zum Silberberg führt ein Sessellift.

Tourenüberblick

	Tour										
1	Rund um das »Meran Bayerns«	1.45 Std.	172 Hm	4,6 km					•		
2	Zum Heilbrünnl bei Roding	2.30 Std./ 1.15 Std.	auf 95 Hm/ ab 89 Hm	7 km/ 3,3 km	•	•	•			•	
3	Kamelbuckel im Vorwald	1 Std.	193 Hm	3,7 km			•			•	
4	Abseits des Trubels	2 Std.	148 Hm	6 km	•		•		•		
5	Entlang der »Teufelsmauer«	2 Std.	128 Hm	6,4 km	•	•	•		•		
6	Appetithappen am Eingang zum Lamer Winkel	0.45 Std.	79 Hm	2 km			•		•		
7	Aussichts-Reich	2.15 Std.	156 Hm	7,1 km	•		•		•		
8	Aussicht weit ins Böhmerland	1.30 Std.	142 Hm	4,5 km	•		•		•		
9	Im Schatten des Hohen Bogen	1.30 Std.	117 Hm	4,5 km			•			•	
10	Im Herzen des Lamer Winkels	2.45 Std.	277 Hm	8,2 km	•				•		
11	Freier Eintritt im »Naturkino«	2 Std.	278 Hm	5,3 km					•		
12	Über alle Grenzen hinweg	1.45 Std.	auf 34 Hm/ ab 137 Hm	5,8 km	•		•			•	
13	Auf den Großen Arber	0.45 Std.	59 Hm	1,6 km	•	•	•		•		•
14	Genusswanderung mit Aussicht	1.45 Std.	73 Hm	5,6 km	•		•			•	
15	Ein Berg für jede Jahreszeit	0.30 Std.	auf 9 Hm/ ab 154 Hm	1,5 km	•	•	•		•		•
16	Aussichtskanzel Hennenkobel	3 Std.	53 Hm	10,3 km			•			•	
17	Zwischen Vorwald und dem Großen Arber	1.30 Std.	150 Hm	3,3 km			•	•		•	
18	Von Arber, Brotjackelriegel und verfallenen Höfen	1.45 Std.	auf 44 Hm/ ab 304 Hm	5,9 km	•	•	•			•	•
19	Hoch über dem Rinchnachtal	1.45 Std.	156 Hm	6,2 km	•	•	•			•	
20	Höher hinauf als der Adler	1.30 Std.	134 Hm	4,7 km	•	•	•			•	
21	Kleiner Rundweg »Fledermaus«	1.15 Std.	81 Hm	2,9 km	•		•			•	
22	Terrasse mit Nationalparkaussicht	2.30 Std.	121 Hm	8 km			•		•		
23	Waldwanderung mit Arberblick	2 Std.	auf 70 Hm/ ab 210 Hm	6,6 km		•	•			•	
24	Die Große Kadernbergrunde	2 Std.	161 Hm	5,1 km	•	•	•	•		•	
25	Aussichtsturm für Jedermann	2 Std.	157 Hm	5,5 km	•		•	•		•	
26	Das Tor zum Bayerischen Wald	1.30 Std.	66 Hm	4,3 km	•		•			•	
27	Rund um den Lindberg	1.30 Std.	57 Hm	4,2 km			•			•	
28	Romantischer Ilztalblick	1.45 Std.	88 Hm	6,2 km			•		•		
29	Im Herzen des Dreiburgenlandes	2.15 Std.	104 Hm	7 km	•		•		•		
30	Im Sagenreich der Felsentürme	1.15 Std.	112 Hm	3,3 km	•	•	•		•		

Vorwort

Der Bayerische Wald ist auch bekannt als das »Grüne Dach« und als größtes zusammenhängendes Waldgebiet Europas. Wo mag es da Panoramawege geben, in einem Mittelgebirge, das die natürliche Baumgrenze nicht erreicht? Wo erlaubt der Wald unverstellte Aussicht und Fernblicke? Diese Fragen sind berechtigt.

Während man in den Alpen jenseits der 2000 m oder im Almgelände ideale Voraussetzungen vorfindet, muss man im Bayerischen Wald etwas suchen, aber: Man wird fündig! An manchen Stellen hat die Natur nachgeholfen, als vor über zehn Jahren der Borkenkäfer den Bergwald so schwächte, dass der Sturm Kyrill leichtes Spiel hatte. In den Hochlagen über 1100 m Seehöhe ist leider viel Wald verloren gegangen, dafür sind aber Aussichtsplätze hinzugekommen, so etwa am Dreisessel.

Doch auch im stark bewaldeten Mittelgebirge bietet die Geländeform aussichtsreiche Wegverläufe. Das Fehlen enger, alpiner Taleinschnitte lässt den Wanderer schon auf leichten Anhöhen die Weite des Landes erleben. Sanfte Hügelketten rund um das Further Becken im nördlichen Bayerischen Wald erlauben erstaunliche Panoramen bis nach Böhmen. Und dann gibt es im Westen den Vorwald, wo sich die ersten Bergrücken erheben. Viele fahren zu achtlos daran vorbei auf ihrem Weg ins Herz des Bayerischen Waldes – das Arberland. Doch so manche Aussichtsperle, wie etwa der Weg zum Gallner, findet sich schon hier und beschenkt uns mit einfachen Panoramawegen und Ausblicken über Donau und Gäuboden.

Und wenn alles nichts hilft, wird eben der örtliche Tourismusverband aktiv und stellt einen Aussichtsturm auf. Warum auch nicht? Jenseits der Baumwipfel gibt es immer etwas zu erspähen.

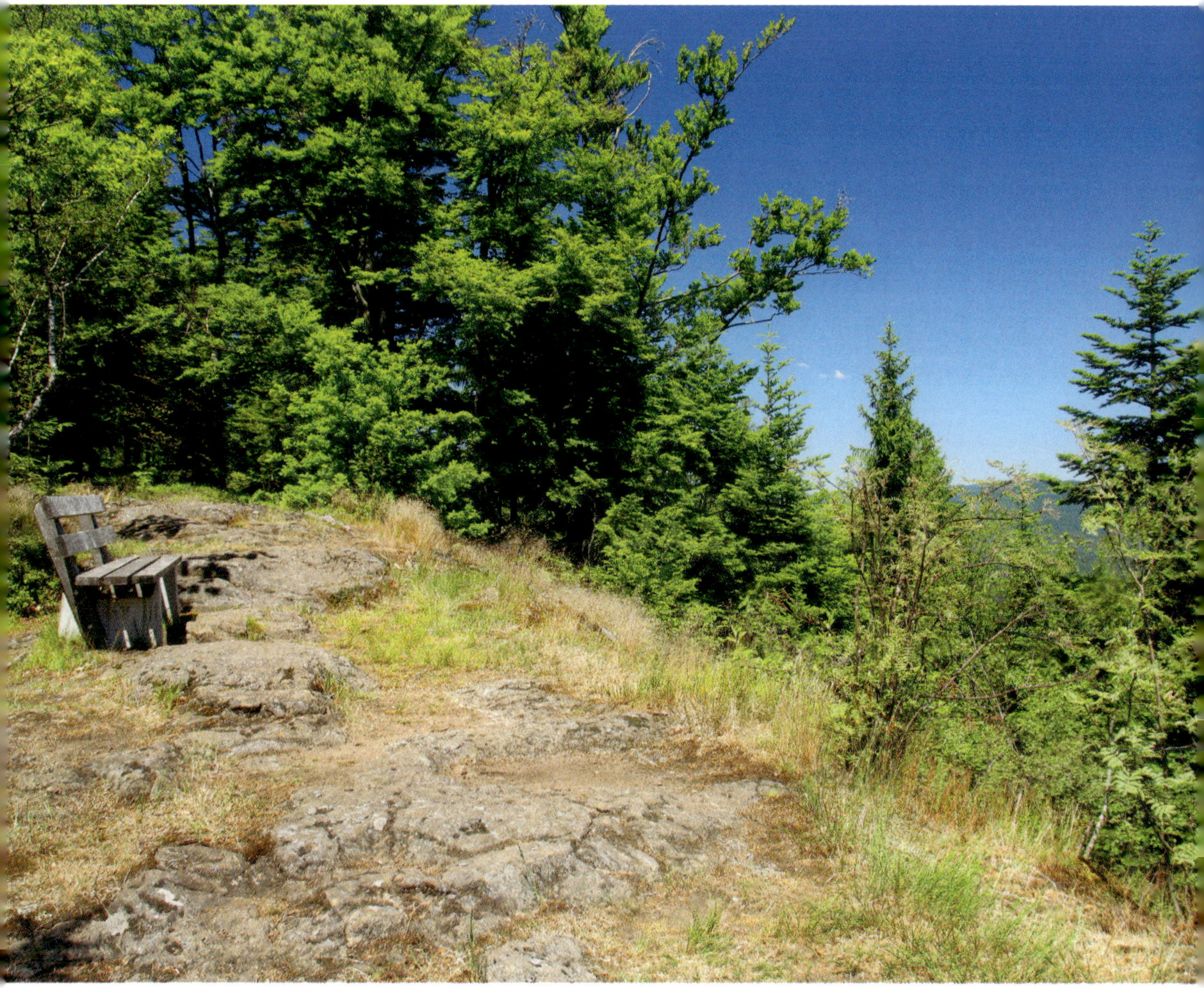

Zu guter Letzt liegt es auch an uns, die richtige Perspektive zu finden, und nicht immer muss man auf einem Gipfel stehen, um in die Ferne zu sehen.

Am Sternknöckel hat man die Aussicht meist für sich alleine.

In diesem Sinne wünsche ich Ihnen viel Freude mit den ausgewählten Wanderrouten und immer den richtigen Blick für die Natur.

München, im Frühjahr 2020
Gottfried Eder

Einleitung

Der Bayerische Wald ist eine der führenden Ferienregionen in Bayern. Steigende Übernachtungszahlen, wachsende Infrastruktur und immer neue touristische Angebote sind ein Beleg dafür. Die Region stellt sich breit auf. Für junge Urlauber reichen die Angebote vom Kanufahren auf dem Regen bis hin zum Mountainbiken auf anspruchsvollen Touren. Auf der Transbayerwaldroute oder dem Iron-Courtain-Trail finden auch erfahrene Bergradler Gelegenheit, ihre Grenzen auszutesten. In den Nationalparkzentren können Familien mit ihren Kindern die Waldwildnis »gefahrlos« erleben. Für alle Zielgruppen interessant ist das immer breitere Wellnessangebot, vom SPA-Hotel bis hin zum Naturbadeweiher. Und auch wir älteren Naturliebhaber werden mit vielerlei neuen Möglichkeiten angesprochen, etwa barrierefreien Wegen, und selbst das Panorama auf dem Arbergipfel ist dank der Umlaufbahn für kaum jemanden mehr unerreichbar. Doch selbst ohne diese Helfer ist das Mittelgebirge für uns prädestiniert: Einfache Wege erschließen die ursprüngliche Natur und fantastische Panoramen. Für die perfekte Genusstour brauchen wir dann nur noch gutes Wetter und die richtige Vorbereitung.

Anreise

Für die Anreise mit den öffentlichen Verkehrsmitteln stehen Bahn und Bus gleichermaßen zur Verfügung. Der nördliche Bayerische Wald, der Lamer Winkel sowie die Arberregion und der Nationalpark sind gut über die regional verkehrende Länderbahn zu erreichen. Im Süden verbindet die Ilztalbahn Passau und Waldkirchen. Darüber hinaus schließt ein Netz von Buslinien (z.B. Ostbayernbus) das flache Land an das Schienennetz an. Die wichtigsten Ausgangspunkte im Nationalpark, der seinerseits weitestgehend für den privaten Autoverkehr gesperrt ist, sind durch die sogenannten Igel-Busse erreichbar. Bleibt noch zu erwähnen, dass der öffentliche Personennahverkehr in vielen Gemeinden kostenlos ist. Das »Gästeservice Umweltticket« (GUTi) wird mit der Gästekarte des Beherbergungsbetriebs ausgestellt. Nicht nur deshalb empfiehlt sich bei der Anreise per Bus oder Bahn eine Übernachtung. Bei den einzelnen Wandervorschlägen ist die Erreichbarkeit mit Bahn oder Bus angegeben. Dies ist jedoch zuallererst im Sinne eines grundsätzlichen Anschlusses an das öffentliche Verkehrsnetz gemeint. Aufgrund der Taktung ist bei vielen Tourenvorschlägen eine Anreise mit Bus oder Bahn trotzdem nur aus der Region sinnvoll. Dies gilt es im Einzelfall zu prüfen.

Die Autobahn A93 im Norden, die A3 im Westen und ein Netz an Bundes- und Landstraßen erschließen den Bayerischen Wald für den Autoverkehr, insbesondere die B85, welche Schwandorf im Norden und Passau im Süden als eine der zentralen Verkehrsadern verbindet. Dabei setzt die Region schon seit einigen Jahren auf E-Mobilität, was sich in einem dichten Netz an Ladestationen niederschlägt.

Auf den Großen Arber geht es barrierefrei bis fast ganz nach oben.

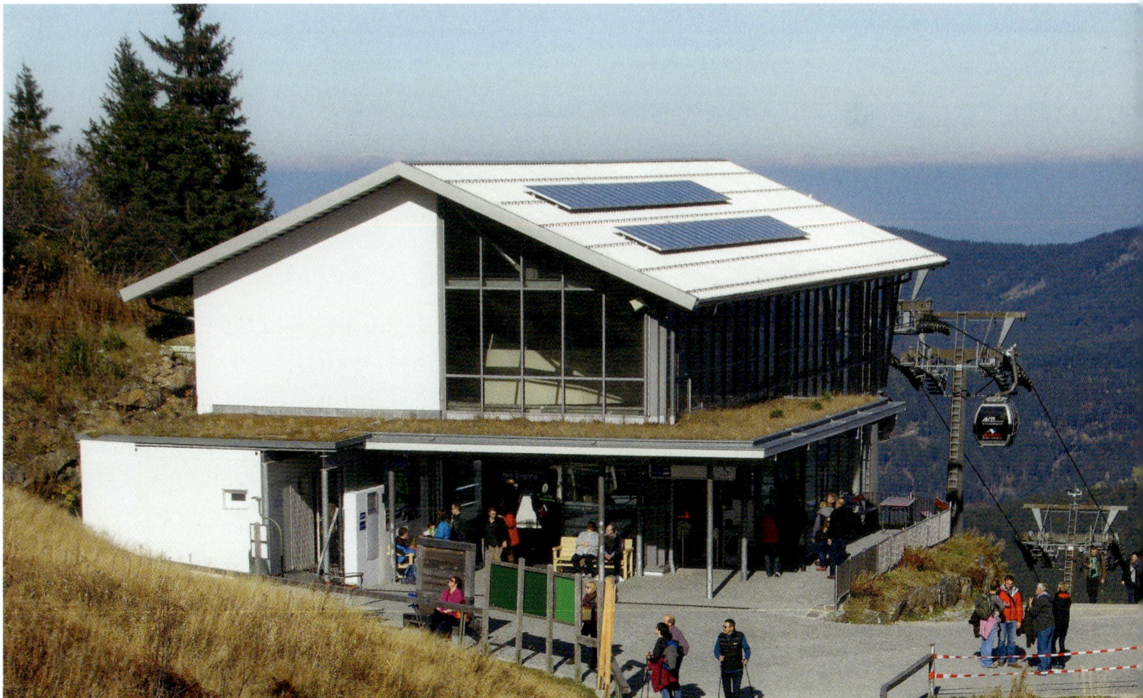

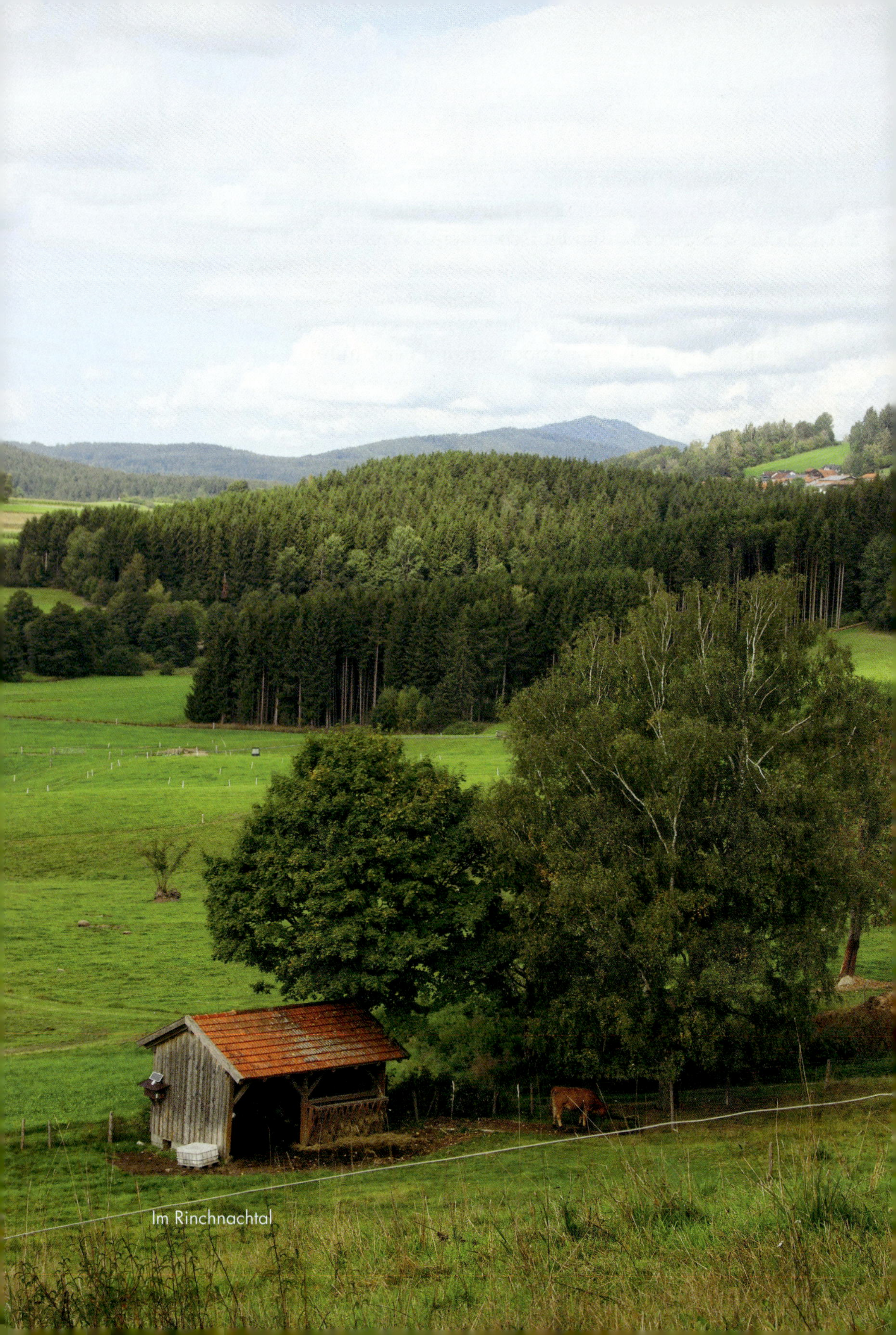

Im Rinchnachtal

Wege, Schwierigkeitsgrad und Tourenauswahl

Dort, wo haushohe Fichten und Tannen die Berghänge hinaufziehen, begegnen wir typischerweise Wegen und Pfaden, die über verwurzelte Tritte führen und meist noch von Granitstufen durchsetzt sind. Diese Wege bieten vielerlei Stolperfallen. Unter dem Laubdach hingegen ist der weiche Waldboden nach Regen noch lange feucht, mitunter morastig-tief und rutschig. Die Wege »leben« und verändern sich mit dem Wetter. So ist es von Vorteil, wenn wir auf unseren Touren häufig auf Schotter und mitunter auf Teer wandern, also weitgehend frei von Stolperfallen oder unvorhersehbaren Witterungseinflüssen. Das alles jedoch schließt nicht aus, dass bei Waldarbeiten oder der Holzernte mit temporären Sperrungen von Wegen gerechnet werden muss. Dies ist nicht selten in einer Region, in der die Waldwirtschaft ein wichtiges wirtschaftliches Standbein darstellt. Aktuelle Wegezustandsberichte erhalten wir bei der Nationalparkverwaltung oder den örtlichen Tourismusinformationen. Entsprechend sind die angegebenen Zeiten als reine Gehzeiten zu verstehen. Berücksichtigen Sie bei der Planung unbedingt auch Einflussfaktoren wie z. B. Wetter, Wegebeschaffenheit, Schwierigkeitsgrad und Ihr aktuelles Leistungsvermögen. Denken Sie außerdem an ausreichend Pausen. Bei der Tourenauswahl wurde versucht, die regionale Verteilung, die gute Erreichbarkeit sowie die unterschiedlichen landschaftlichen Reize zu berücksichtigen.

Internetadressen

- www.bahn.de
- www.laenderbahn.de
- www.ilztalbahn.eu
- www.ostbayernbus.de
- www.bayerwald-ticket.de
- www.ladeatlas.bayern
- www.e-wald.eu

Im Vordergrund steht Ihr Genuss an der Panoramawanderung. Neben der Bebilderung und Beschreibung als »Lustmacher« stellt die Einordnung des Schwierigkeitsgrades das wichtigste Kriterium für die Auswahl einer Tour dar. Sie ergibt sich aus der Wegebeschaffenheit, der Länge und den Höhenmetern in An- und Abstieg. So ist der Weg zum Lohberger »Naturkino« zwar relativ kurz, aber aufgrund der zu leistenden Höhenmeter und der Wegebeschaffenheit als schwer einzuordnen. Andersherum ist das Panorama vom Arber dank der Umlaufbahn leicht verdient. Gehgewohnte und erfahrene Wanderer werden aber auf keiner Tour Schwierigkeiten haben.

Ausrüstung

Feste, nach Möglichkeit knöchelhohe Schuhe mit rutschfester Profilsohle sind unerlässlich. Wenn der Schuh seitlich gummiert ist, kann er bei weichem und nassem Boden gute Dienste leisten. Bei der Kleidung achten wir auf Tragekomfort und Funktionalität, natürlich der jeweiligen Jahreszeit angepasst. Funktionswäsche ist bequem, leitet die Feuchtigkeit nach außen ab, hält warm und ist die beste Antwort auf die Frage, ob Wechselwäsche im Rucksack nötig ist: in der Regel nein. Auch an heißen Sommertagen sollte eine leichte wasserabweisende Jacke dabei sein. Wetterumschwünge kommen vor und nach einem Gewitter kann es abkühlen. Vor allem in den Übergangszeiten täuscht die tiefer stehende Sonne. Vormittags und am späten Nachmittag kühlt es deutlich ab, und auch schattseitig ist es meist deutlich kälter, als eine Wanderung in sonnseitiger Lage noch vermuten

Weitere Infos

- www.ostbayerntourismus.de
  Ostbayern allgemein
- www.nationalpark-bayerischer-wald.de
  Nationalpark Bayerischer Wald
- www.naturpark-obw.de
  Naturpark Oberer Bayerischer Wald
- www.naturpark-bayer-wald.de
  Naturpark Bayerischer Wald
- www.bayerischer-wald-verein.de
  Der Waldverein
- www.passauer-land.de
  Das Passauer Land
- www.arber.de
  Die Arber-Region
- www. www.ferienregion-nationalpark.de
  Ferienregion Nationalpark

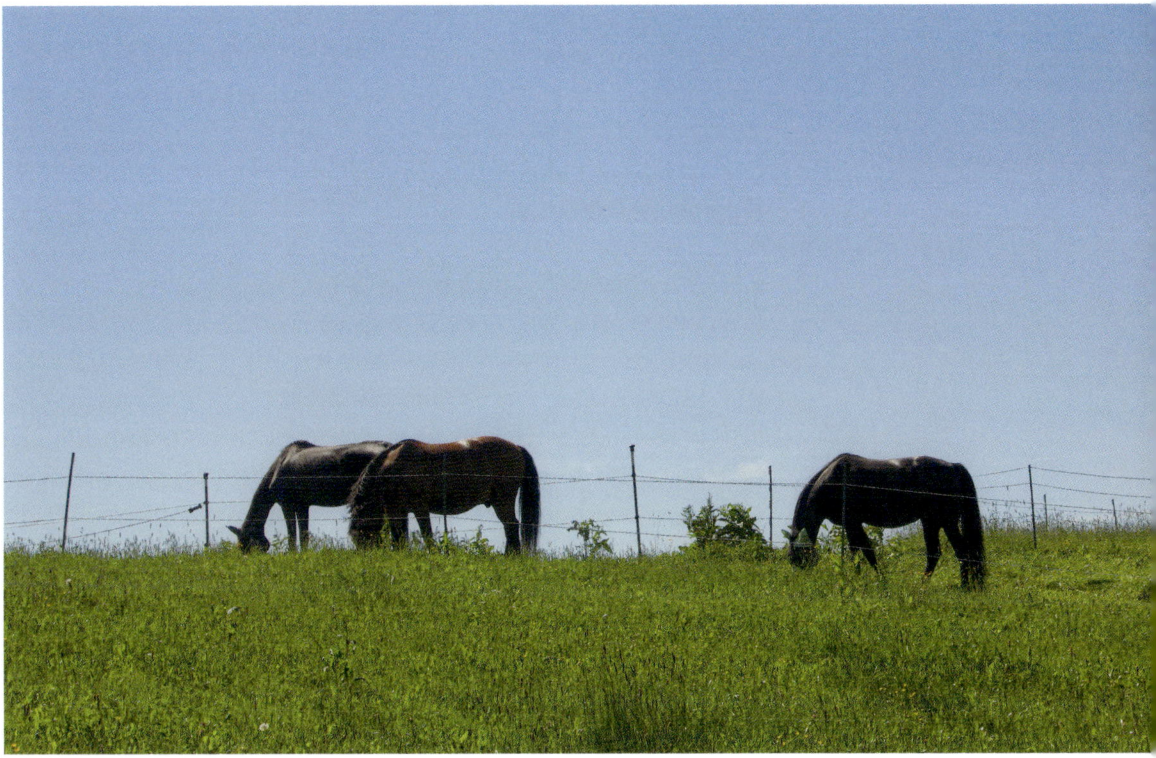

Im Dreiburgenland

ließ. Auf jeden Fall gehören Handschuhe in den Rucksack, denn auch in den warmen Monaten können sie beim Laufen mit Wanderstöcken mehr Komfort bedeuten. Und auch die Wanderstöcke sollten nicht fehlen. Im Abstieg sind die Gelenke stark beansprucht. Hier hilft der Stock bei der Entlastung insbesondere der Kniegelenke. Ein Stirnband oder eine den Temperaturen angepasste Kopfbedeckung nehmen den Schweiß auf, halten warm oder bieten Sonnenschutz. Bei der Auswahl des Rucksacks achten wir auf den Tragekomfort, die angemessene Größe und das Eigengewicht. Außentaschen sind paktisch für das Verstauen von Trinkflaschen und Kartenmaterial, ebenso helfen Innentaschen beim Verwahren von Wertsachen – also Dinge, auf die wir regelmäßig zurückgreifen. Doppelwandige Trinkflaschen aus Edelstahl sind zu empfehlen. Sie halten, ob heiß oder kalt, die Temperatur oft über den ganzen Tag. Zu guter Letzt dürfen Mücken- und Zeckenschutz nicht fehlen, und dasselbe gilt für Sonnencreme.

Auf einigen Touren gibt es am Weg keine Einkehrmöglichkeit, und manche Wanderungen führen durch einsame Regionen. Nehmen Sie eine angemessene Brotzeit mit und denken Sie an ausreichend Flüssigkeit.

Kartenmaterial

Ich habe bei den Touren das 3-Karten-Set über den Bayerischen Wald aus dem Kompass-Verlag angegeben. Die Zeichen der Zeit deuten jedoch auf digitale Navigationsgeräte. Wenn Sie ein GPS-Gerät oder Navigationssoftware auf Ihrem Smartphone benutzen, ist aber Folgendes zu beachten: Im tiefen Wald kann es zu Empfangsstörungen kommen. Verlassen Sie sich also nicht ausschließlich auf die digitalen Helfer.

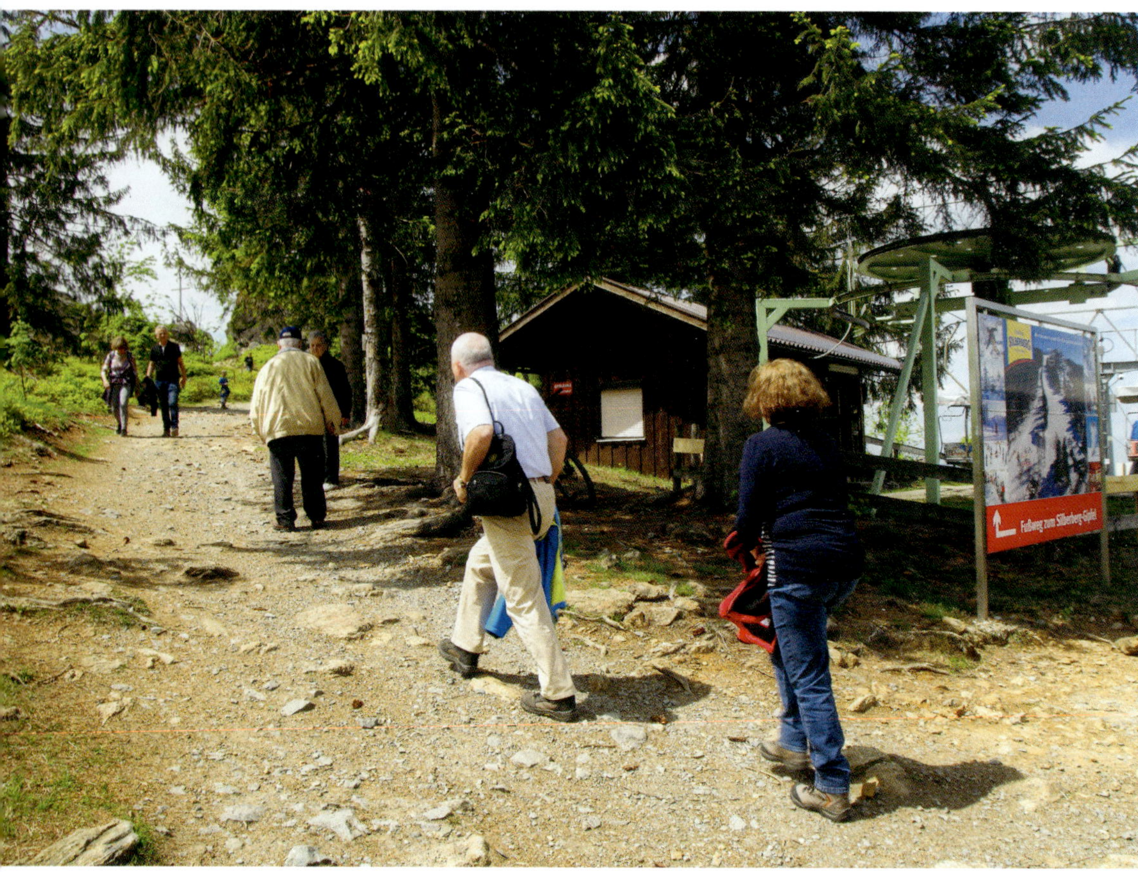

Immer der Nase nach! Den Gipfel des Silberbergs kann man nicht verfehlen.

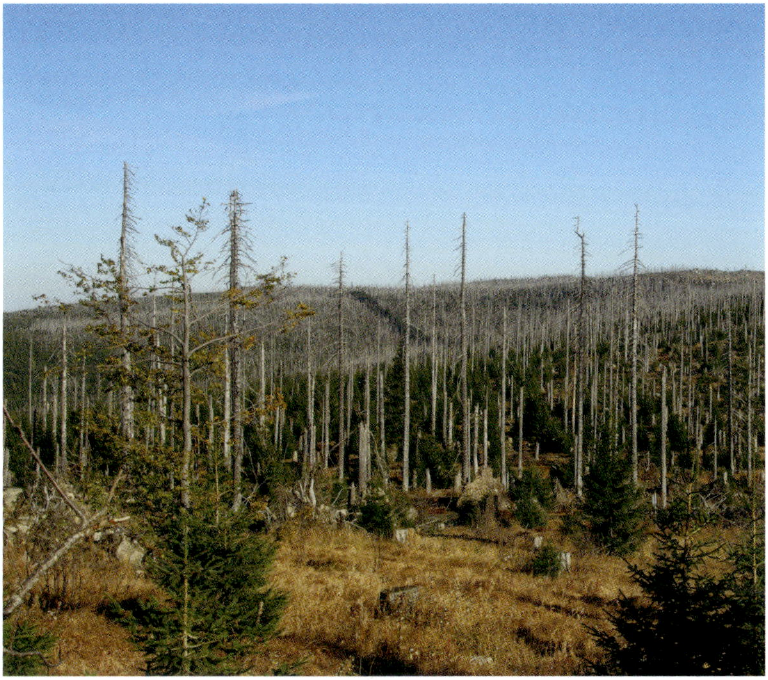

Aussicht durch den Stangenwald. Der Borkenkäfer hat den Wald einst absterben lassen.

Wenn etwas passiert

Gleiches gilt für die Netzabdeckung. In engen Tälern, etwa im Schatten eines Abhangs, ist die Mobilfunknetzabdeckung nicht immer sichergestellt. Leider weiß man das erst, wenn man im Funkloch angekommen ist. Besser, Sie geben vor Antritt der Wanderung jemandem Bescheid, wo Sie sich befinden und wann mit Ihrer Rückkehr zu rechnen ist. Sollte etwas passieren, ist die Bergwacht die erste Adresse. Sie ist über den Notruf 112 zu erreichen. Und für alle Fälle: Packen Sie sich ein Erste-Hilfe-Set und eine Taschenlampe ein!

Schwierigkeitsgrade

- **Leicht:** eher kurze Runden, die keine oder kaum Trittsicherheit erfordern und nur wenige Steigungen beinhalten.
- **Mittel:** Touren mit längeren Auf- und Abstiegen, die eine gewisse Kondition und etwas Trittsicherheit erfordern.
- **Schwer:** Diese Runden setzen ein gewisses Maß an Trittsicherheit voraus, da sie auf kurzen Abschnitten auch mit Wurzeln überzogene, steinige Pfade beinhalten.

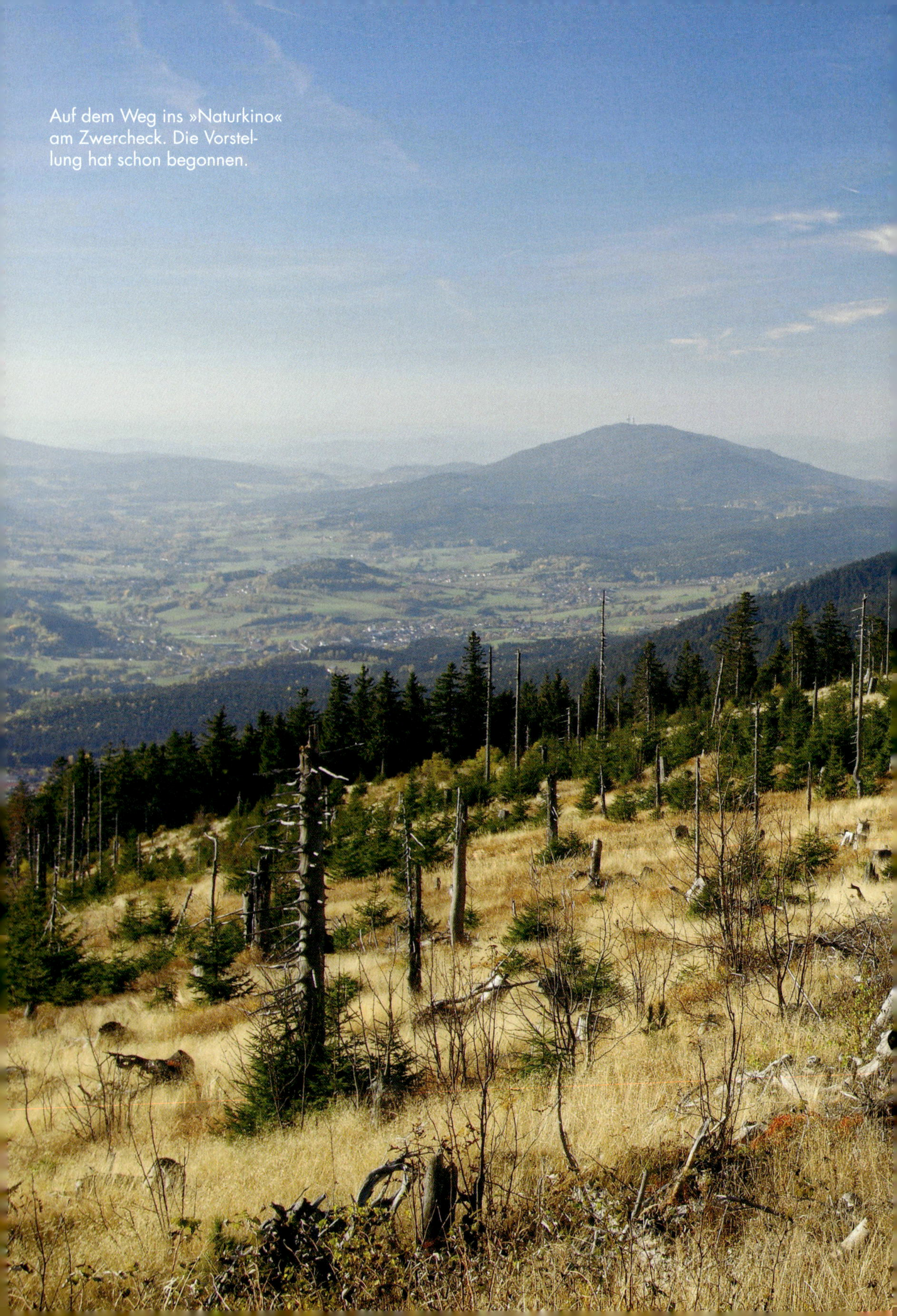

Auf dem Weg ins »Naturkino« am Zwercheck. Die Vorstellung hat schon begonnen.

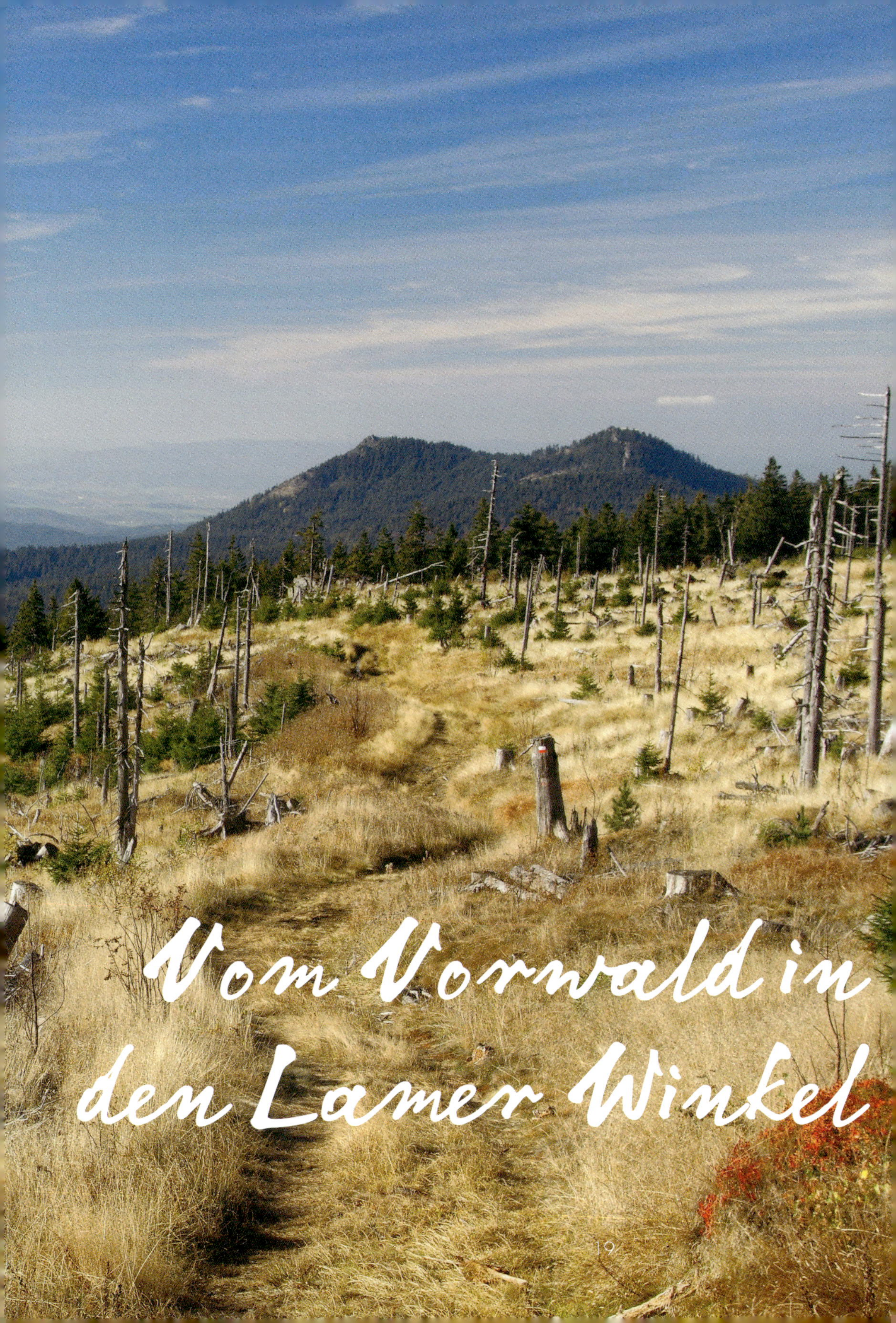

Vom Vorwald in den Lamer Winkel

1 Rund um das »Meran Bayerns«

Auf dem Wiegenbachtalweg bei Gleißenberg

- schwer
- 1.45 Std.
- 172 Hm
- 4,6 km

Gleißenberg, in einem Kessel zwischen Hiener und Gibacht gelegen, ist wegen seines begünstigten Klimas auch als das Meran Bayerns bekannt. Der Rundweg überrascht mit schönen Panoramaplätzen und herrlichen Weitblicken bis in den Lamer Winkel.

Über den Wiegenbach Schräg gegenüber der Pfarrkirche folgen wir dem »Wiegenbachtalweg (Gl01)« zunächst auf der Chamer- und in der Folge der Bergstraße zum letzten Gehöft hinauf. Im Schatten des Waldrands erwartet uns ein kleiner Rastplatz mit einem netten Brunnen und einem herrlichen Panorama über Gleißenberg und hinüber zum Gibacht. Wir wandern nun auf dem Schotterweg, der die Viehweide vom Wald trennt, nach Norden, ehe wir selbst im Wald verschwinden. Ohne viel Höhe zu machen halten wir uns nach 300 m an einer Gabelung links. Der Weg bringt uns zu einer Forststraße, auf der wir nach rechts spazieren. Einen Steinwurf weiter geht es erneut rechts auf dem breiten Schotterweg ins Wiegenbachtal hinunter, das wir nach einer Viertelstunde erreicht haben. Sobald wir im Talgrund einen Fuß aus dem Wald setzen, lohnt ein Blick über die rechte Schulter: Hinten am Horizont grüßen Burgstall mit seinem Sendemast und die Doppeltürme am Hohen Bogen. Nun wieder auf Teer queren wir den Talgrund und ganz unbemerkt auch den Wiegenbach,

Erfrischende Rast: Hinter uns liegt der Anstieg von Gleißenberg.

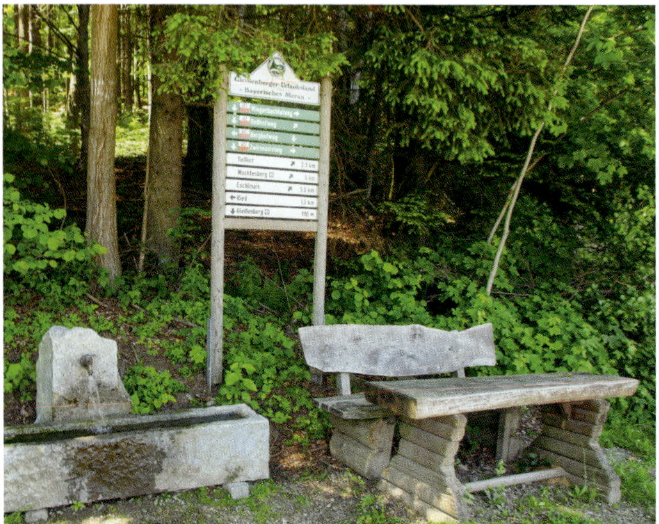

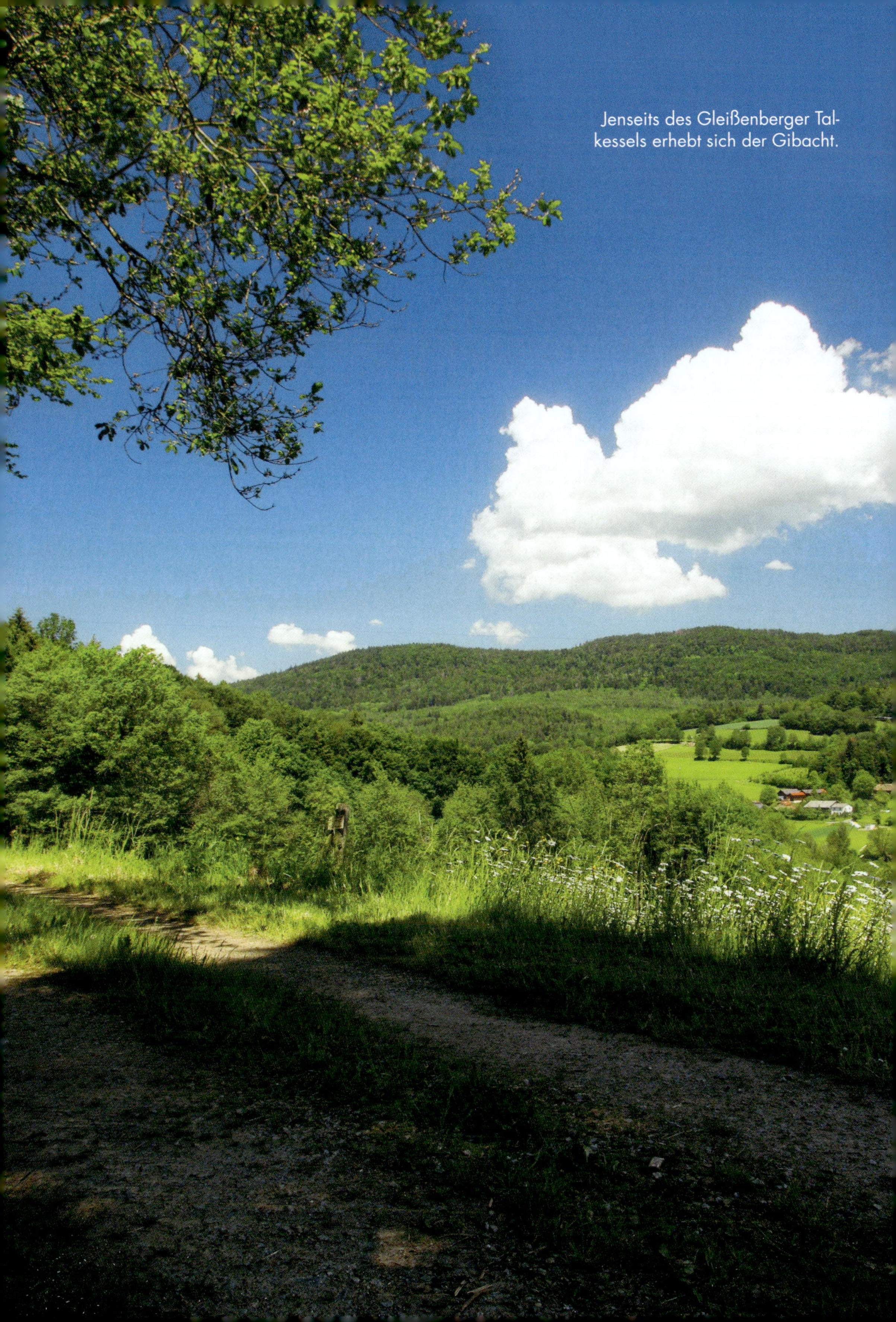

Jenseits des Gleißenberger Talkessels erhebt sich der Gibacht.

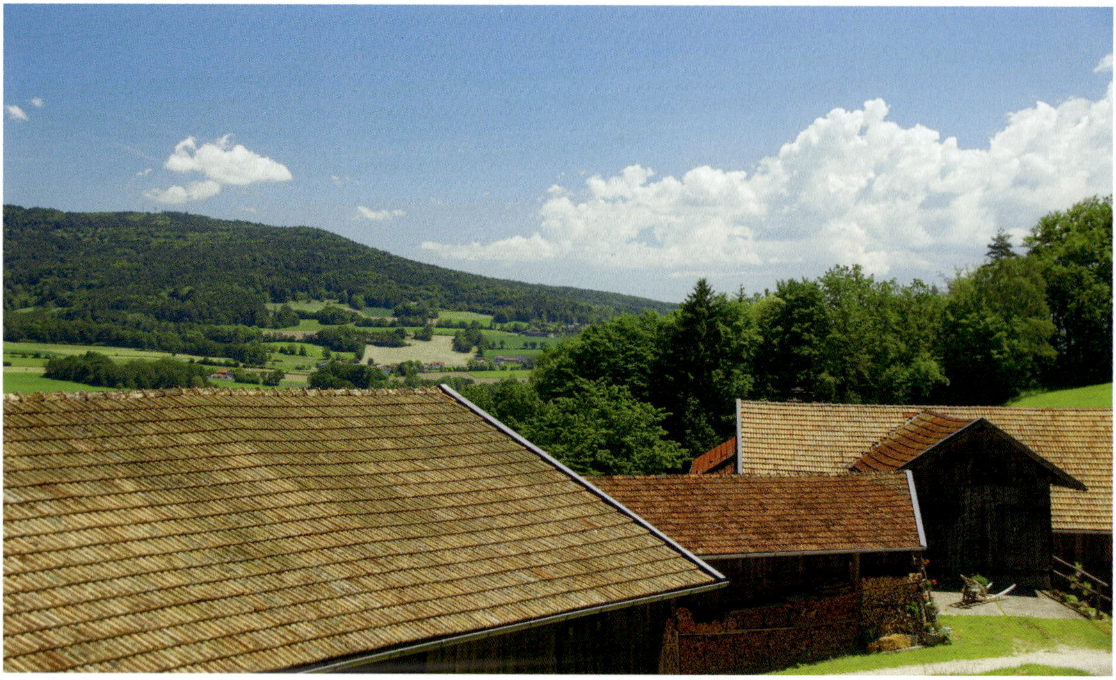

Das »Meran Bayerns«: Der Talkessel öffnet sich nach Süden.

um an der Gegenseite dem zweiten etwas längeren Anstieg entgegenzusehen. Geradewegs hinauf und vorbei an einem Gehöft erreichen wir einen kleinen Waldflecken zur Rechten. Wir laufen auf unserer Flurstraße daran vorbei, um 200 m später rechts abzuzweigen. Ein letzter milder Anstieg liegt vor uns, an dessen Ende wir einen Kreuzweg erreichen. Links sehen wir die Ausläufer des Gibacht, rechts die bewaldeten Hänge des Vorderen Hieners. Auf einer Bank am höchsten Punkt können wir nochmal durchschnaufen, ehe wir der Straße entlang des Kreuzwegs ins Tal folgen. Wunderschöne Weitblicke ins Herz des Bayerischen Waldes, den Lamer Winkel, begleiten uns bis zum nördlichen Ortsrand von Gleißenberg unweit der Kirche.

Golf-Club Furth im Wald

In Voithenberg, eingebettet in die Südhänge des Gibacht, betreibt der Golf-Club von Furth im Wald einen 18-Loch-Platz. Die Aussicht über das Further Becken bis hinüber zum Hohen Bogen macht den Tag auch zwischen den Schlägen zum Erlebnis (www.gc-furth.de).

Wichtiges zur Tour

Tourencharakter
Lohnender Rundweg mit zwei einfachen Anstiegen

Ausgangs-/Endpunkt
Ortsmitte Gleißenberg, Wandertafel bei der Kirche

Anfahrt
Bus & Bahn: Mit der Bahn nach Furth im Wald und weiter mit dem Bus nach Gleißenberg; Auto: B 85 oder B 20 nach Cham und weiter Richtung Furth im Wald. Bei Weiding abzweigen nach Gleißenberg.

Einkehr
Keine Einkehr am Weg

Karte
Kompass Wanderkarte Nr. 198, Blatt 1

Informationen
Touristinfo Gleißenberg,
Rathausplatz 2,
93477 Gleißenberg,
Tel.: (09975) 90 20 33,
poststelle@gleissenberg.de,
www.gleissenberg.de

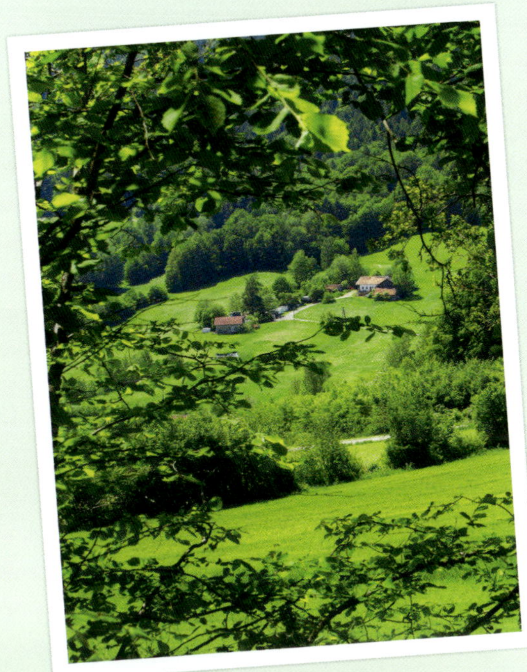

Versprengte Höfe rund um Gleißenberg

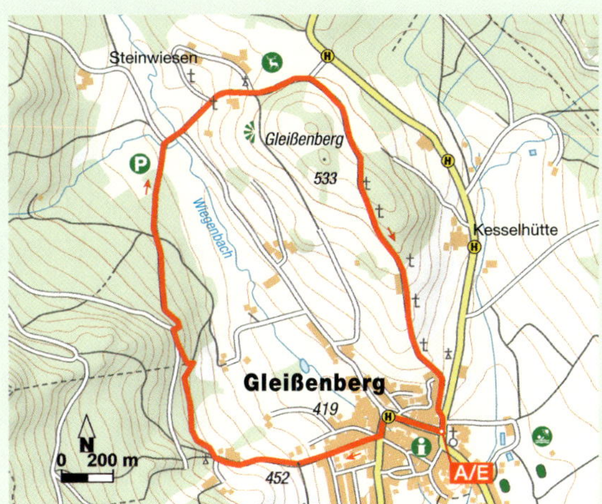

2 Zum Heilbrünnl bei Roding

Flusswanderung mit herrlicher Aussicht

- leicht (lang/kurz)
- 2.30 Std./1.15 Std.
- auf 95 Hm, ab 89 Hm
- 7 km/3,3 km

Am Eingang zum Bayerischen Wald führt ein einfacher Weg von Roding zur Wallfahrtskirche Heilbrünnl. Hoch über dem Regen überrascht sie mit einem herrlichen Ausblick über Roding und die Hügelketten des Vorwaldes.

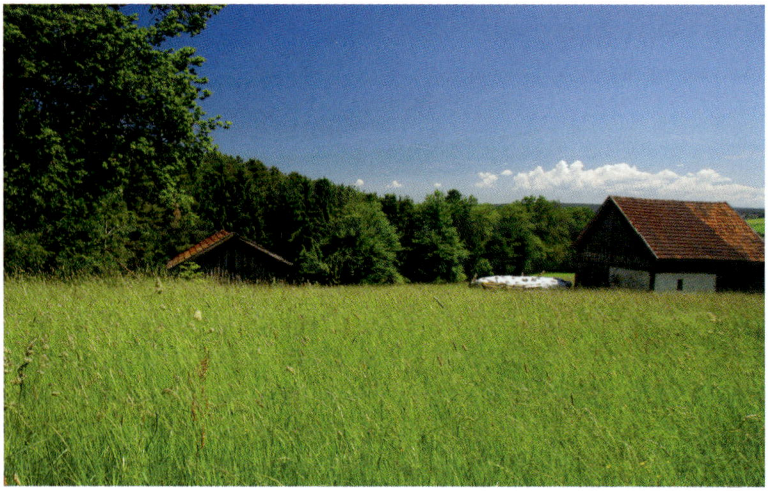

Über dem Regental warten einsame Sommerwiesen auf die erste Maht.

Längere Variante Wer genügend Zeit mitbringt, beginnt die Wanderung an der Regenbrücke im Zentrum von Roding (gestrichelte Variante). Vom Marktplatz aus folgen wir der Landgerichtstraße, die bald in den Petermühlweg und am Ortsrand in den Kienmühlweg mündet (Markierung 56 bzw. Ro01). Ab hier laufen wir an Feldern entlang, rechter Hand begleitet uns der Regen. Nichts erinnert mehr daran, dass er weiter oben im Mittelgebirge als wilder Gebirgsbach begonnen hat. Hier haben Angler und Kanufahrer ihre Freude. Einen knappen Kilometer sind wir dem Kienmühlweg gefolgt, ehe vor uns zum Greifen nah auf der anderen Flussseite die Wallfahrtskirche aus dem Wald ragt. Hier biegen wir rechts in einen Weg, der uns

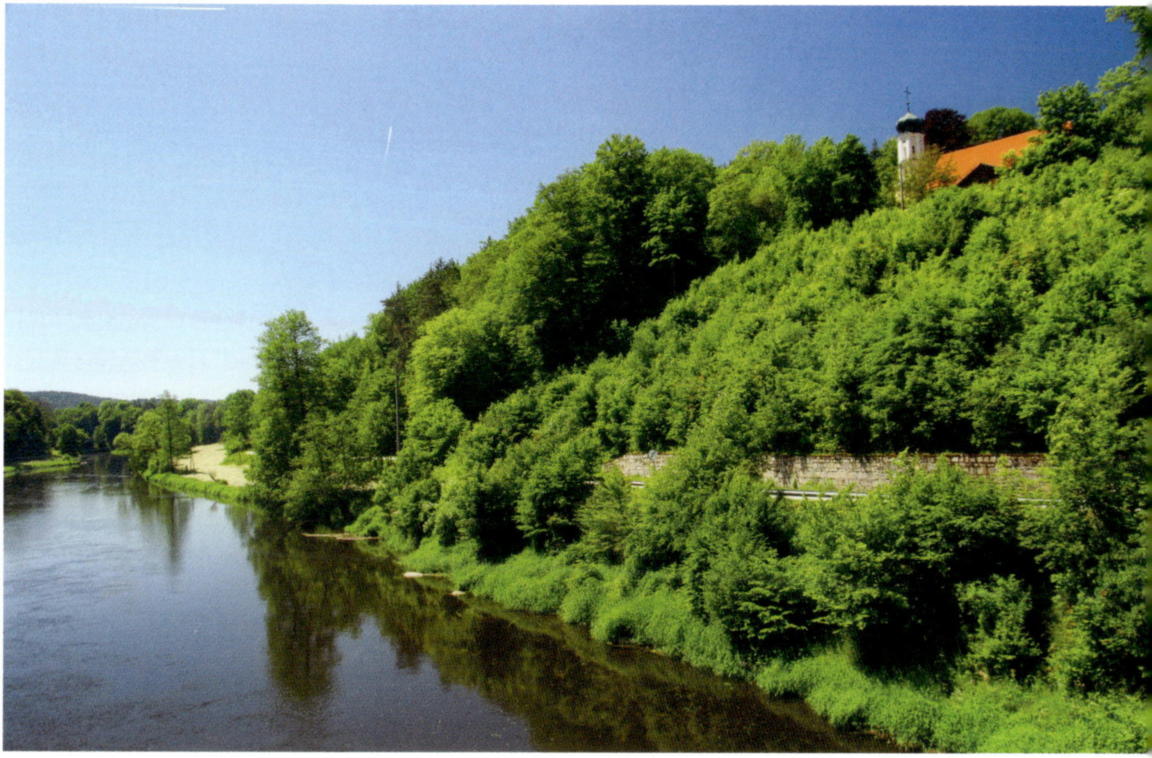

Hoch über dem Regen bietet sich von der Kirche eine herrliche Aussicht.

über einen Eisensteg zum anderen Ufer führt. Lehrreich war dieses Wegstück zudem, weil uns die Schautafeln des Bienen- und Fischlehrpfades begleitet haben. Sobald wir die Brücke überquert haben, sehen wir etwa 100 m weiter rechts einen Parkplatz. Vom Stadtzentrum bis hierher müssen wir für Hin- und Rückweg etwa eine Stunde einrechnen.

Kneipp-Anlage

Wer nach der Wanderung die heiß gelaufenen Füße kühlen will, hat dazu an der Kneipp-Anlage Gelegenheit. Gleich unterhalb der Kirche, neben der Zufahrstraße, lädt das Wassertretbecken dazu ein.

Kurze Variante Wer diese Zeit nicht hat, beginnt die Wanderung gleich an besagtem Parkplatz. Von dort oder vom Steg aus folgen wir nun dem Regen am rechten Ufer flussabwärts. Das Sträßchen, auf dem wir wandern, ist geteert, doch mit viel Verkehr ist nicht zu rechnen, weil es nur drei Anwesen bedient. Ein Blick zurück zeigt die Felder, durch die sich der Fluss windet, und dahinter die Stadt. Vor uns verengt sich zusehends das Tal. Rechts steigt der Hang steil und bewaldet an, gegenüber ziehen sich Felder den Berg hinauf. Bald zwängt sich ein Wiesenstreifen zwischen uns und das Wasser. Nach einem kurzen Anstieg erreichen wir die Höfe von Pollenried – Hektik gibt es hier keine, aber vielleicht in Regenpeilstein gegenüber? Na, uns ist das egal, denn der Regen schützt uns davor mit all seiner Ruhe und Behäbigkeit. Schön wäre es, ihm noch weiter zu folgen, vielleicht bis zur Mariengrotte später im Wald, doch kurz nach Pollenried wird der Weg schwerer. Deshalb halten wir uns an das Sträßchen, das sich in einer Rechtskurve um einen Hof windet, und biegen gleich wieder rechts auf die geteerte Zufahrt zum Anwesen oben am Waldrand ein.

Fehlt nur noch der Hahn.

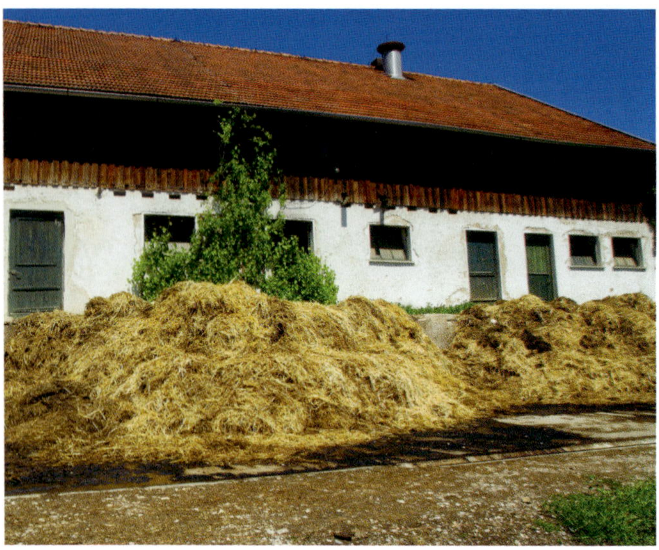

Wallfahrtskirche Danach spazieren wir weiter auf einem einfachen Schotterweg, der schnell abflacht und nach einer Rechtskurve zu einer weitläufigen Lichtung führt. War es in Pollenried schon verträumt, so kommt hier noch die Aussicht hinzu. Im mäßigen Anstieg können wir gut beobachten, wie nach und nach die sanften Hügelketten des Vorwaldes über die Waldgrenze der Lichtung hinauswachsen. Am Waldrand schließlich haben wir dann auch den höchsten Punkt der Wanderung überwunden. Wir folgen an der Gabelung dem Weg nach rechts. In zehn Minuten haben wir dann die Wallfahrtskirche erreicht. Bereits in der Mitte des 17. Jahrhunderts war die Heilkraft des Quellwassers bekannt. Die Quelle zog immer mehr Wallfahrer an, wovon auch die Votivtafeln zeugen. Eine erste Kapelle aus dem Jahre 1668 musste in den Folgejahren vergrößert werden. Der heutige Rokoko-Bau geht auf das Jahr 1730 zurück. »In dem schönen Regentale, wo

Wichtiges zur Tour

Tourencharakter
Anfangs einfache Flusswanderung, später mäßig steiler Aufstieg zum höchsten Punkt auf einfachen Schotter- und Teerwegen

Ausgangs-/Endpunkt
Längere Variante: »An der Brücke« Ortsmitte Roding
Kurze Variante: Parkplatz am Regen, am Beginn des Kreuzweges bzw. Zufahrtsstraße zur Wallfahrtskirche

Anfahrt
Bus & Bahn: Mit der Bahn nach Roding und mit dem Rufbus in die Stadt; Auto: B 85 oder aus Richtung Regensburg über die B 16 nach Roding, Ausfahrt Mitterdorf und weiter auf der Bahnhofstraße rechts ins Ortszentrum

Einkehr
Wallfahrts-Gaststätte Heilbrünnl,
Mi–Sa ab 11 Uhr, So ab 10 Uhr,
Tel.: (09461) 9147463,
www.heilbruennl.de

Karte
Kompass Wanderkarte Nr. 198, Blatt 1

Informationen
Touristinfo Roding, Schulstr. 15,
93426 Roding, Tel.: (09461) 9418927,
tourist@roding.de, www.roding.de

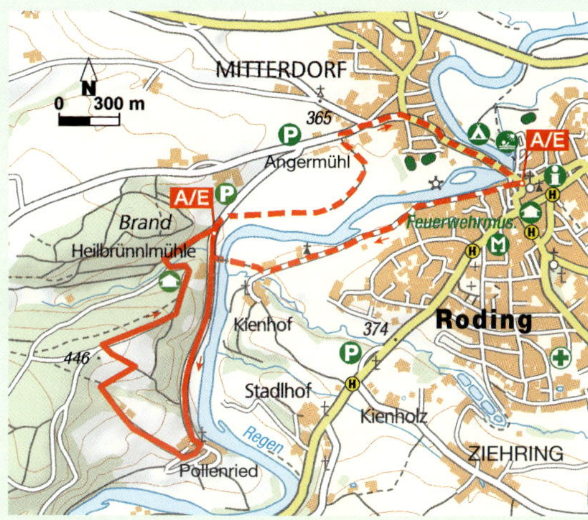

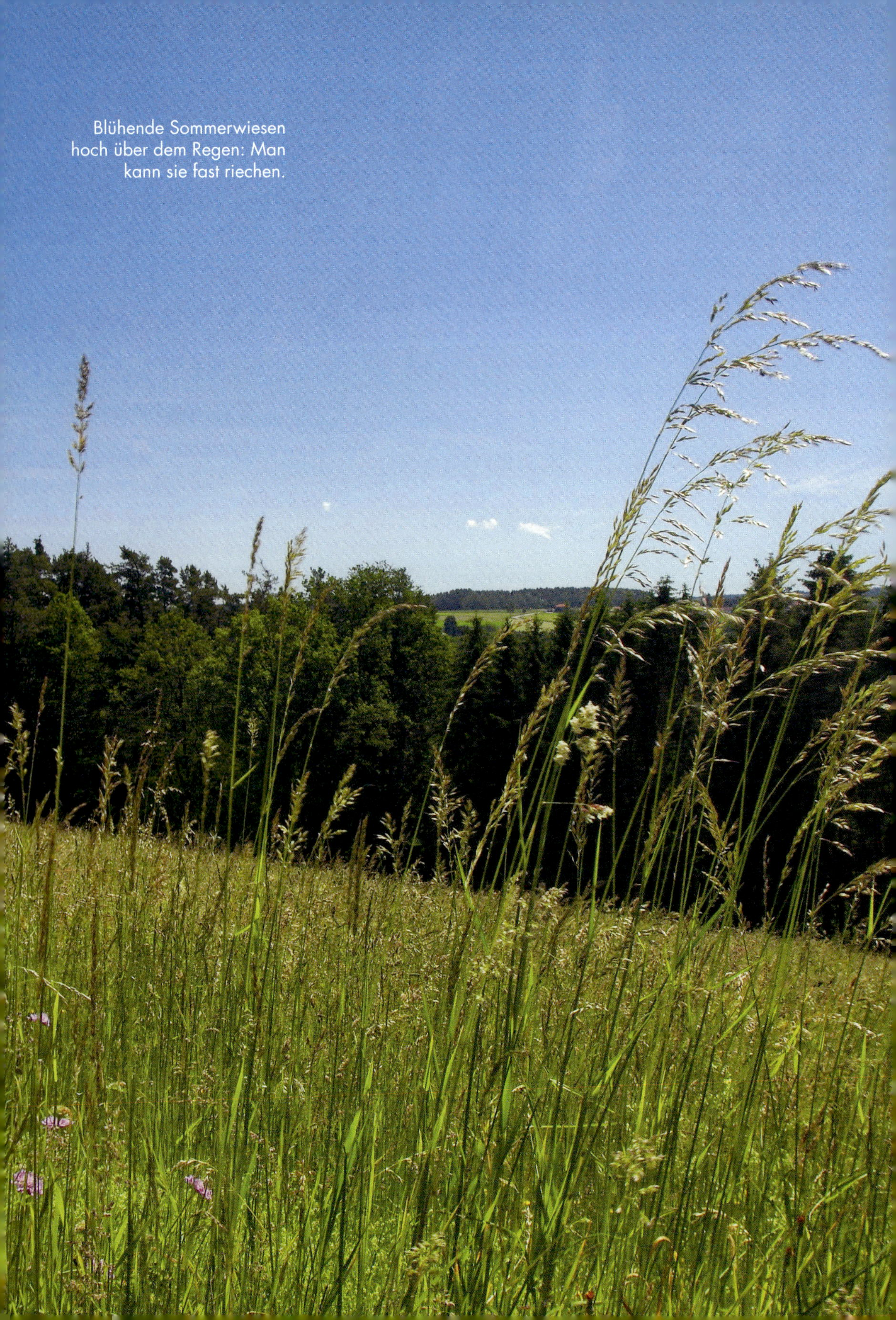

Blühende Sommerwiesen hoch über dem Regen: Man kann sie fast riechen.

der Bannmarkt Roding blüht, schaut ein Berg mit heil'ger Halle, weithin über's Flußgebiet …« – so leitet ein Gedicht die Entstehungsgeschichte der Wallfahrtskirche ein. Den Grund erfahren wir nach dem Kirchenbesuch bei der Einkehr in der Gaststätte nebenan. Auf dem Weg zum Biergarten stellen sich uns, wenn es ruhig genug ist, vielleicht ein paar Ziegen entgegen, die ein Schlupfloch aus ihrem Gehege gefunden haben. Doch dann können wir in Ruhe bei einer Brotzeit vom Platz aus den wunderbaren Weitblick über Roding und das Flusstal hinweg genießen. Für den Rückweg folgen wir entweder der Zufahrtstraße oder dem Kreuzweg, der über etliche, teils doch recht steile Treppen hinunterführt. Beide Wege treffen sich am eingangs erwähnten Parkplatz am Regen. Wer nun zurück nach Roding laufen will, hält sich am Fluss zunächst rechts, um nach 100 m links auf den Steg einzubiegen. Ab hier gelangen wir über den Fisch- und Bienenlehrpfad wieder zurück in die Stadt.

Genug gesehen: Die Ziegen am Heilbrünnl kennen die Aussicht.

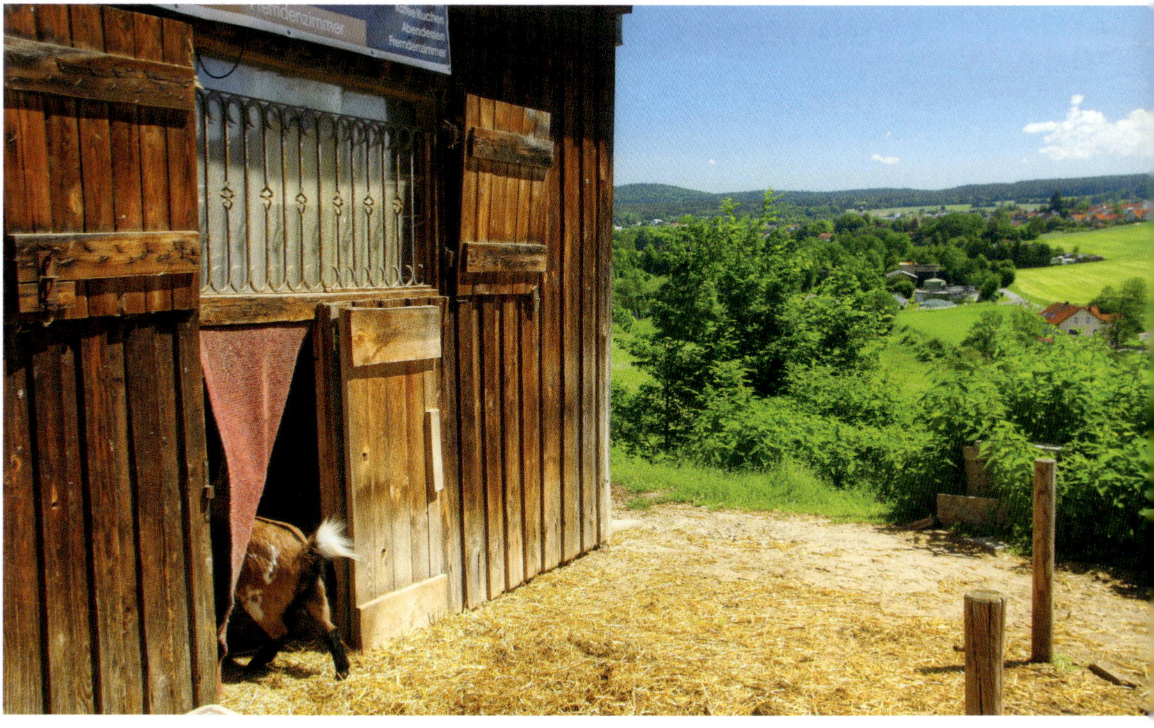

3 Kamelbuckel im Vorwald

Überraschende Fernsicht von Gallner Berg und Kühleite

- mittel
- 1 Std.
- 193 Hm
- 3,7 km

Die Anfahrt zum Ausgangspunkt in Forsting durch ein enges und waldreiches Tal lässt nicht erahnen, welch grandiose Ausblicke bereits der Vorwald für uns bereithält. Viele Rastbänke lassen uns die Aussicht in Ruhe genießen.

Gipfeltour Eigentlich schmücken das Gallnermassiv drei Gipfel. Die schönste Aussicht bieten Kühleite und Gallner Berg. Wo in Forsting die Straße in Richtung des Nachbarorts Gallner einbiegt, laufen wir links auf der Hofzufahrt zunächst auf Teer, später auf Schotter Richtung Kühleite

Die Kühleite präsentiert den Bayerischen Wald im Morgendunst.

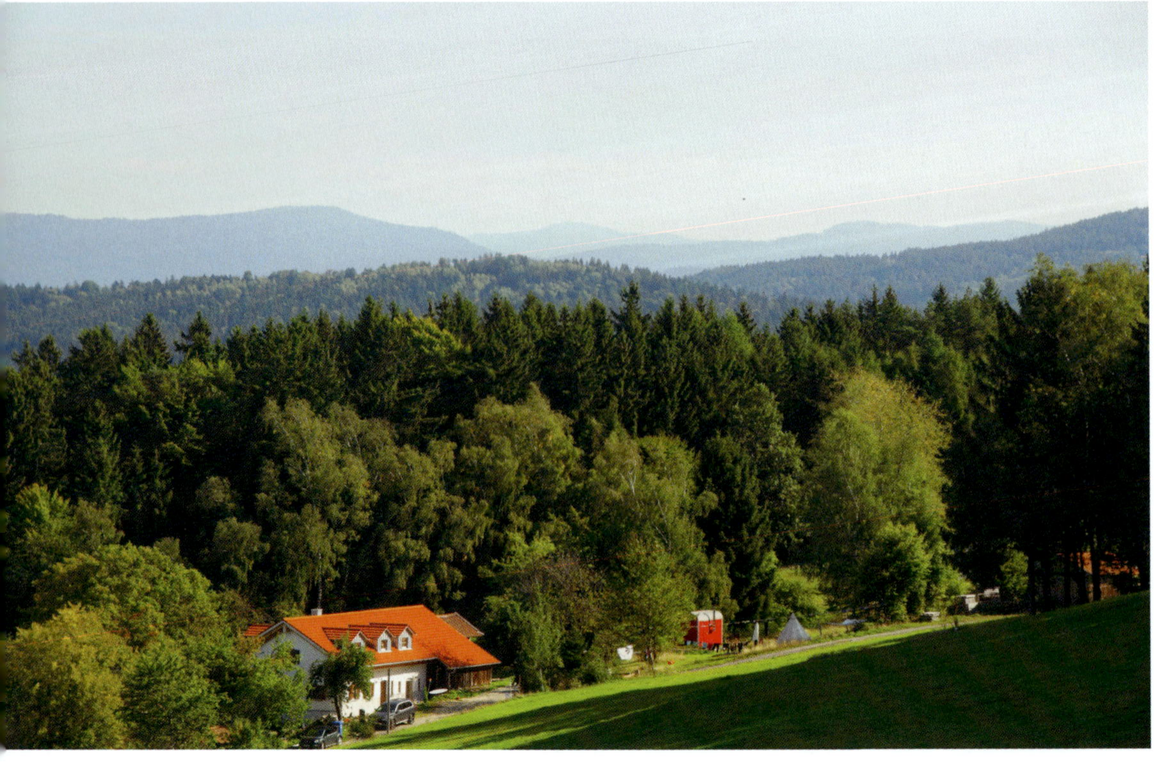

(Markierung Nr. 6). Nach einer Viertelstunde erreichen wir den Wald und kurz darauf eine Kreuzung. Wir zweigen scharf rechts. Ob Markierung Goldsteig, Jakobsweg oder Nr. 3 – alle führen uns zum Gallner Berg. Die Steigung zieht zunächst etwas an, doch nach 400 m flacht der einfache Waldweg ab. So umrunden wir die Kühleite wenige Meter unter dem höchsten Punkt. Schließlich verlassen wir den Wald wieder und spazieren bergab auf Forsting zu. Nach 100 m zweigt im spitzen Winkel nach links ein Feldweg ab. Leicht bergauf wandern wir zum Sattel zwischen Kühleite und Gallner Berg. Links steht ein Feldkreuz, dahinter eröffnet sich eine unerwartete Fernsicht Richtung Gäuboden.

Petri Heil!

Am Fuße des Vorwaldes, wo die Donau den »Woid« vom flachen Land trennt, haben die Angler ihr Revier. Zum Beispiel an der Seenplatte bei Parkstetten. Gastangler können sich Tageskarten ausstellen lassen – oder man kommt einfach nur zum traditionellen Fischerfest Ende Juni/Anfang Juli und genießt den reichen Fang.

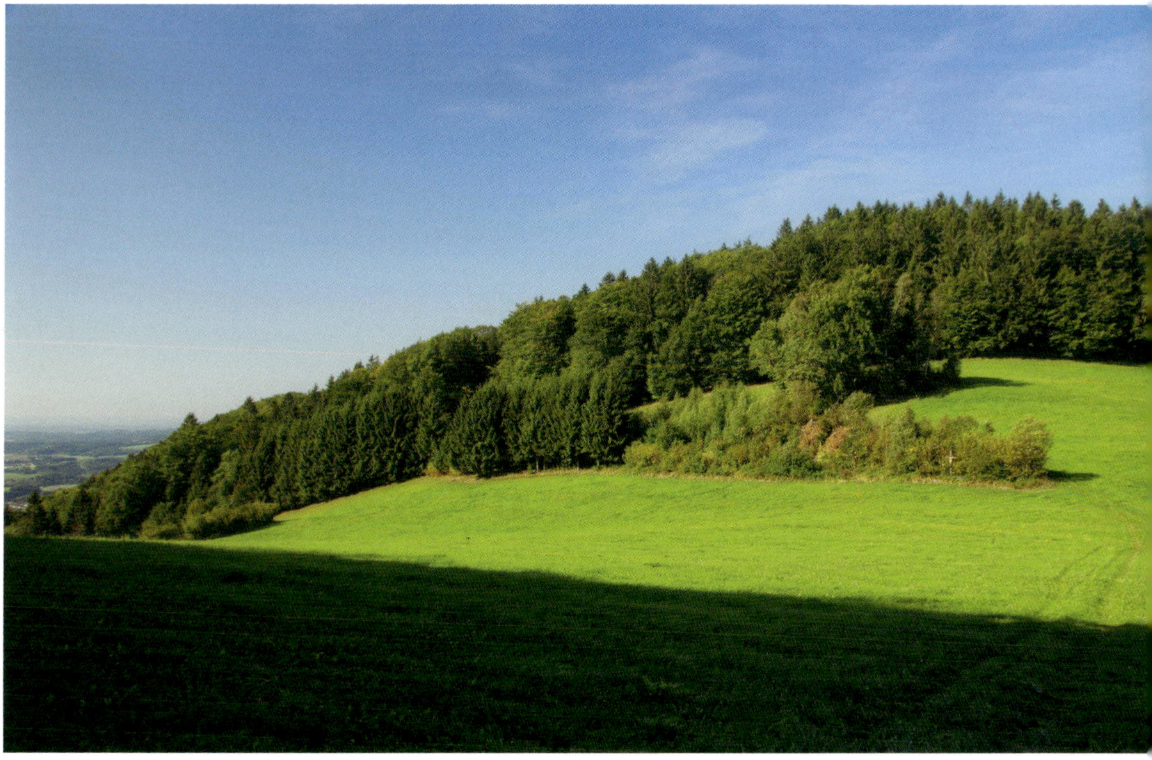

Hinter dem Gallner verliert sich der Blick über dem Gäuboden.

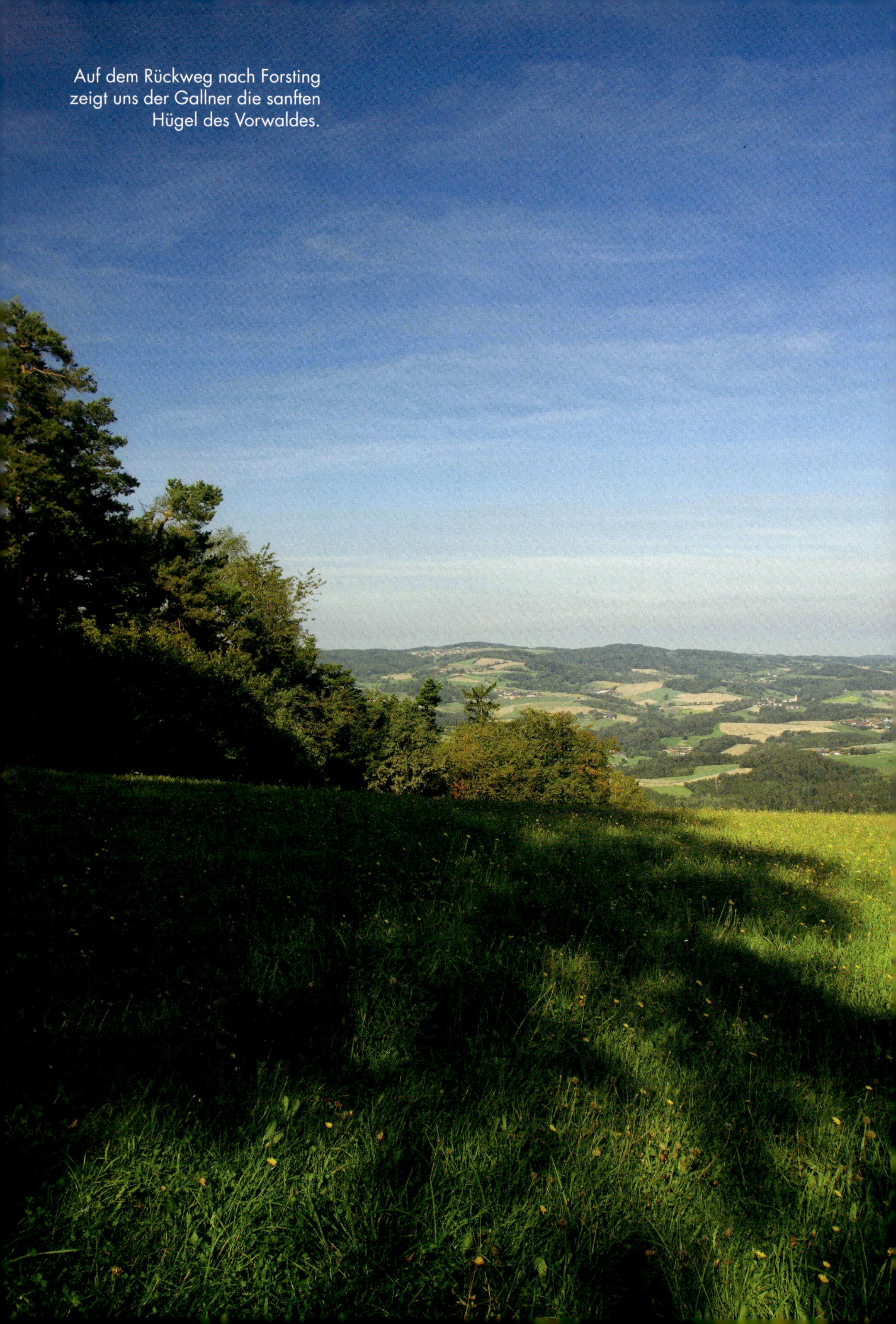

Auf dem Rückweg nach Forsting zeigt uns der Gallner die sanften Hügel des Vorwaldes.

Etwas steiler bringt uns nun ein Wiesenpfad zur bewaldeten Kuppe des Gallner Bergs. Kurz bevor wir in den Wald eintauchen, reicht die Aussicht über Forsting hinweg nach Norden bis zum Hohen Bogen und den Ausläufern des Kaitersbergs. Der Waldweg über den Gipfel ist anfangs etwas steil, doch nur vorübergehend. Bei einer Rastbank erreichen wir die Westseite. Die Aussicht über das flache niederbayerische Land ist grenzenlos. Nur einen Steinwurf entfernt erhebt sich eine namenlose Kuppe, wo ebenso ein Rastplatz auf uns wartet. Der Weg verläuft dann an einem rund 3 m hohen Holzkreuz vorbei scharf rechts am Waldrand entlang. Den Fernblick über den Vorwald vor Augen geht es nun bergab zur Verbindungsstraße zwischen Gallner und Forsting. Dort halten wir uns rechts und haben den Ausgangspunkt in wenigen Minuten erreicht.

Wichtiges zur Tour

Tourencharakter
Einfacher Rundweg, überwiegend auf Schotterwegen und einfachen Pfaden, der kurze Anstieg zum Gallner ist steil

Ausgangs-/Endpunkt
Forsting/Konzell

Anfahrt
Bus & Bahn: Mit der Bahn nach Furth im Wald und weiter mit dem Bus nach Gleißenberg; Auto: A3 Ausfahrt Straubing, B20 Richtung Cham. Bei Rattiszell ab und über Herrnfehlburg nach Forsting

Einkehr
Keine Einkehr am Weg

Karte
Kompass Wanderkarte Nr. 198, Blatt 1

Informationen
Touristinfo Konzell, Rathausplatz 1, 94357 Konzell, Tel.: (09963) 941434, gemeinde@konzell.de, www.konzell.de

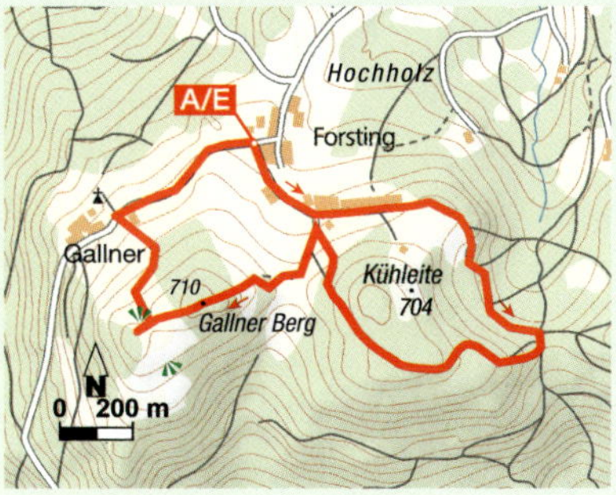

4 Abseits des Trubels

Über den Birkenberg bei Grün

- leicht
- 2 Std.
- 148 Hm
- 6 km

Aus dem Tal glänzt die Sommerrodelbahn herauf, und am Parkplatz begegnen wir den Tagesausflüglern, die den Wald auf dem Waldwipfelweg erleben. Wir pirschen uns von hinten an dieses Erlebnis heran.

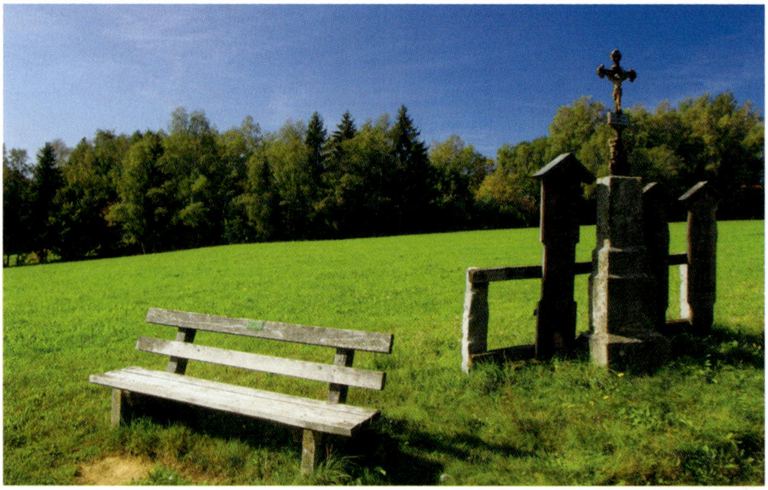

Recht viel steiler wird es nicht. Rast auf dem Weg über den Birkenberg

Über der Sommerrodelbahn Schon zu Beginn der Wanderung zieht uns die Weite der Talsenke in ihren Bann. Wir verlassen den Parkplatz des Waldwipfelpfads in Maibrunn und laufen 100 m bergauf entlang der Landstraße. An der Bushaltestelle überqueren wir die Straße und biegen bei nächster Gelegenheit rechts ein. Weg Nr. 12 Richtung Münchszell führt uns zunächst aus Maibrunn heraus. Auf Höhe des Hirschgeheges eröffnet sich ein schöner Weitblick nach links hinüber Richtung Pröller und hinab ins über 100 m tiefer gelegene Grün – unser erstes Etappenziel – mir seiner Sommerrodelbahn. Dort überqueren wir zweimal die Landstraße und wandern noch immer bergab durch das Dorf. Den Trubel der Freizeitanlage bekommen

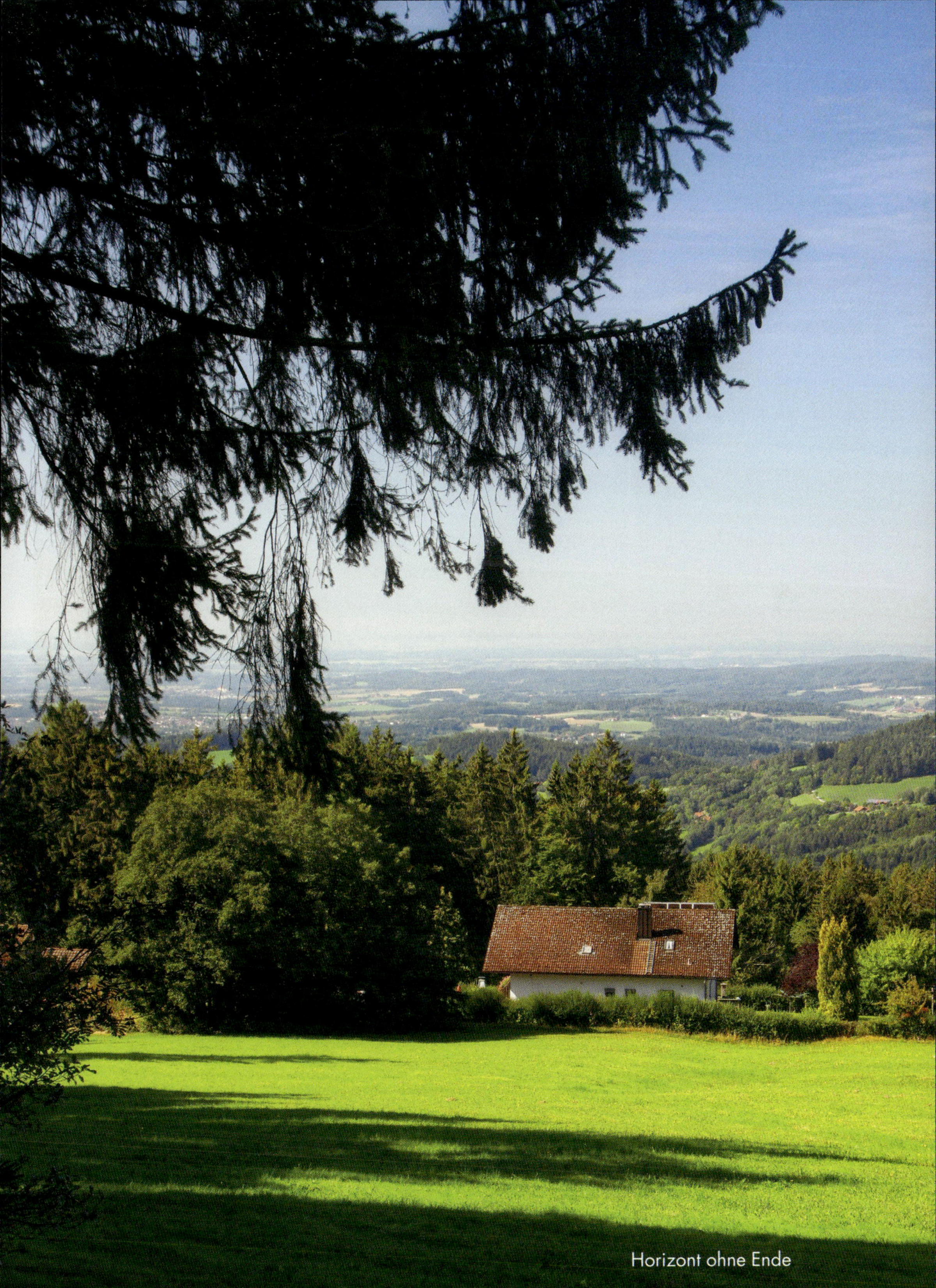
Horizont ohne Ende

wir hier schon nicht mehr mit. Die schmale Dorfstraße führt schließlich wieder zur Landstraße hinauf. Gegenüber setzen wir unsere Wanderung Richtung Münchszell fort. Im Schatten der Fichten geht es zunächst gemütlich bergauf. Dann flacht die Flurstraße zusehends ab und wir erblicken vor uns die Felder und Wiesen rund um Münchszell. Hinter den wenigen Höfen erkennt man in der Ferne den Gäuboden. Auf unserem Weg kehren wir der Aussicht dann allerdings den Rücken. Auf einem steinigen Waldweg spazieren wir nach rechts und immer geradewegs über den Birkenberg. Etwas unterhalb des höchsten Punktes überqueren wir den weitläufigen Buckel. Der Schotterweg mündet in eine schmale Teerstraße. Wir folgen dieser immer geradeaus und genießen im Vorbeilaufen die herrliche Aussicht über die Hügel des Vorwalds. Zum Ausgangspunkt am Waldwipfelpfad ist es dann nur noch ein Steinwurf.

Waldwipfelweg

Grün und Maibrunn bieten kurzweilige Unterhaltung für jedes Alter. Der Waldwipfelweg führt uns einfach und aussichtsreich in die Höhen der Baumkronen und ermöglicht uns so einen ganz neuen Blick auf den Lebensraum Wald (www.waldwipfelweg.de).

Unweit von Rodelbahn und Waldwipfelweg wandern wir durch altes Bauernland.

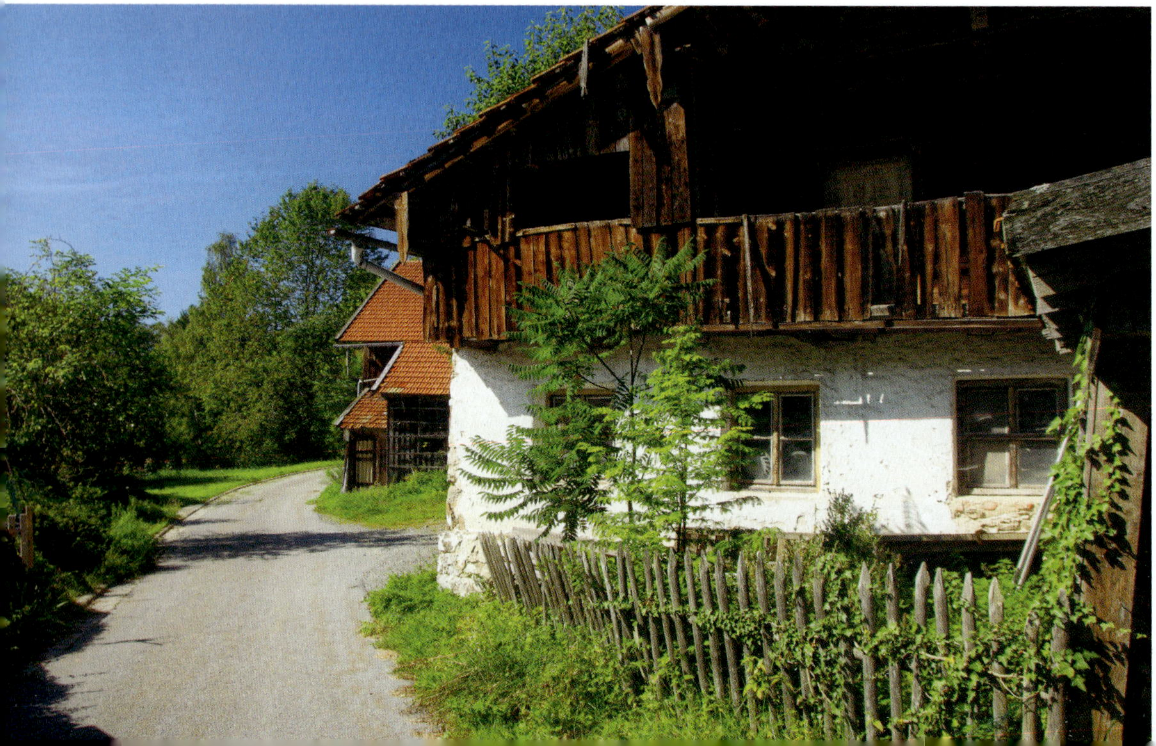

Wichtiges zur Tour

Tourencharakter
Rundwanderung abseits des Trubels von Grün, meist auf Teer und einfachen Waldwegen

Ausgangs-/Endpunkt
Maibrunn

Anfahrt
Bus & Bahn: Mit der Bahn nach Bogen und weiter mit dem Bus nach Grün; Auto: A3 Ausfahrt Bogen und auf der St2139 über Hunderdorf und Neukirchen nach Grün

Einkehr
»Zum Kramerwirt«, Grün 1,
94379 Sankt Englmar, Tel.: (09965) 591,
info@kramerwirt-gruen.de,
www.kramerwirt-gruen.de
(Mi–So 10–22 Uhr)

Karte
Kompass Wanderkarte Nr. 198, Blatt 1

Informationen
Touristinfo Sankt Englmar, Rathausstr. 6,
94379 St. Englmar, Tel.: (09965) 840320,
info@urlaubsregion-sankt-englmar.de,
www.urlaubsregion-sankt-englmar.de

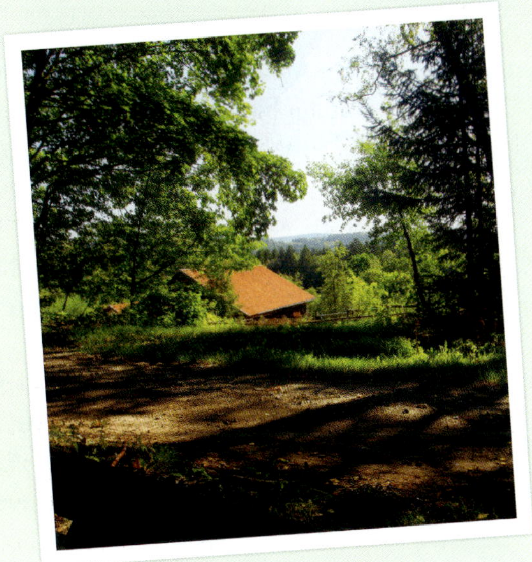

Bei Münchszell

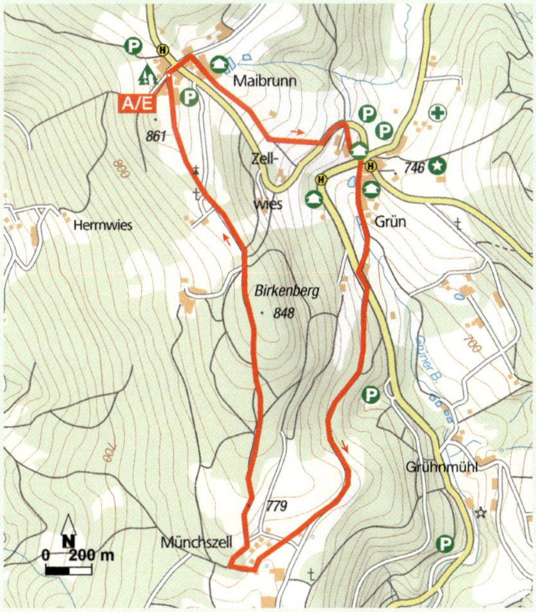

5 Entlang der »Teufelsmauer«

Auf einsamen Wegen zum Pfahl bei Zandt

- mittel
- 2 Std.
- 128 Hm
- 6,4 km

Der Pfahl, die »Teufelsmauer«, durchzieht den Bayerischen Wald von Nordwesten nach Südosten. Der Quarzriegel bricht immer wieder durch die Erdkruste und zeigt sich als bleicher Felshaufen. Unsere Wanderung führt entlang eines weniger prominenten, aber umso ruhigeren Abschnitts.

Von Zandt nach Süden Weiter südlich, in Moosbach oder bei Viechtach, ragt er meterhoch bis in die Baumkronen – der Pfahl! Bei Zandt ist der Pfahlfels weniger spektakulär, doch verhilft die Beschaffenheit des Geländes zu schönen Aussichten. Wir starten im Ortszentrum von Zandt (Markierung Za2) und folgen der Harrlinger und dann links

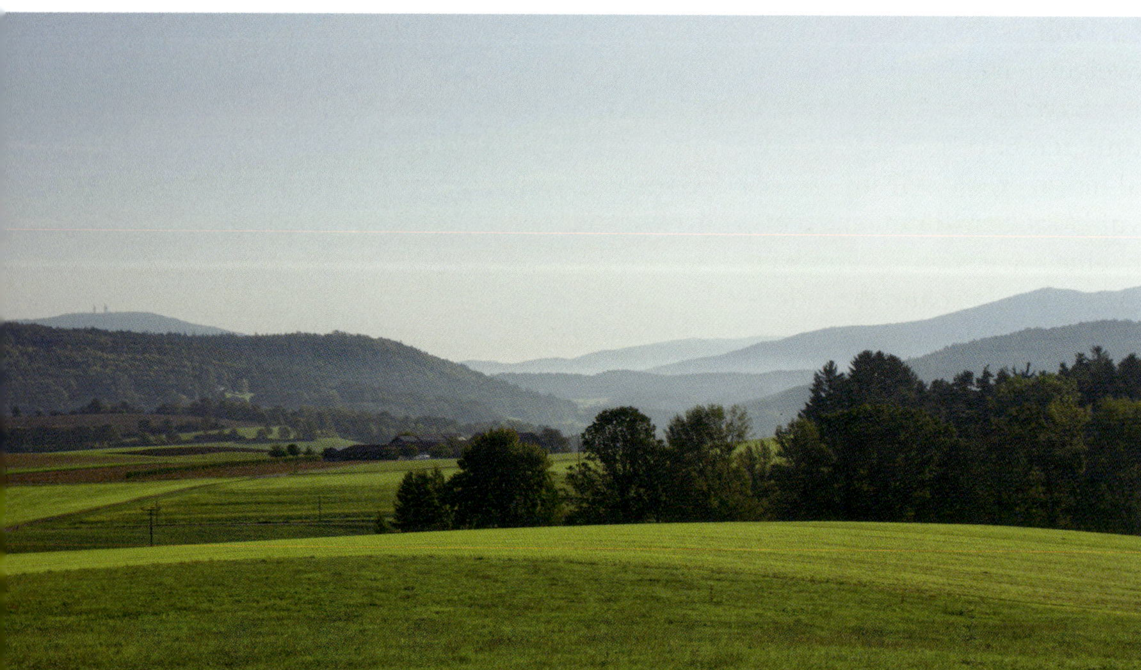

Wie ein Scherenschnitt im Morgendunst

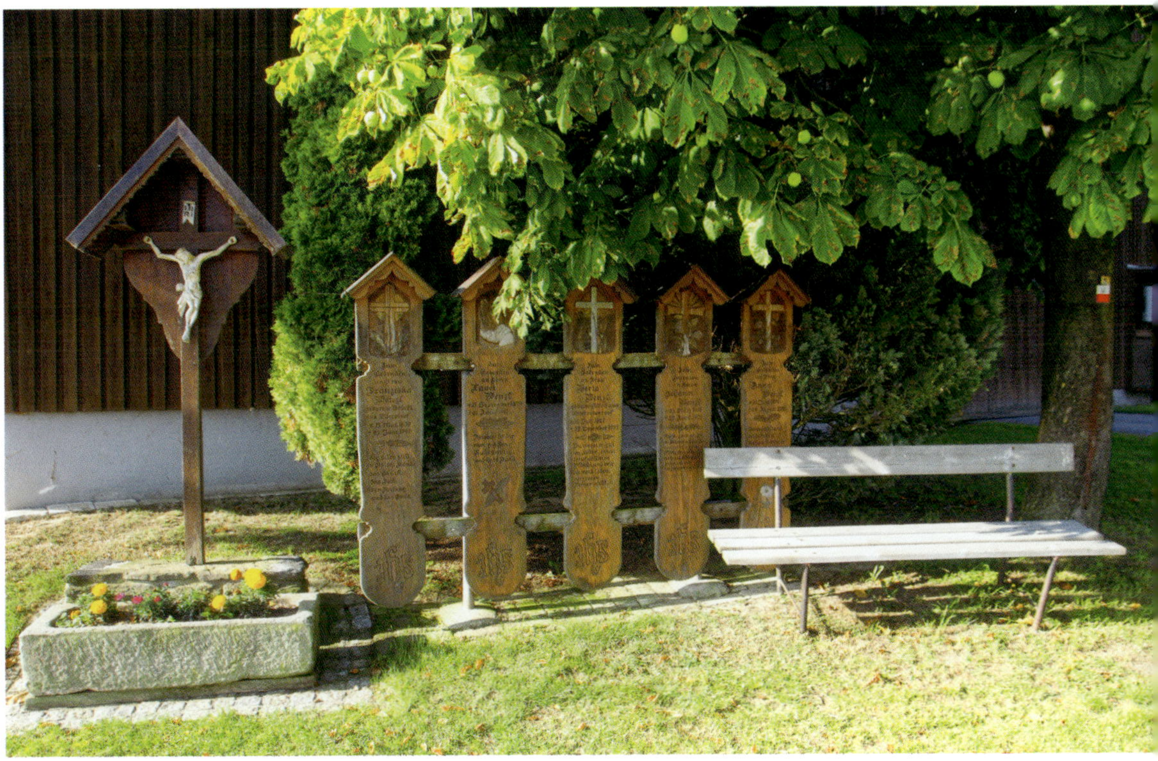

Totenbrettern begegnen wir oft im Bayerischen Wald.

der Wolfersdorfer Straße nach Süden zum Ortsrand. Dort zweigen wir erneut links ab und genießen entlang des Trosterauerwegs die Aussicht Richtung Hohen Bogen und den Mittleren Bayerischen Wald. Der Weg führt in ein Wiesental hinunter, wo wir uns an der T-Gabelung rechts halten. Auf Höhe der Kläranlage biegen wir vom Teer nach rechts in einen weichen Wiesenweg ab, der wenig später den Riedbach auf einem romantischen Brücklein überquert und über Wiesen und vorbei an Weihern sowie durch ein kleines Wäldchen zur Landstraße führt. Auf dieser wandern wir nach rechts weiter bergauf, bis wir den Weiler Pfahl erreichen. Am Gasthaus Pfahlhof können wir uns nach dem Aufstieg mit

Der Pfahl

Die Sage erzählt von einem Drachen, dessen zu Stein gewordener Kamm heute noch als Pfahlquarz leuchtet. Im Volksmund heißt er »Teufelsmauer«. Der Pfahl, eine Jahrmillionen alte und 150 km lange Quarzader im Bayerischen Wald, steht auf der Liste bayerischer Geotope. Am Pfahl bei Viechtach gibt es Rundwanderwege mit Informationstafeln.

einer Pause belohnen oder von einer Rastbank die Aussicht über die bewaldeten Hügelketten am Horizont genießen. Hinter dem Gasthaus gehen wir im Wald nach links. Nun können wir uns entscheiden: Wir können nach rechts der Markierung Za2 nach Riedhof folgen, verzichten dann aber im Wald auf feine Aussichten über die Pfahlfelder.

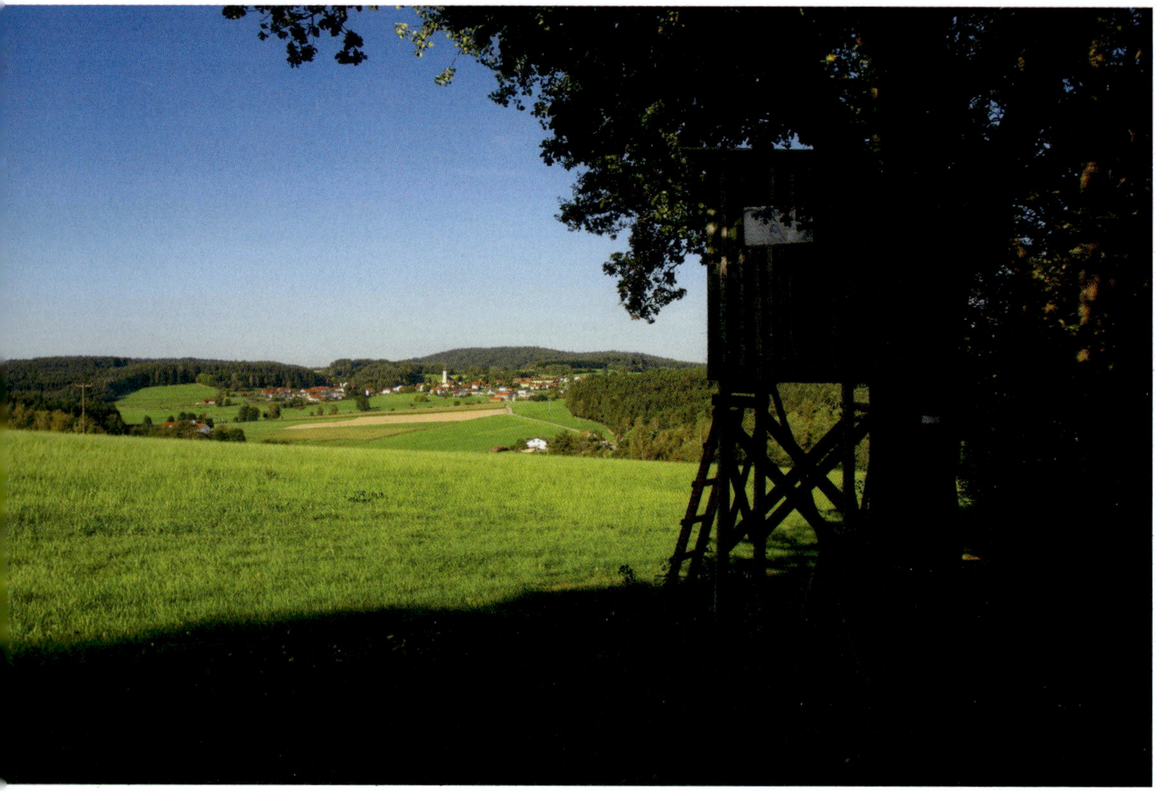

Vielleicht lässt sich der Jäger von der Aussicht ablenken?

Alternativ steigen wir das kurze, aber steile Stück zum Pfahl hinauf (Za3), biegen am höchsten Punkt rechts ab und folgen dem Waldrand bis zu einem Rastplatz, wo wir wieder zum anderen Weg über eine Treppe absteigen und nach Riedhof gelangen. Oben haben wir schöne Aussichten über bäuerliches Kulturland. In Riedhof marschieren wir auf der aussichtsreichen Straße nach rechts, zweigen nach einem knappen Kilometer links in den Wald ab und erreichen über einen Wiesenweg wieder den Ortsrand von Zandt.

Wichtiges zur Tour

Tourencharakter
Sehr leichte Rundwanderung, meist auf Teer und Feldwegen

Ausgangs-/Endpunkt
Ortsmitte Zandt

Anfahrt
Bus & Bahn: Mit der Bahn nach Cham und weiter mit dem Bus nach Zandt; Auto: B 85 Richtung Miltach, in Oberndorf abzweigen nach Zandt

Einkehr
Gasthof Pfahlhof, Pfahl 7, 93499 Zandt, Tel.: (09944)93 02, blasinipfahlhof@t-ton-line.de, www.pfahlhof.de

Karte
Kompass Wanderkarte Nr. 198, Blatt 3

Informationen
Touristinfo Zandt, Rathausplatz 1, 93499 Zandt, Tel.: (09944) 303 00 15 oder -55, tourist@gemeinde-zandt.de, www.gemeinde-zandt.de

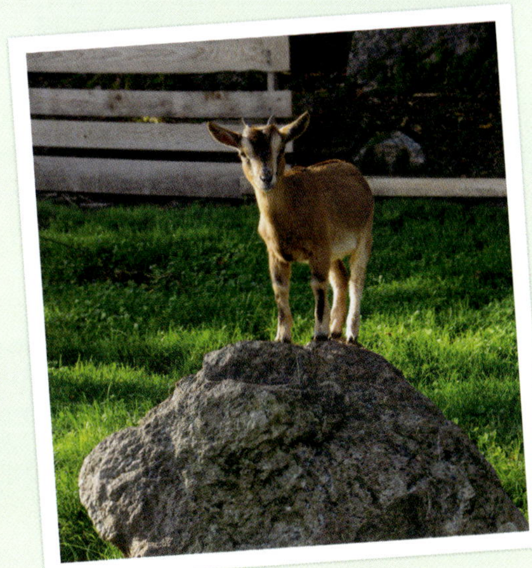

Auch ein Aussichtsplatz

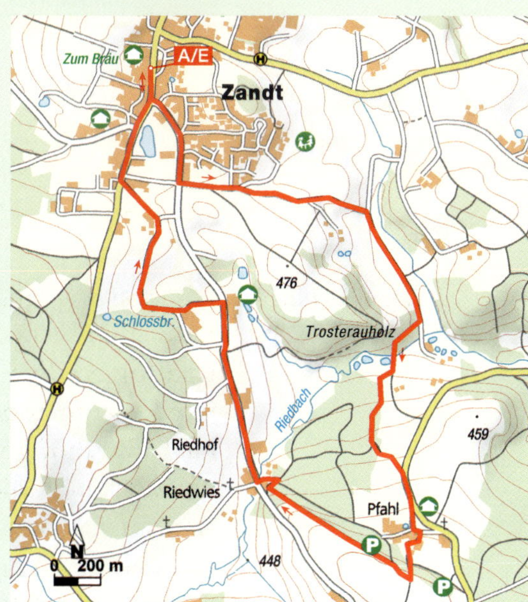

6 Appetithappen am Eingang zum Lamer Winkel

Auf dem Rimbacher Panoramaweg

- leicht
- 0.45 Std.
- 79 Hm
- 2 km

Am Fuße des Hohen Bogen liegt Rimbach am Eingang in den Lamer Winkel. Ein kurzer, einfacher Rundweg oberhalb des Dorfes macht mit seinem herrlichen Fernblick in den Lamer Winkel Lust auf das Herz des Bayerischen Waldes.

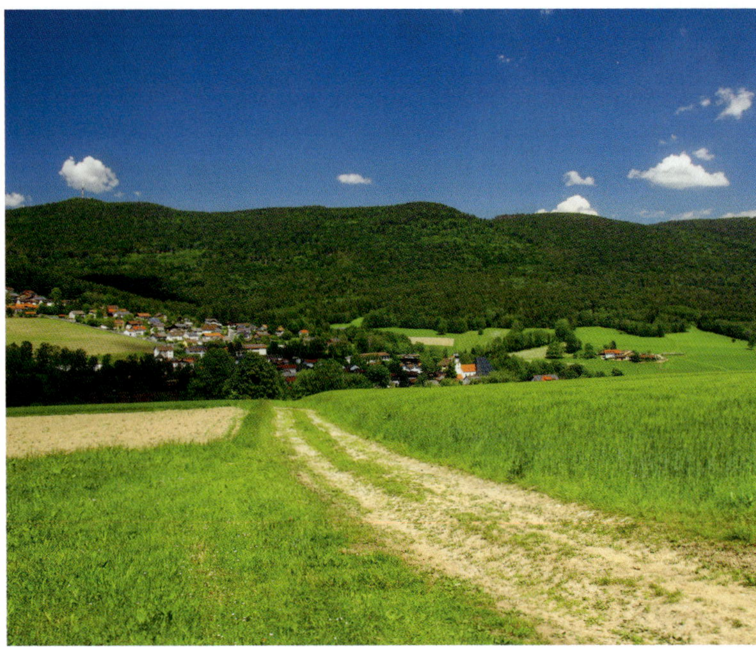

Die Wälder des Hohen Bogen säumen den Eingang zum Lamer Winkel.

Im hohen Bogen Nur etwa 50 m von der Bushaltestelle am Dorfplatz entfernt zweigt der Haidsteiner Weg von der Ortsdurchfahrt ab. Wir folgen der schmalen Teerstraße, bis wir nach etwa 150 m eine Abzweigung erreichen. Der Wegweiser (»Rimbacher Panoramaweg« – Ri05) zeigt nach links den Berg hinauf. Dahinter stehen ein Tisch und zwei Bänke für eine kurze Pause bereit, aber das kommt noch zu früh. Wir wandern auf dem Buchbergweg zunehmend

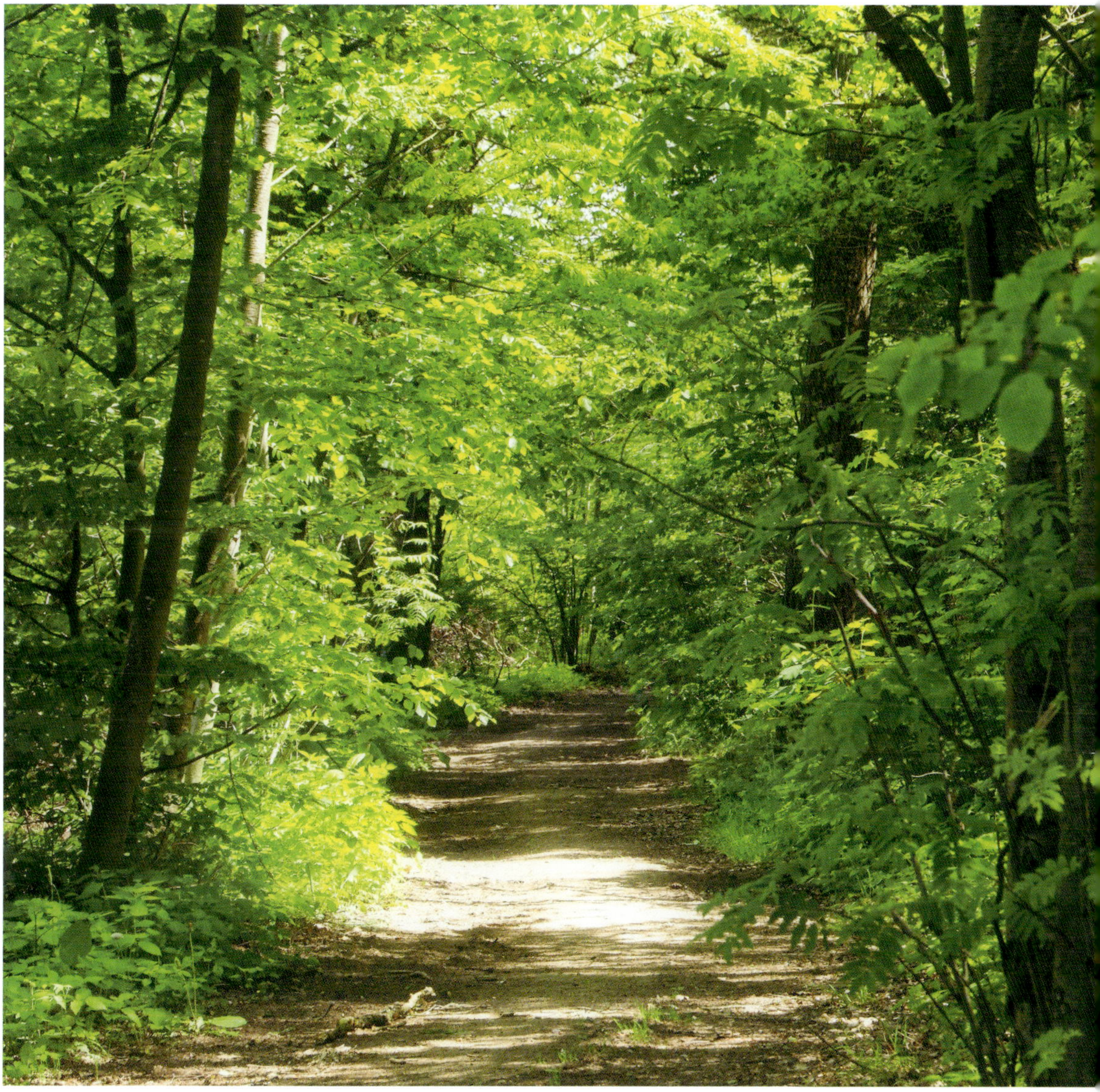

steil bergauf. Sind wir erst einmal an den letzten Häusern vorbeigelaufen, weitet sich nach links mit jedem Schritt die Fernsicht über Osser und Künisches Gebirge bis zum Zwercheck. In unserem Rücken, auf der gegenüberliegenden Talseite, erhebt sich der Gebirgszug des Hohen Bogen vom Burgstall im Westen mit dem Sendemast am höchsten Punkt bis zu den markanten Doppeltürmen der ehemaligen Abhöranlage im Osten des bewaldeten Bergrückens.

Am höchsten Punkt führt der Weg geschützt durch Laubwald.

Nach 300 m endet der Teer, vor uns liegen nur mehr 200 m Anstieg, der aber zusehends abflacht. Auf halber Strecke zieht eine Buschreihe nach links ins Feld. Die Buschreihe teilt zwei Felder und läuft im rechten Winkel auf den Weg zu. Dort wo sie auf den Weg trifft, lädt eine schattige Bank dazu ein, das Panorama auf uns wirken zu lassen. Nach der Pause sind es nur noch wenige Schritte, ehe der Panoramaweg am höchsten Punkt links einschwenkt und uns hinter der ersten Baumreihe am Waldrand auf den Rückweg bringt. Über Rimbach hinweg erhebt sich der Hohe Bogen. Unser Weg schlängelt sich mal unter Bäumen, mal auf freier Wiese wieder talwärts. Nachdem wir einen Schuppen passiert haben, folgt schon der Ortsrand von Rimbach. Nach rechts ein letzter Blick in die Weite und schon geht es auf Teer hinunter und auf der Bachstraße nach links zurück ins Dorf.

Was für ein Theater

Hoch über Rimbach, in der fein restaurierten Burgruine Lichtenegg, finden alljährlich die überregional bekannten Theaterfestspiele statt: in der historischen Umgebung – auf dem bewaldeten und doch aussichtsreichen Burghügel – wahrlich ein Erlebnis (www.libu.de)!

Unterwegs auf einem Panoramaweg, der uns nicht viele Höhenmeter abverlangt.

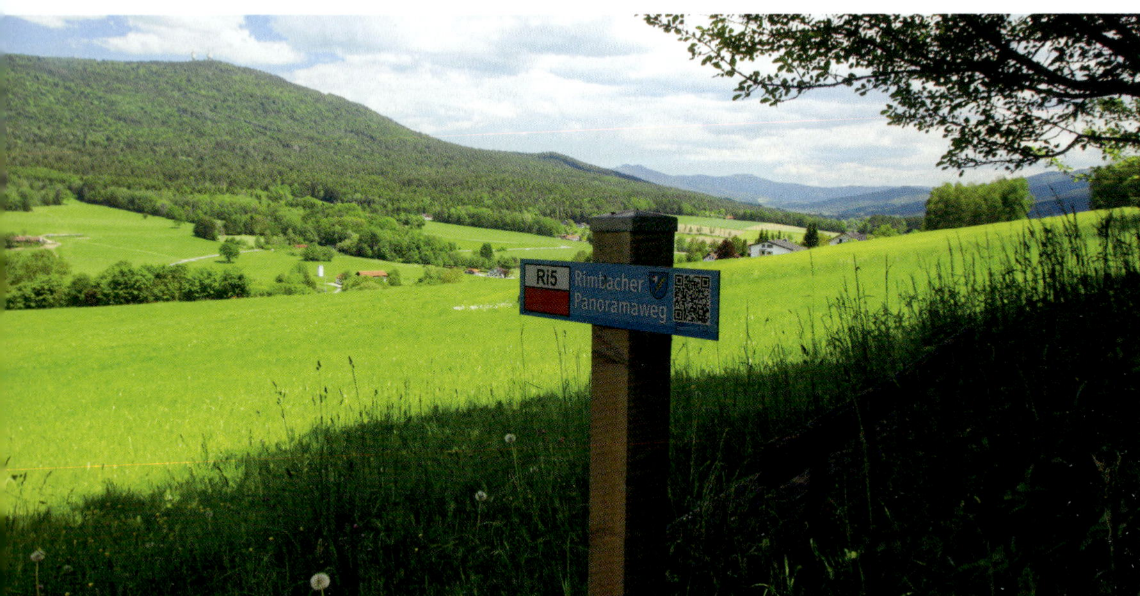

Wichtiges zur Tour

Tourencharakter
Leicht verdienter Panoramablick in den Lamer Winkel

Ausgangs-/Endpunkt
Ortsmitte Rimbach

Anfahrt
Bus & Bahn: Mit der Bahn nach Furth im Wald und weiter mit dem Bus nach Rimbach »Dorfplatz«; Auto: B 85 oder B 20 nach Cham und weiter auf der B 20 Richtung Furth im Wald. Bei Reindorf abzweigen und über Zenching nach Rimbach.

Einkehr
Keine Einkehr am Weg

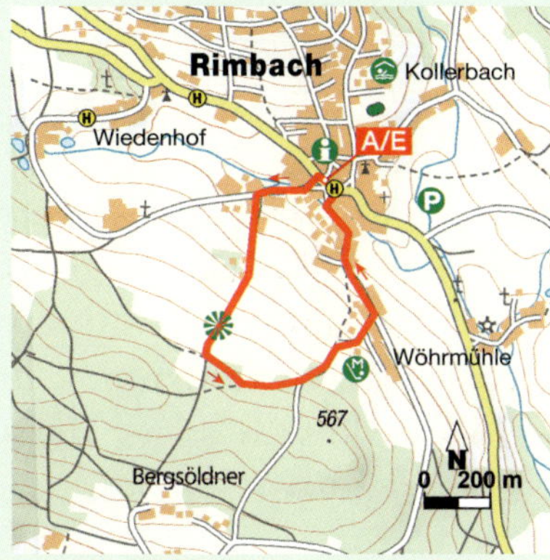

Karte
Kompass Wanderkarte Nr. 198, Blatt 1

Informationen
Touristinfo Rimbach, Hohenbogenstr. 10, 93485 Rimbach, Tel.: (09941) 940016, tourist@gemeinde-rimbach.de, www.gemeinde-rimbach.de

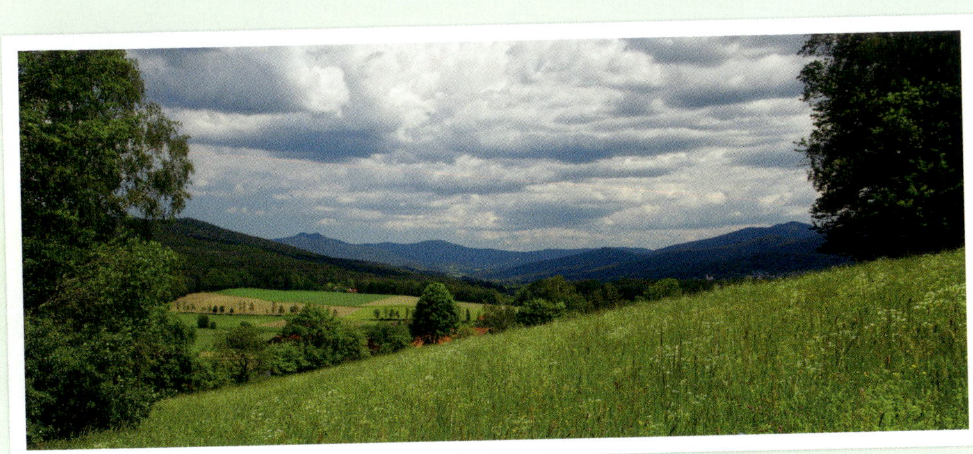

Vorhang auf: Der Lamer Winkel

7 Aussichts-Reich

Der »Hoderngossnweg« in Neukirchen

leicht

2.15 Std.

156 Hm

7,1 km

Auf einfachen Feldwegen führt der »Hoderngossnweg« auf die Hügel jenseits des Hohen Bogen und überrascht mit einmaligen Blicken über das Further Becken Richtung Čerchov und ins Böhmerland. Im Südosten lassen sich sogar die Ossergipfel erblicken – reiche Aussicht auch für »arme Leute«!

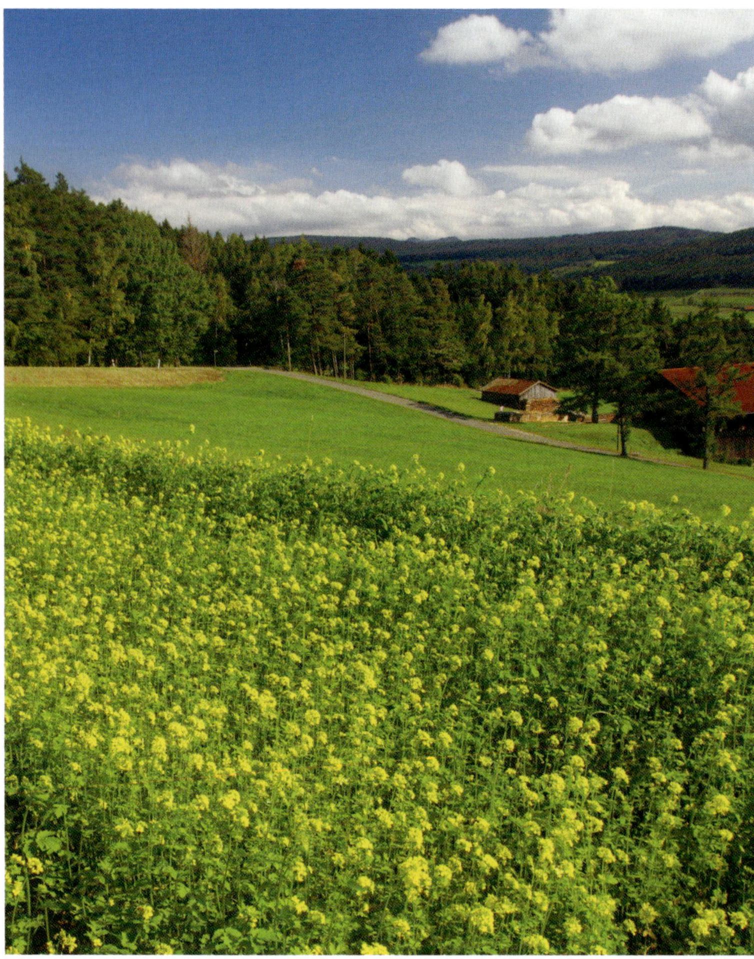

Am Horizont die beiden Ossergipfel

Von wegen arm »Hodern«? Der Lumpen. »Hodern-gossn«? Wo die armen Leute wohnen – so viel zum Namen dieses Panoramawegs. Der Wanderer dagegen wird auf diesem reich beschenkt. Vom Tourismusbüro aus folgen wir der Durchfahrtsstraße nach links aus Neukirchen heraus und zweigen am Ortsrand links in die Lambergerstraße, von der wir nach dem letzten Haus zur Linken erneut links abbiegen. Am ehemaligen Sportplatz vorbei führt der Schotterweg gemütlich bergauf Richtung Atzlern. Mit jedem Meter lässt sich die Weite des Further Beckens jenseits von Neukirchen bereits erahnen. In Atzlern spazieren wir auf der Straße nach rechts bis zum kleinen Brunnen in der Dorfmitte, wo der Wegweiser nach links bergauf zeigt. Wir wandern auf dem Eichenweg

Auf dem Hohen Bogen

Mit dem Sessellift schwebt man in wenigen Minuten auf den Hohen Bogen und genießt die Aussicht bis nach Böhmen von über 1000 m Höhe. Wem das nicht genug ist, der läuft in einer Viertelstunde zum Wahrzeichen des Berges, den NATO-Türmen. Dort geht es über 293 Stufen zur Aussichtsplattform (www.sektor-f.de; www.hohenbogen.de).

Volksfrömmigkeit: ein Wegekreuz kurz vor Neukirchen

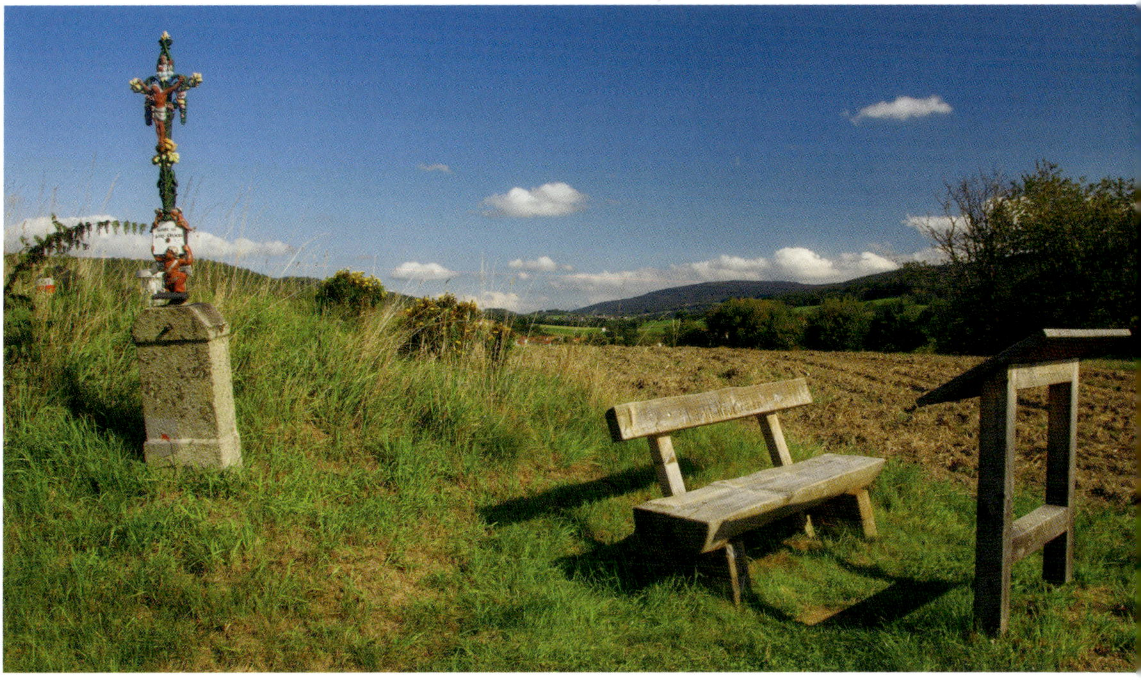

nun etwas steiler zunächst auf Teer bis zur Gabelung einer Baumgruppe mit drei Totenbrettern. Wir halten uns links und laufen weiter oben am Bauernhof vorbei bis zum Waldrand. Der Großteil des Anstiegs ist geschafft – Zeit für eine Pause auf der Bank!

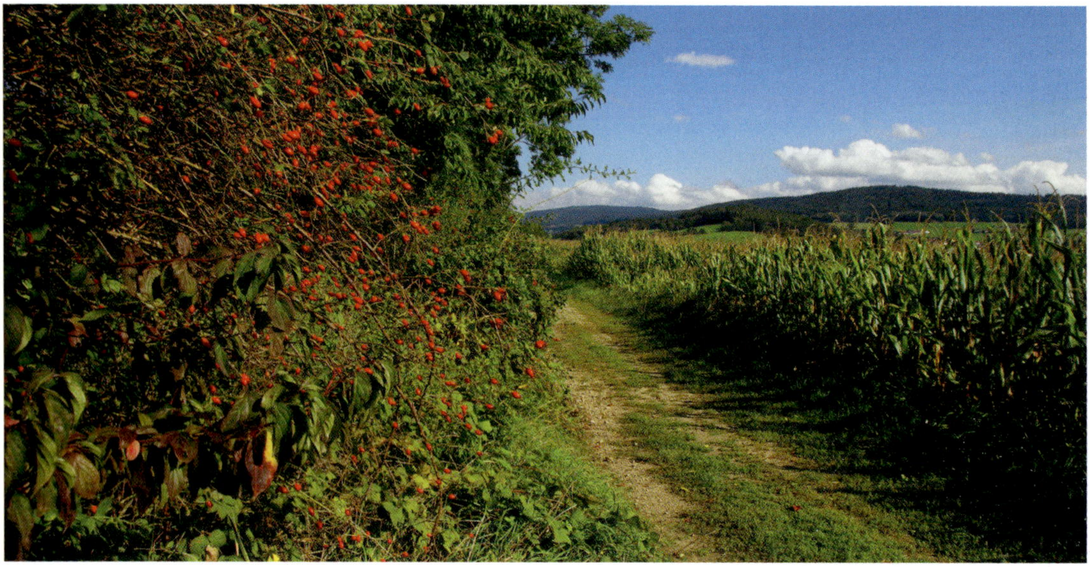

Der Herbst kündigt sich an.

Traumhafte Aussicht Hoch über Neukirchen erhebt sich der Hohe Bogen mit Skipiste und den markanten Doppeltürmen. Im Norden bilden Gibacht und Hiener-Gruppe den Horizont. Unser Weg knickt nach rechts und verläuft am Waldrand entlang nun deutlich flacher. In der Ferne zeigen sich die Ossergipfel. In Spandlberg biegen wir dann auf die Teerstraße links ein und folgen ihr 500 m, bis wir an einem Hof links in einen Feldweg abzweigen. Im gemächlichen Bergauf überschreiten wir eine Kuppe und erfreuen uns an dem herrlichen Panorama Richtung Čerchov. Schließlich erreichen wir Vorderbuchberg. So eingenommen von der Aussicht über Neukirchen und den Hohen Bogen, können wir leicht an der Abzweigung zurück ins Tal vorbeilaufen. Gleich am Ortseingang gehen wir im spitzen Winkel links und queren die Wiesen und Felder. Am Fußballplatz laufen wir links entlang und erreichen an der Morethgasse wieder Neukirchen.

Wichtiges zur Tour

Tourencharakter
Einfacher Anstieg nach Spandlberg, danach panoramareiche Rundwanderung über Felder und leichte Hügel

Ausgangs-/Endpunkt
Touristinfo Neukirchen b. Hl. Blut

Anfahrt
Bus & Bahn: Mit der Bahn nach Furth im Wald und weiter mit dem Bus nach Neukirchen b. Hl. Blut; Auto: B 85 oder B 20 nach Cham und weiter auf der B 20 Richtung Furth im Wald und über Eschlkam nach Neukirchen

Einkehr
Gasthof »Zum Wirt«, 93453 Neukirchen b. Hl. Blut/Vorderbuchberg, Tel.: (09947) 624, gasthof@zum-wirt.de, www.zum-wirt.de

Karte
Kompass Wanderkarte Nr. 198, Blatt 1

Informationen
Touristinfo Neukirchen b. Hl. Blut, Marktplatz 10, 93453 Neukirchen b. Hl. Blut, Tel.: (09947) 940821, tourist@neukirchen.bayern, www.neukirchen.bayern

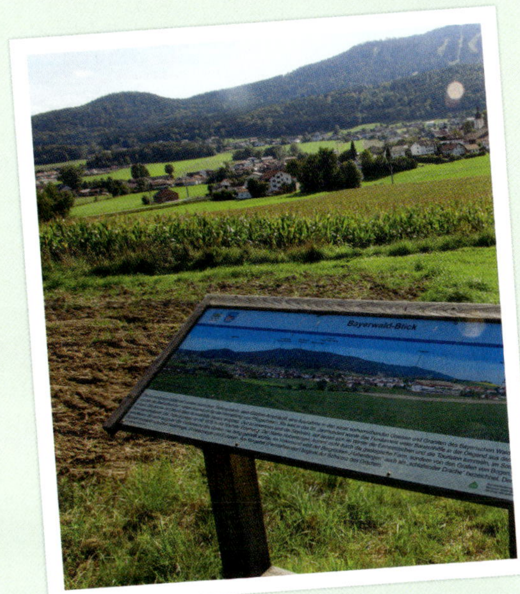

Panoramablick über Neukirchen

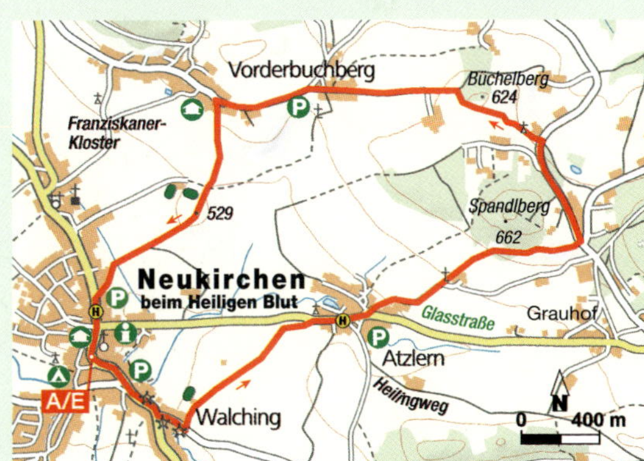

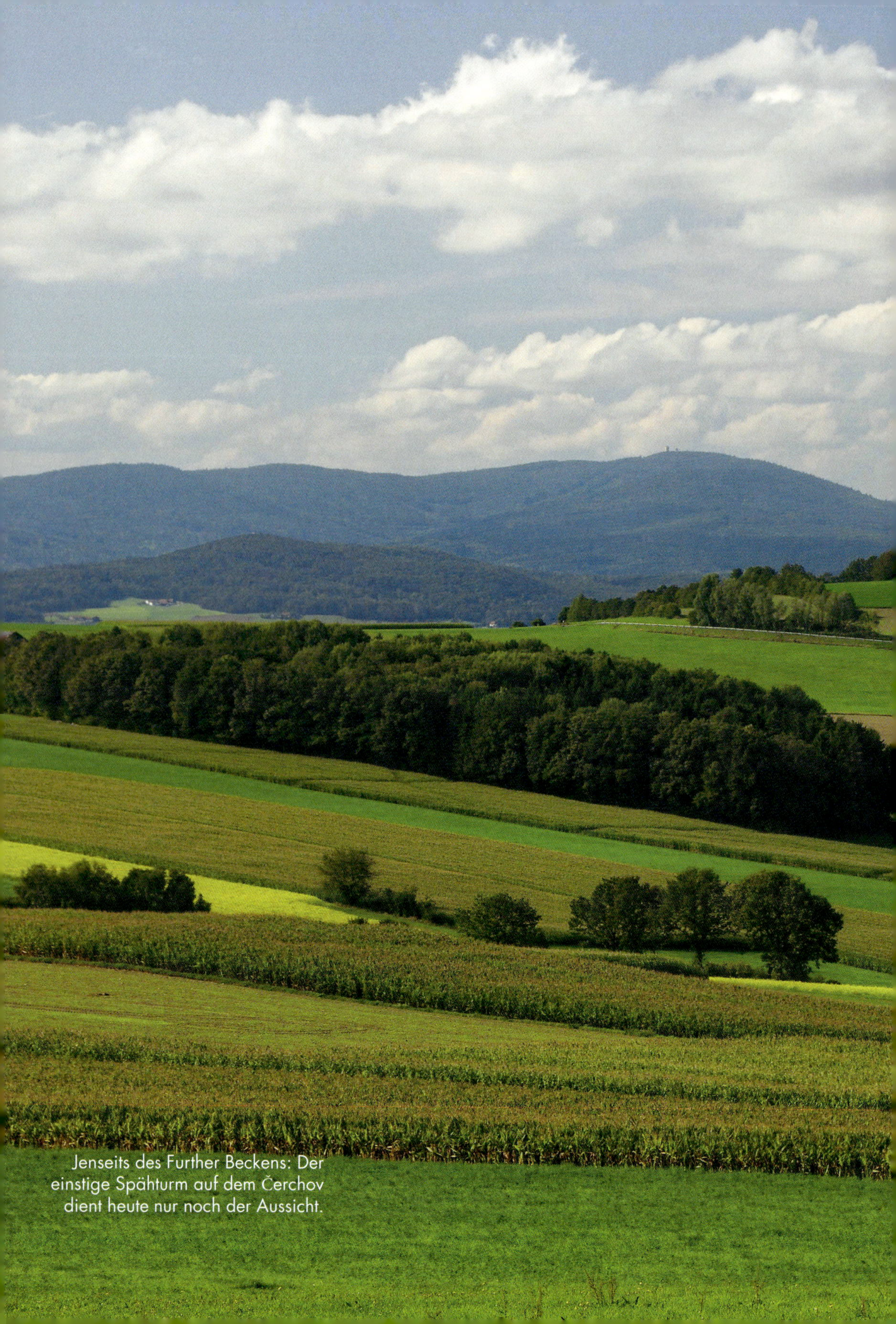

Jenseits des Further Beckens: Der einstige Spähturm auf dem Čerchov dient heute nur noch der Aussicht.

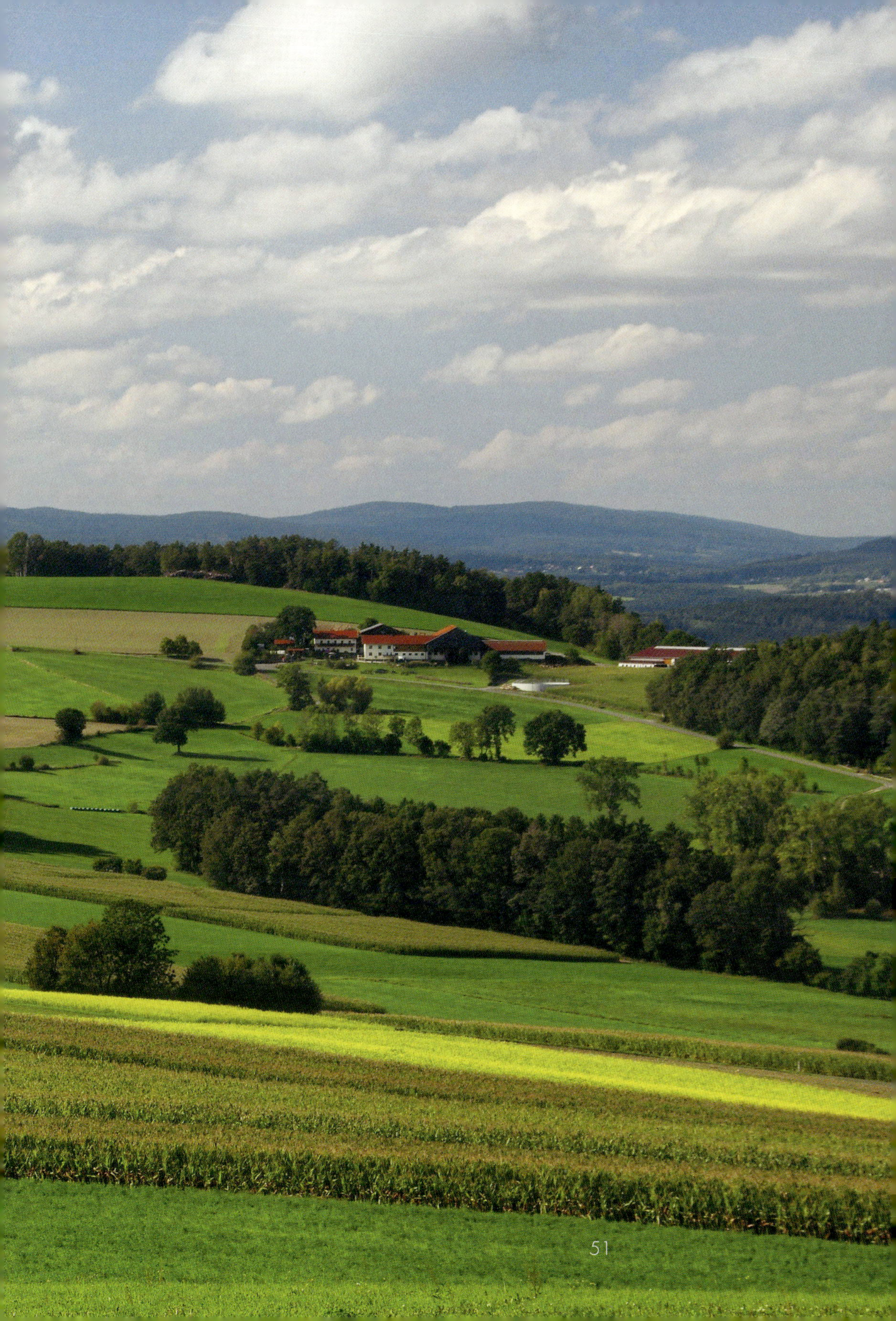

8 Aussicht weit ins Böhmerland

Auf dem Grenzweg zum Schanzkreuz

- mittel
- 1.30 Std.
- 142 Hm
- 4,5 km

Die deutsch-tschechische Grenzregion erzählt viele Geschichten – von Vertreibung und Trennung, aber auch von Austausch und Zusammenkunft. Vom Schanzkreuz schweift der Blick über die Grenze, wo sich noch vor 30 Jahren Soldaten gegenüberstanden.

Grenzgänger Von der Ortsmitte in Rittsteig aus folgen wir der Hauptstraße vorbei an der Kirche bergauf Richtung Süden. Nach dem letzten Haus deutet der Wegweiser nach links in einen bald schwer erkennbaren Feldweg. Wir laufen deshalb noch 200 m neben der Landstraße und biegen erst dann links in die Flurstraße in Richtung Grenze bei Helmhof – vor uns öffnet sich die Aussicht nach Böhmen ins Tals des Saubachs. Nach weiteren 200 m, gegenüber der Abzweigung nach Steinriegel, biegen wir erneut nach links in einen Feldweg, der zu einer kleinen Feldkapelle hinabführt. Im Schatten einer Fichte lädt dort eine Bank zu einer kurzen Ruhepause. Wir sind nun auf dem »Grenzweg« mit der Markierung Nk 21. Dieser führt weiter bergab über die Wiesen in ein enges, bewaldetes Tal. Dort treffen wir auf eine schmale Teerstraße, auf der wir nach links wandern. Rechts unten im Talgrund fließt der Angelbach und markiert gleichzeitig die Grenze zu Tschechien. Gesäumt von Wald und Wiesen laufen wir am letzten Haus vorbei bergauf. Nachdem wir in den Wald eingetaucht sind, gilt

Geschichte erkunden

Eine Grenze, zwei Geschichten: Geht man hinter Warzenried beim Weiler Hofberg über die Fußgängergrenze, ist es nicht weit zur Gedenkstätte Rothenbaum, wo die Geschichte von Vertreibung und Zerstörung erzählt wird. Bei Eschlkam ganz in der Nähe belebt der Kunstwanderweg die Grenzregion als die »neue Mitte Europas«.

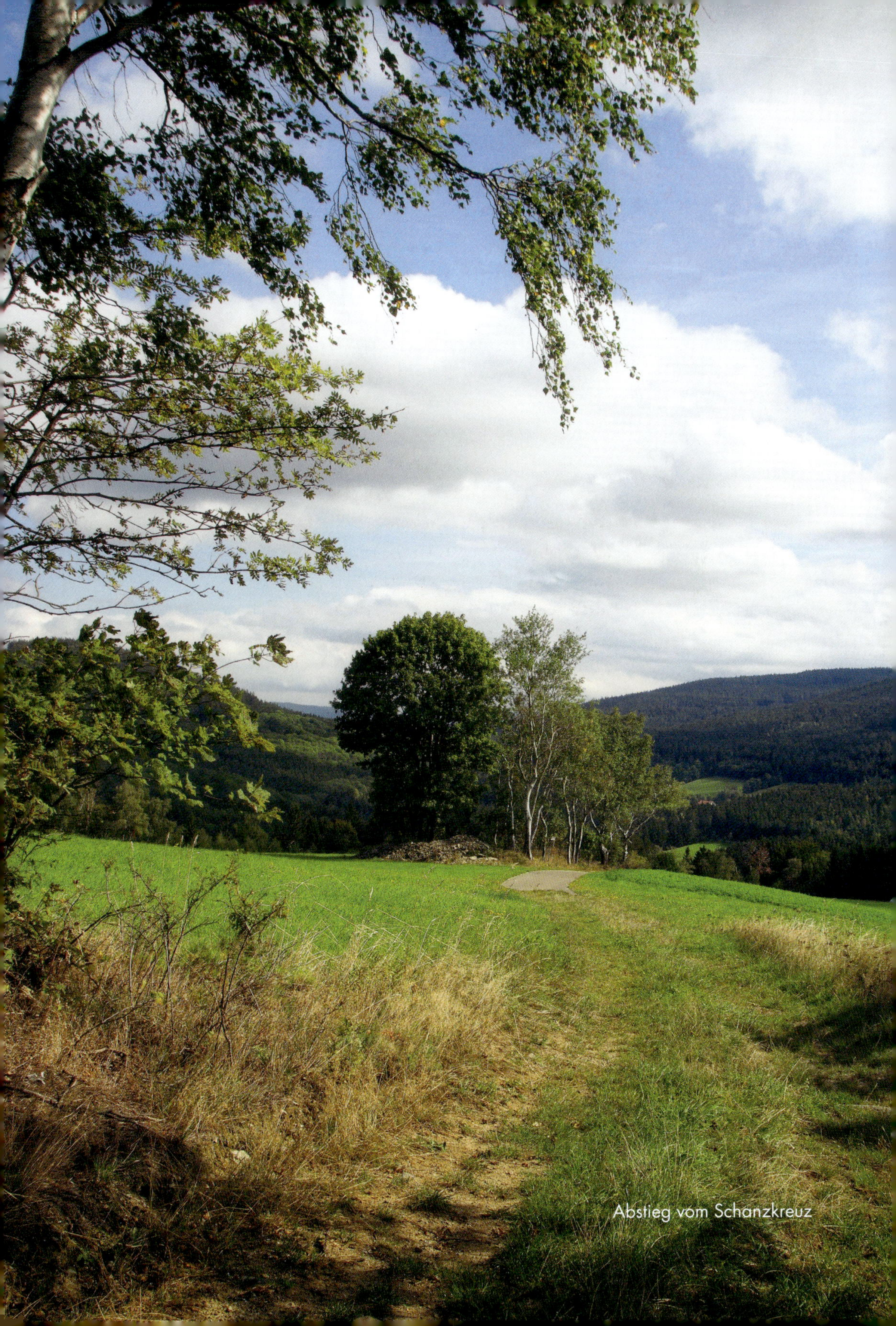
Abstieg vom Schanzkreuz

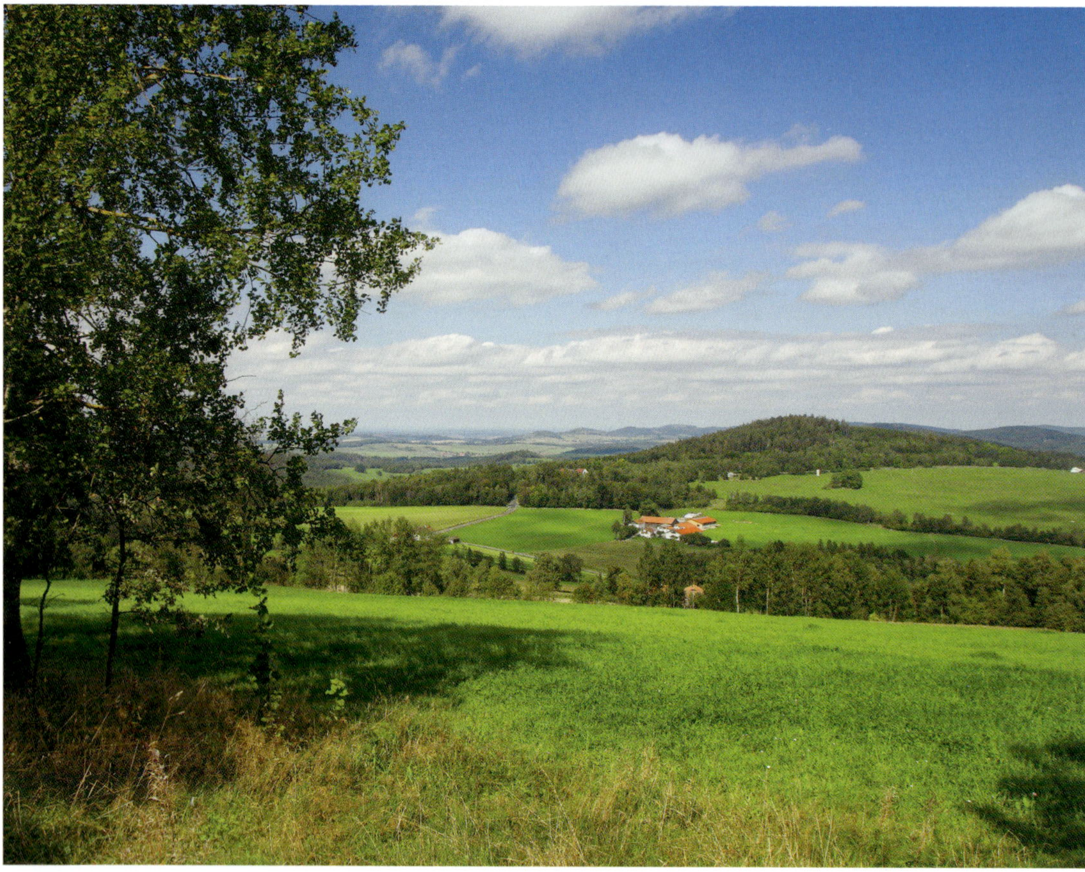

Vom Schanzkreuz führt die Fernsicht nach Böhmen.

es, die Augen offenzuhalten: Auf eine Rechtskurve folgt eine lang gezogene Linkskurve. An ihrem Ende, 500 m nach dem letzten Haus, zweigt ein unmarkierter Waldweg nach links bergauf. Nach einem steilen Aufschwung flacht er ab und erreicht schnell den Waldrand. Dort erwartet uns ein herrliches Panorama über das bayerisch-böhmische Grenzland. Nach weiteren 400 m zweigt der Feldweg im spitzen Winkel nach links bergauf zum »Schanzkreuz«. Nicht sehr steil, verlangt er durch das Gras etwas Orientierung. Schließlich stehen wir am höchsten Punkt und genießen das Panorama. Wir überschreiten die kleine Kuppe. Der Abstiegsweg mündet in einen Teerweg, der uns zurück nach Rittsteig führt. Die Aussicht wird nun abgerundet durch herrliche Fernblicke auf den Hohen Bogen bis zum Gibacht.

Wichtiges zur Tour

Tourencharakter
Sehr abwechslungsreiche Runde auf einsamen Wegen, Aufstieg zum Schanzkreuz undeutlich markiert

Ausgangs-/Endpunkt
Ortsmitte Rittsteig

Anfahrt
Bus & Bahn: Mit der Bahn nach Furth im Wald und weiter mit dem Bus über Neukirchen b. Hl. Blut Richtung Lam. Umsteigen in Tanneneck nach Rittsteig; Auto: B 85 oder B 20 nach Cham und weiter auf der B 20 Richtung Furth im Wald, über Eschlkam nach Neukirchen und weiter nach Rittsteig

Einkehr
Gasthof Schamberger, Hauptstr. 21, 93453 Neukirchen b. Hl. Blut (Ortsteil Rittsteig), Tel.: (09947) 1661, schamberger.karl@gmail.com, www.pension-schamberger.com

Karte
Kompass Wanderkarte Nr. 198, Blatt 1

Informationen
Touristinfo Neukirchen b. Hl. Blut, Marktplatz 10, 93453 Neukirchen b. Hl. Blut, Tel.: (09947) 940821, tourist@neukirchen.bayern, www.neukirchen.bayern

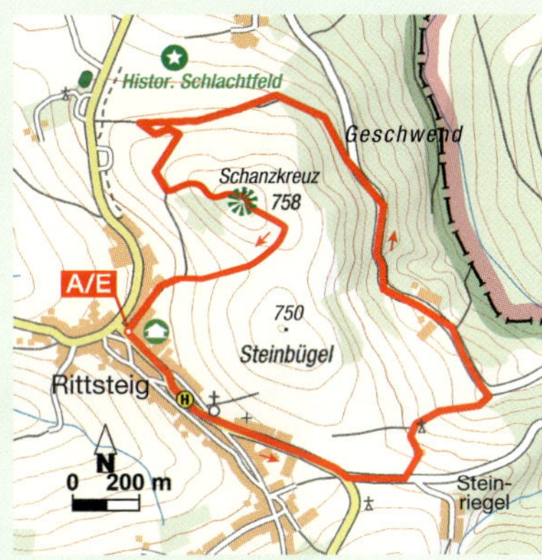

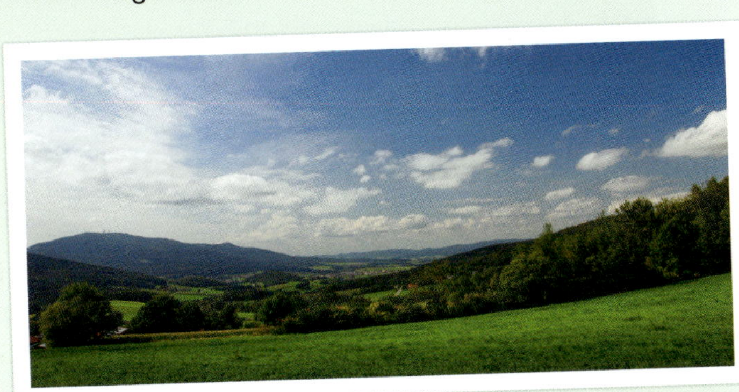

Rittsteig bietet einen schier grenzenlosen Blick nach Westen.

9 Im Schatten des Hohen Bogen

Auf dem Haibühler Rundweg

leicht

1.30 Std.

117 Hm

4,5 km

Mit dem Hohen Bogen im Rücken ist der Haibühler Rundweg beinahe eine Lamer-Winkel-Rundwanderung. Neben dem dunklen Waldberg begleitet uns die Aussicht auf den Kaitersberg, und auch der Osser, das Matterhorn des Bayerischen Waldes, zeigt sich in markanter Pose.

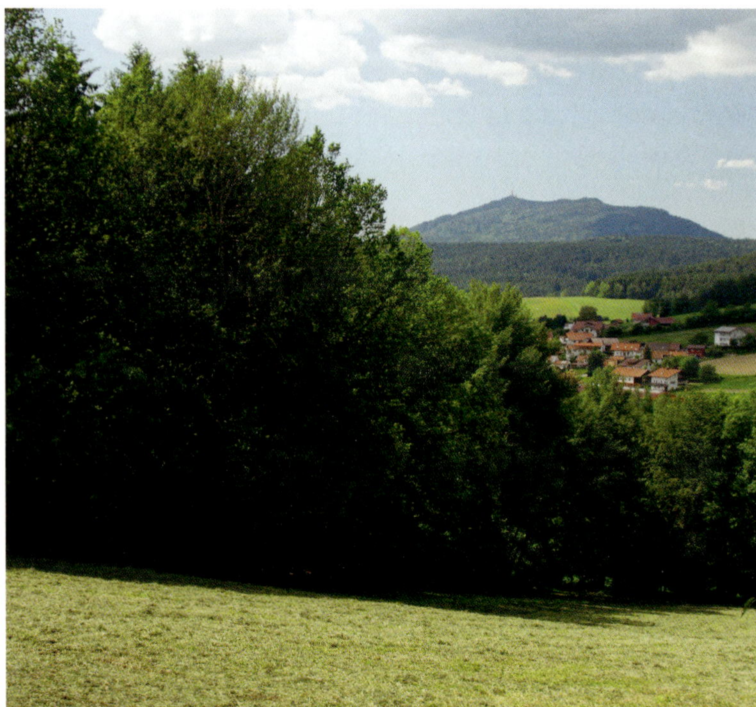

Steter Begleiter auf der Tour: der Hohe Bogen

Aussichtsreiche Runde Der Haibühler Panoramaweg (Ar 11) folgt zunächst der Hauptstraße bergauf Richtung Engelshütt. Kurz vor dem Ortsende biegen wir links in den Tannenecker Weg, der noch vor den letzten Häusern in einen Schotterweg übergeht. Auf diesem wandern wir in den Wald hinauf und halten uns an der Kreuzung, die wir schon

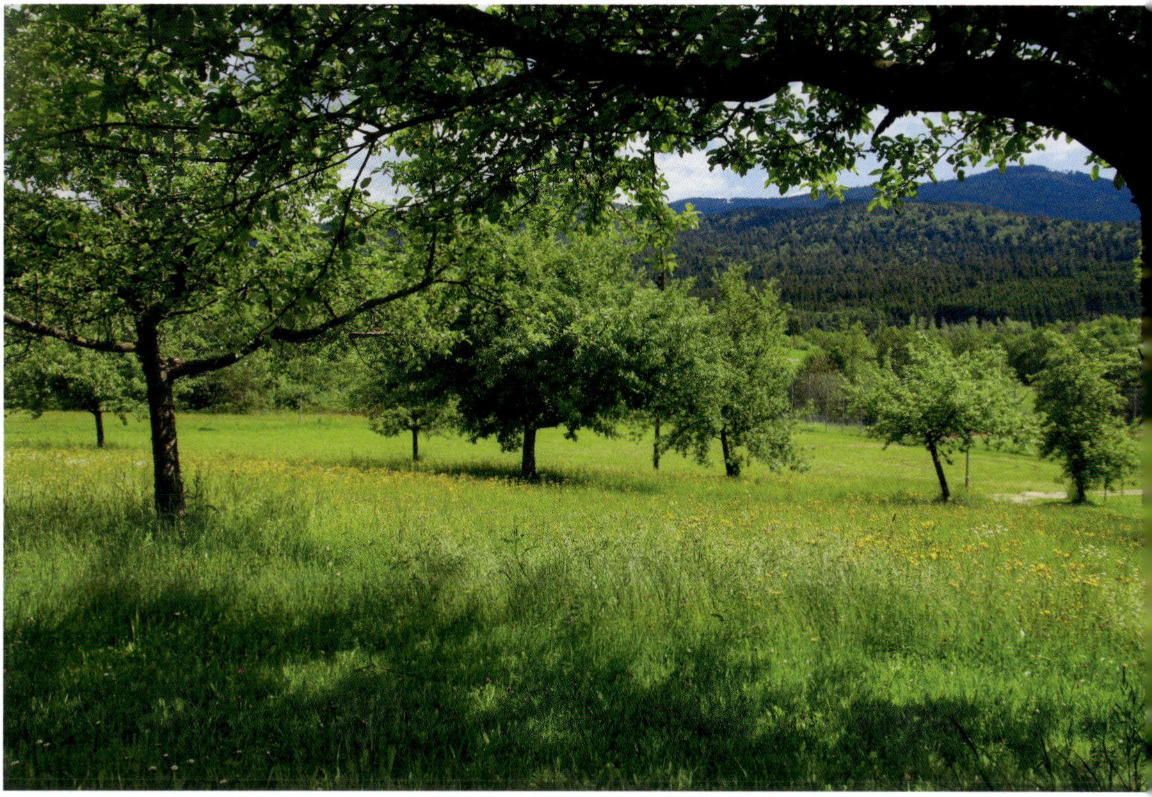

Und jetzt den Schatten der Obstbäume genießen

bald erreichen, rechts. Nun geht es gemütlich hinunter zum Sandbach. Das Rinnsal ist mehr an den Büschen zu erkennen, die ihn begleiten. Auf der anderen Talseite wartet ein weiterer Anstieg in Richtung des Ortes Engelshütt, den wir allerdings nur streifen.

Nun geht es weiter auf Teer. Wir überqueren die Landstraße und folgen der Straße Richtung Frahles, begleitet von wunderschöner Aussicht rundherum. Linker Hand in unserem Rücken schweift der Blick zum Osser, dem Matterhorn des Bayerischen Waldes. Vor uns erhebt sich die langgezogene Gipfelkette des Kaitersbergs und rechts schiebt sich mehr

Unterwegs im Moor

Unten im Tal bei Arrach, wo der Weiße Regen Richtung Bad Kötzting fließt, führt ein Bohlenweg durch das Arracher Moor, eines der bedeutendsten Hochmoore Nordbayerns. Infotafeln erläutern die Flora und Fauna. Glaskunst am Wegesrand bringt nicht nur Farbtupfer ins Moor, sondern ist auch eine Reminiszenz an die jahrhundertealte Glastradition in der Region.

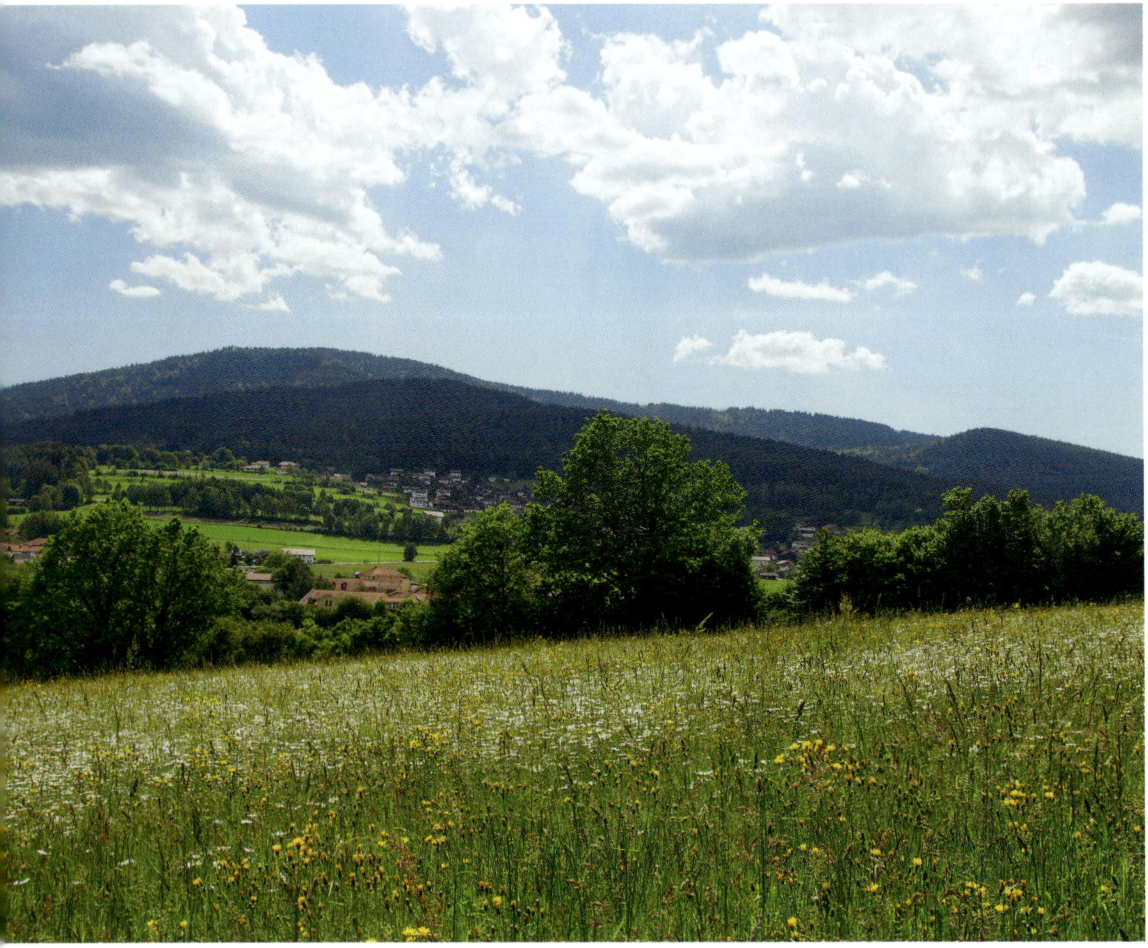

Sommer im Lamer Winkel

und mehr der Hohe Bogen mit seiner ehemaligen Abhöranlage, den markanten Doppeltürmen, ins Blickfeld. Nach etwa zehn Minuten treffen wir auf ein Haus in Alleinlage. Dort zweigen wir nach rechts auf einen Schotterweg und erreichen im Wechsel von schattigem Wald und Wiesenflecken nach kurzer Zeit den Linsmeier-Ferienhof. Die geteerte schmale Zufahrt führt uns erneut in einen Bachgrund hinunter, um uns herum entdecken wir Streuobst und hochstehende Wiesen, darüber die Waldberge des Lamer Winkels. Am Bach gabelt sich unser Weg und wir folgen der Flurstraße rechts. Vor uns liegt nun ein letzter Anstieg, der uns quer über die Wiesen wieder zurück nach Haibühl bringt.

Wichtiges zur Tour

Tourencharakter
Rundwanderung auf einfachen Wald- und Schotterwegen, bisweilen auf Teer

Ausgangs-/Endpunkt
Haibühl, Ortsmitte

Anfahrt
Bus & Bahn: Mit der Länderbahn über Cham Richtung Lam, in Arrach weiter mit dem Bus nach Haibühl »Ortsmitte«; Auto: B 85 bis Miltach, weiter über Bad Kötzting auf der Regentalstraße Richtung Lam, in Arrach an der Ampelanlage links bergauf nach Haibühl

Einkehr
Keine Einkehr am Weg

Karte
Kompass Wanderkarte Nr. 198, Blatt 1

Informationen
Touristinfo Arrach, Lamer Str. 78,
93474 Arrach, Tel.: (09943) 71035,
tourist@arrach.de, www.arrach.de

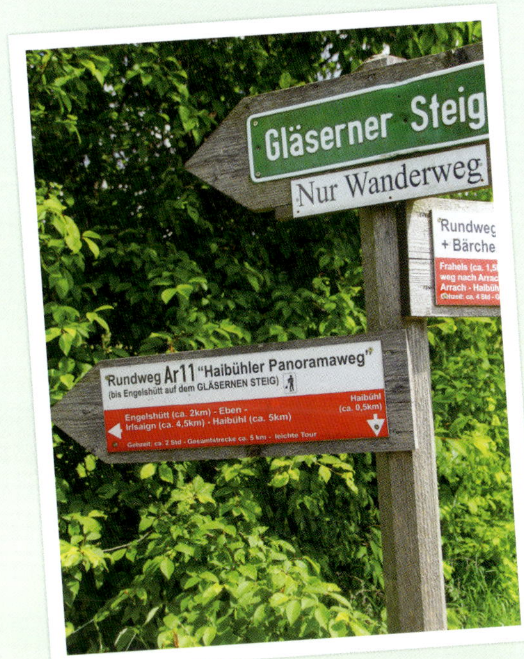

Unser Weg ist gut ausgeschildert.

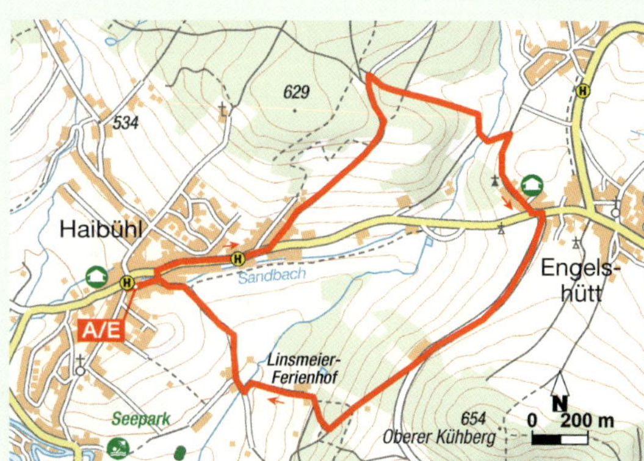

10 Im Herzen des Lamer Winkels

Auf dem Lamer Panoramaweg

- schwer
- 2.45 Std.
- 277 Hm
- 8,2 km

Wo die bewaldeten Hänge des Osser-Massivs an die saftigen Talwiesen grenzen, bietet der Lamer Panoramaweg konditionsstarken Wanderern Aussicht über die gesamte Region. Vom Arber über den Kaitersberg auf der anderen Talseite bis über den Hohen Bogen hinweg liegt uns der Lamer Winkel zu Füßen.

Zum Besucherbergwerk Am Rand des Marktplatzes (Tourismusinformation) folgen wir der Arberstraße rechts nach Osten Richtung Regental. Schon nach 400 m führt uns die Markierung »Panoramaweg« (La 02) nach links in die Seitenstraße »Im Moos« und bald erneut links über »Daxenhof« aus dem Ort hinaus. Auf einfachem Schotter queren wir nun die Wiesen am Ortsrand und im zunehmenden Anstieg die Zechfelder, die bis zum Schaubergwerk »Fürstenzeche« am Waldrand hinaufreichen. Diesen ersten Anstieg haben wir oben am Berghäusl geschafft. Und dieses erste Wegstück teilen wir uns mit den Mountainbikern auf der Arberlandrunde, weshalb wir uns über Gegenverkehr nicht wundern dürfen. Gefährlich sollte es aber nicht werden, dazu ist das Gelände zu übersichtlich – was auch unserer Aussicht zu Gute kommt. Oben am Berghäusl, wo wir auf die Straße stoßen, die von Lam heraufkommt, haben wir einen ersten herrlichen Panoramablick über Lam und nach Westen hinaus. Wir folgen hier nun dem Waldweg nach links. Zu-

Schattenspiele

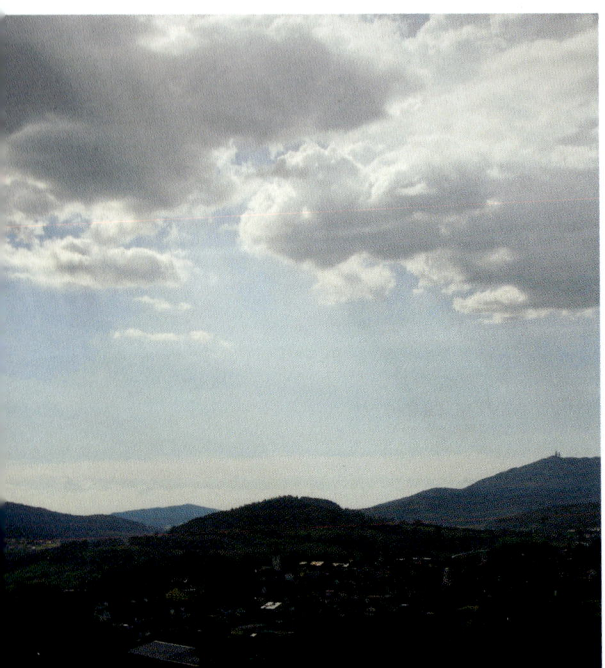

nächst flach, später etwas im Abstieg passieren wir eine Rastbank, die uns dieses Panorama erneut zu Füßen legt. Einen Steinwurf weiter haben wir schließlich das Schaubergwerk erreicht. Während der Öffnungszeiten ist hier auch eine kleine Einkehr möglich. Das über 500 Jahre alte Bergwerk mit seinem mehrere 100 m langen Stollensystem können wir nicht in unsere Wanderung einbauen, denn es ist einen eigenen Besuch wert.

Himmelreich Hier schwenkt der Weg nach Westen. Wir streifen zunächst einige versprengte Häuser, die es von Buchet heraufgeschafft haben, und wandern dann in einem weiten Bogen – teils im Wald, teils über Wiesen – Richtung Himmelreich. Der Lamer Ortsteil empfängt uns mit seinem Sporthotel und einem wunderschönen Ausblick, der in unserem Rücken auch den Ausblick auf den felsigen Südabbruch des Kleinen Osser umfasst. Wer will, kann hier abbrechen und links bergab ins Ortszentrum laufen. Wir jedoch wandern rechts am Hotel entlang zum Waldrand hinauf und folgen dem Weg unter überhängenden Ästen. Zunächst geht es einfach bergauf, vorbei an Hölzstößen für den nächsten Winter. Wenig später, neben den für den Bayerischen Wald so typischen Totenbrettern, lädt eine Bank zum Verweilen ein. Ungefähr die halbe Wegstrecke liegt hinter uns, ebenso der größte Teil des Anstiegs.

Besucherbergwerk

Die Fürstenzeche blickt auf eine jahrhundertealte Geschichte zurück, in der unter anderem Silber-, Blei- und Eisenerze abgebaut wurden. Auch wenn unser Rundweg direkt daran vorbeiführt, sollte man sich die Zeit für einen eigenständigen Besuch nehmen. Bei der Anfahrt Richtung Berghäusl (Parken nahe Café Zum Sahneberg) kann man den Besuch mit einem netten Spaziergang verbinden (www.fuerstenzeche.de).

Endspurt Nach einem letzten Blick zurück Richtung Arber spazieren wir durch ein kurzes Waldstück. Hier führt ein steiler und steiniger Kreuzweg zur Wallfahrtskirche Mariahilf. Nach dem Waldstück genießen wir den Blick Richtung Westen. Unten im Tal sticht die Kirche von Lam

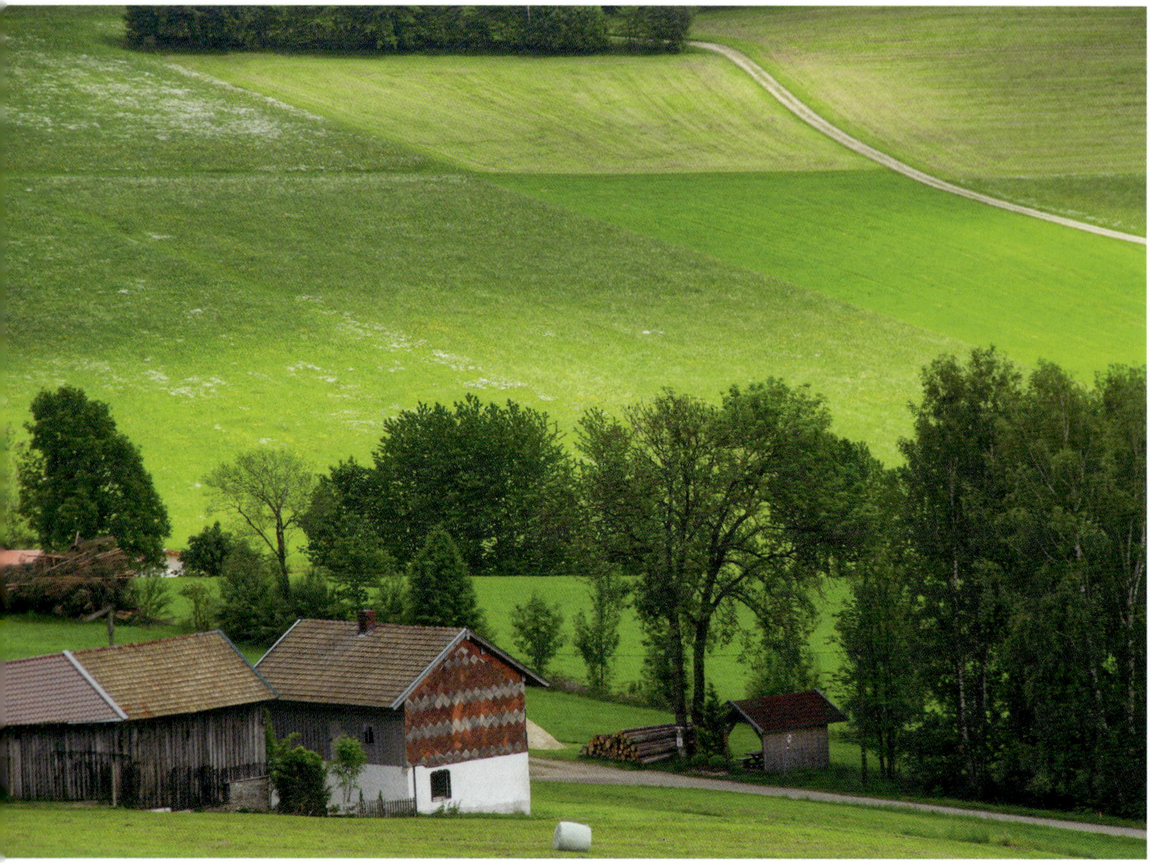

Gemälde oder Natur? Natur!

heraus. Zehn Minuten später mündet bergseitig der Wanderweg von der Wallfahrtskapelle Mariahilf herein. Erneut kann, wer mag, hier den Rundweg abkürzen und nach links absteigen. Auch dieser Weg endet im Ortszentrum. Wir aber kosten noch ein letztes Teilstück des Panoramawegs entlang des Waldrands aus und marschieren nun zunehmend bergab der Landstraße nach Lambach entgegen. Während diese nach rechts in ein lauschiges Seitental führt, geht es für uns nach links. Gemütlich folgen wir auf dem letzten Kilometer dem Bürgersteig leicht bergab nach Lam zurück. Rechts liegt Engelshütt, wo ähnlich aussichtsreich der Haibühler Panoramaweg vorbeiführt. Unten im Tal nur zu erahnen, fließt der Weiße Regen seinem Zusammenschluss mit dem Schwarzen Regen bei Blaibach entgegen. Wir bleiben auf der Straße und erreichen schließlich den Marktplatz in Lam.

Wichtiges zur Tour

Tourencharakter
Panoramaweg für konditionsstarke Wanderer ohne technische Schwierigkeiten

Ausgangs-/Endpunkt
Lam, Tourismusinformation am Marktplatz

Anfahrt
Bus & Bahn: Mit der Bahn über Cham nach Lam, vom Bahnhof etwa 15 Minuten Fußweg zum Marktplatz; Auto: B 85 bis Miltach und über Bad Kötzting und Grafenwiesen nach Lam

Einkehr
Kaffeehaus Blaslhöhe, Oberschmelz 1, 93462 Lam, blaslhoehe@googlemail.com, www.kaffeehaus-blaslhoehe.de (Mi–So 12–19 Uhr); Café Zum Sahneberg, Berghäusl 1, 93470 Lohberg, Tel.: (09943) 1803, marion-reif@t-online.de, www.cafe-sahneberg.de (tägl. 11–18 Uhr)

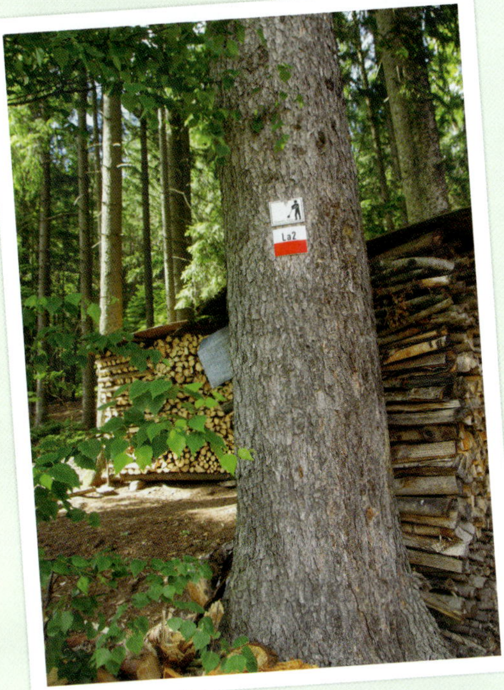

Der Winter kann kommen: Holzscheite neben dem Wanderweg.

Karte
Kompass Wanderkarte Nr. 198, Blatt 3

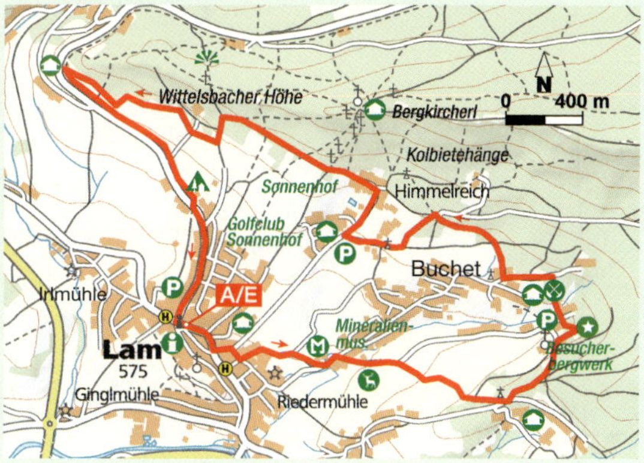

Informationen
Tourist-Info Lam, Marktplatz 1, 93462 Lam, Tel.: (09943) 777, tourist@lam.de, www.lamer-winkel.bayern

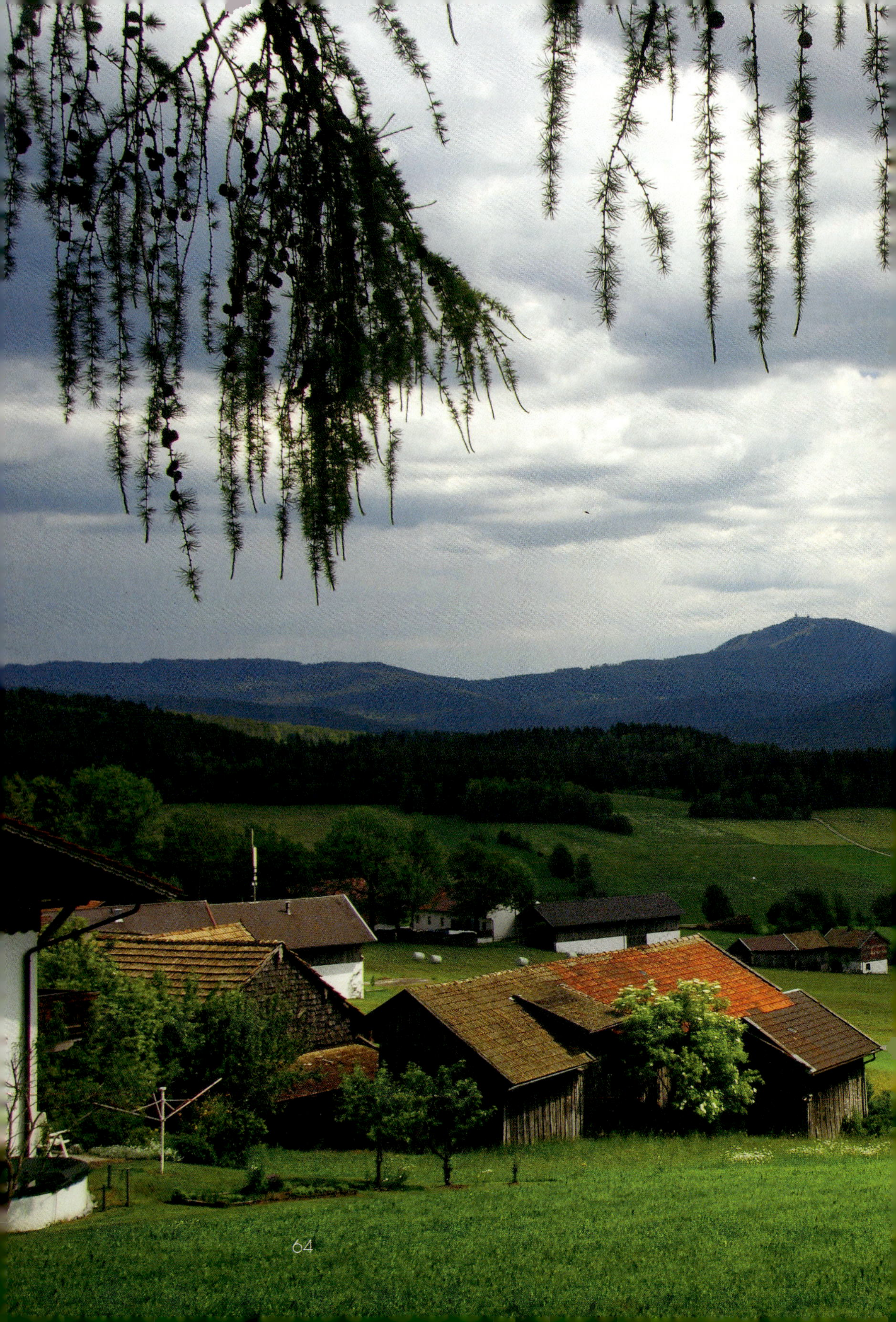

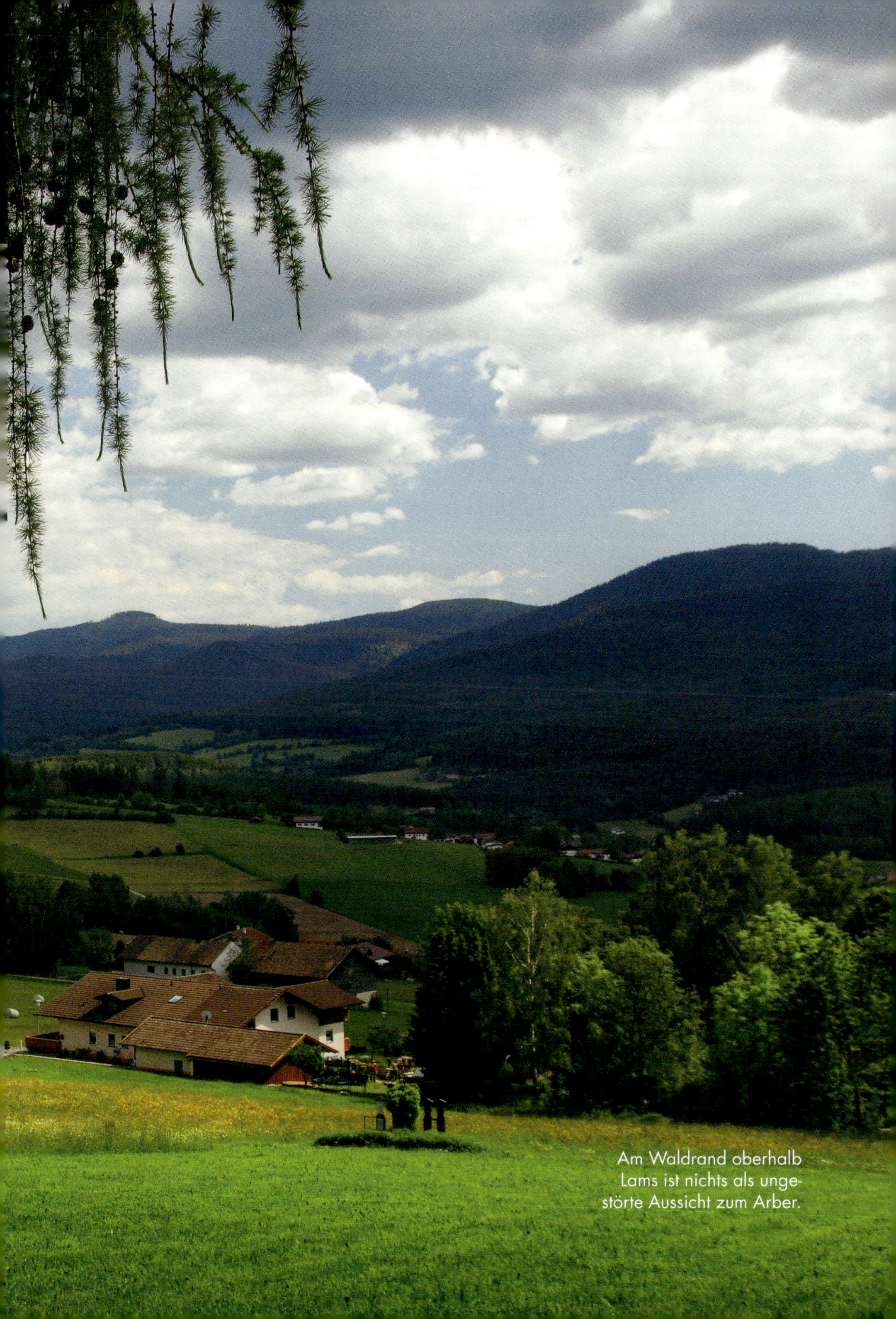

Am Waldrand oberhalb
Lams ist nichts als unge-
störte Aussicht zum Arber.

11 Freier Eintritt im »Naturkino«

Grenzenlose Aussicht über den Lamer Winkel

- schwer
- 2 Std.
- 278 Hm
- 5,3 km

Beste Sicht von jedem Platz bietet das Lohberger »Naturkino« unterhalb des Zwercheckgipfels. Zu sehen gibt es alles, was der Lamer Winkel zu bieten hat: Osser, Hoher Bogen, Kaitersberg – und natürlich eine spektakuläre Abendstimmung.

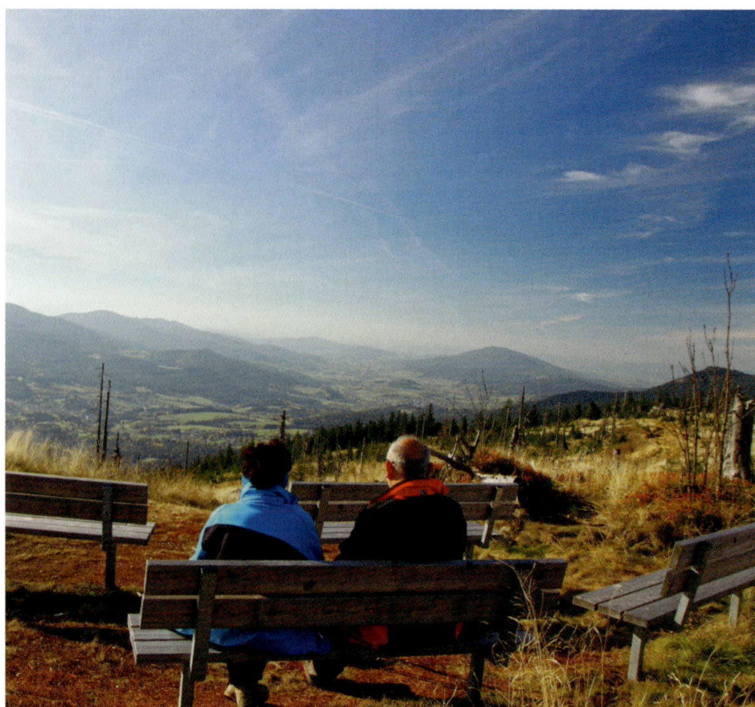

Der Eintritt ins »Naturkino« ist frei.

Filmreife Tour Im Winter herrscht dank der Langläufer Hochbetrieb, im Sommer ist es etwas ruhiger. Vom Parkplatz am Scheibensattel folgen wir dem Schotterweg (Markierung Lo5) bergauf bis zu einer Gabelung. Die Markierung zeigt hier nach rechts. Dieser Anstieg ist aufgrund seiner Steigung und der extremen Verwurzelung sehr ausdauernden und trittsicheren Wanderern vorbehalten. Wir laufen geradeaus weiter. Nachdem wir eine kleine Kuppe überschritten haben, kommt nach etwa 750 m die erste Abbiegemöglichkeit nach der Gabelung. Wir zweigen rechts in einen Weg, auf dem wir nun steinig und steiler bergauf wandern. Nach einer Viertelstunde lichtet sich der Bergwald und die ersten Fernblicke tun sich auf. In unserem Rücken erhebt sich der Große Arber. Nachdem

Am »grünen Dach Europas«

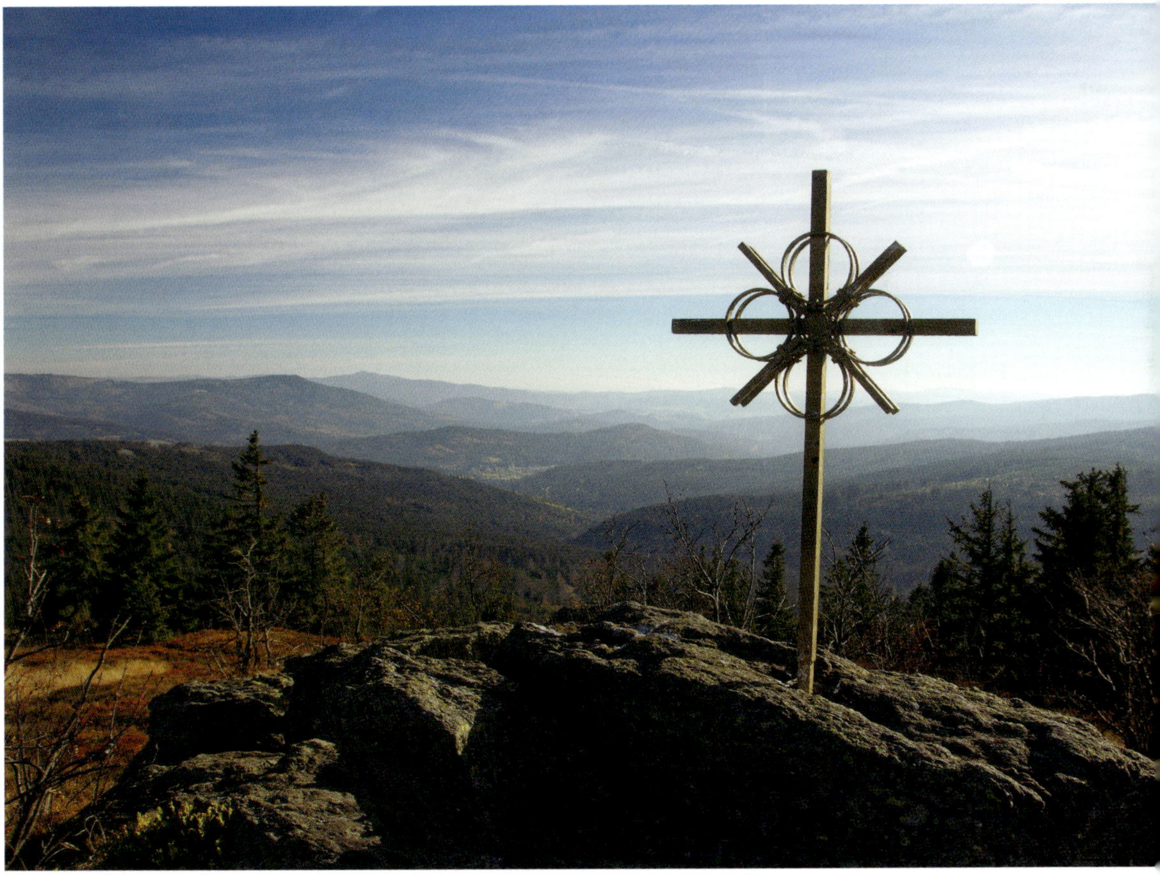

wir eine Freifläche gequert haben, nehmen wir im Wald gegenüber ein kurzes Steilstück, biegen scharf rechts ab und folgen dem Weg zielstrebig dem Gipfelbereich entgegen – nun deutlich flacher über den breiten Bergrücken des Künischen Gebirges, jenem Massiv zwischen Osser und Zwercheck. Dann können wir endlich Platz nehmen auf

Sonnenuntergang

Bei schönem Wetter ist die Abendstimmung im Lamer Winkel spektakulär. Um sie zu genießen, muss man jedoch nicht im »Naturkino« verharren. Ein Stopp an der Bergstraße zwischen Scheibensattel und Brennes genügt. Von der Hindenburgkanzel aus, einer gemauerten Aussichtsplattform, versinkt die Sonne ebenso schön hinter dem Hohen Bogen.

einer der zahlreichen Bänke und den Ausblick genießen. Die Kinoleinwand hat die Natur gespannt, und zu sehen gibt es Osser und Hohen Bogen, Kaitersberg und Horizont. Eine Panoramakarte zeigt den »Abspann«. In unserem Rücken führt der Weg durch einen schmalen Waldstreifen und dahinter liegt ein kleiner Steinhaufen mit dem glänzenden Gipfelkreuz des Zwerchecks. Dieses schaut hinüber zum Großen Arber, der zum Greifen nah wirkt, und Richtung Nationalpark im Süden. Die Vorstellung dauert, so lange wir wollen. Danach geht es entlang des Aufstiegs wieder hinunter.

Im Abstieg der Aussicht entgegen

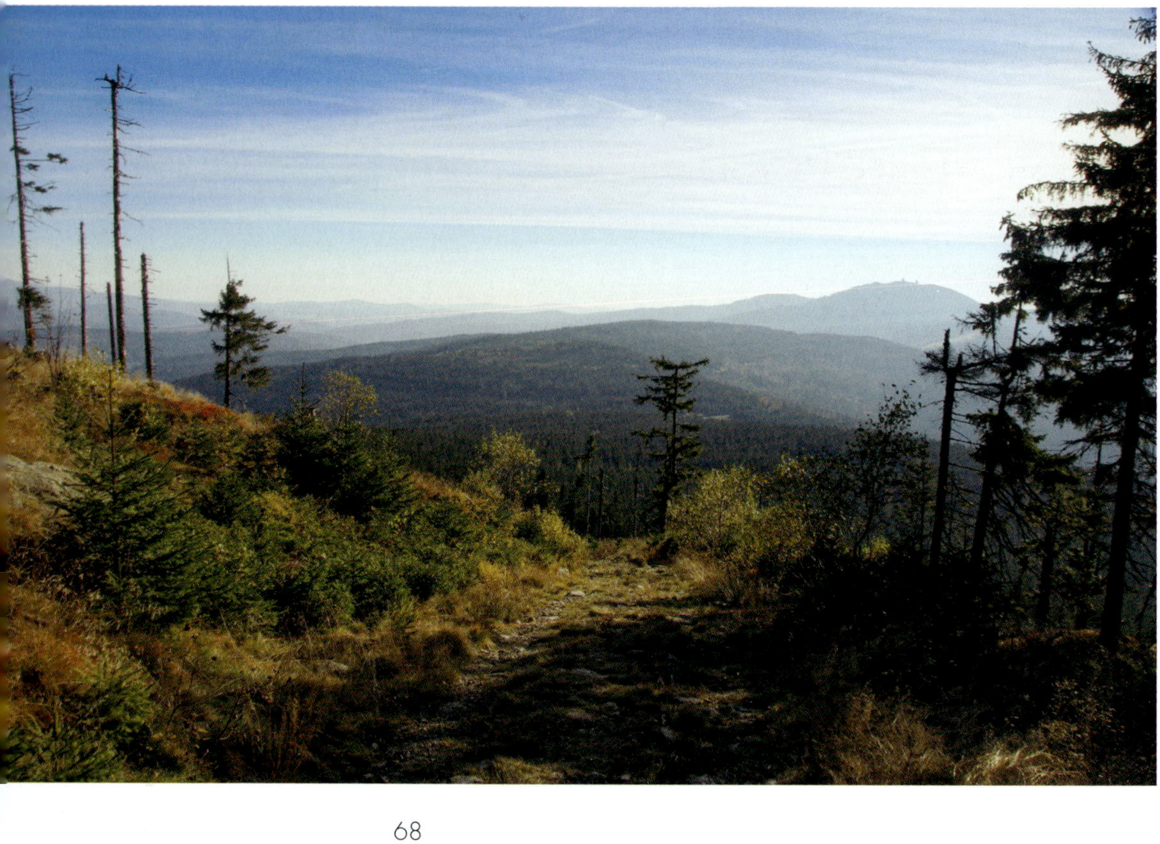

Wichtiges zur Tour

Tourencharakter
Aufgrund der Steilheit und der Wegbeschaffenheit erfahrenen Wanderern vorbehalten

Ausgangs-/Endpunkt
Parkplatz »Scheiben« (Langlaufzentrum)

Anfahrt
Bus & Bahn: Mit der Bahn über Cham nach Lam, weiter mit dem Bus Richtung Arber Talstation bis zum »Scheibensattel«; Auto: B 85 bis Miltach und über Bad Kötzting, Lam und Lohberg Richtung Brennes. Der Parkplatz liegt bergseitig an der Straße.

Einkehr
Keine Einkehr am Weg

Karte
Kompass Wanderkarte Nr. 198, Blatt 1

Informationen
Touristinfo Lohberg, Rathausweg 1 a, 93470 Lohberg, Tel.: (09943) 94 13 13, tourist@lohberg.de, www.lamer-winkel.bayern

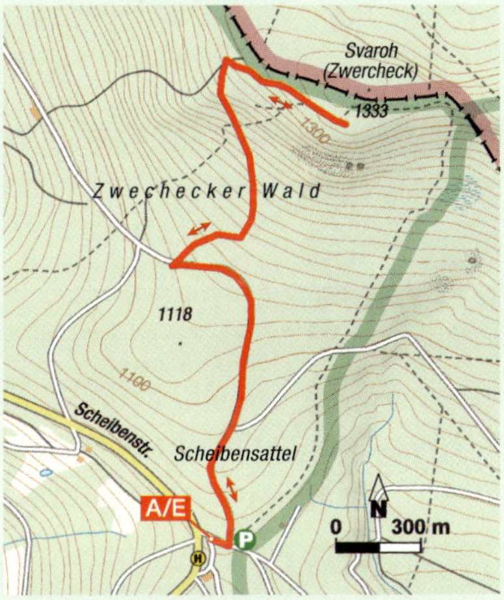

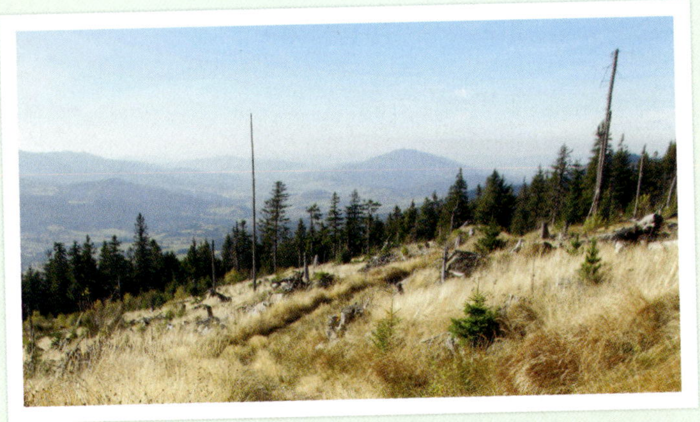

Hoch über dem Lamer Winkel

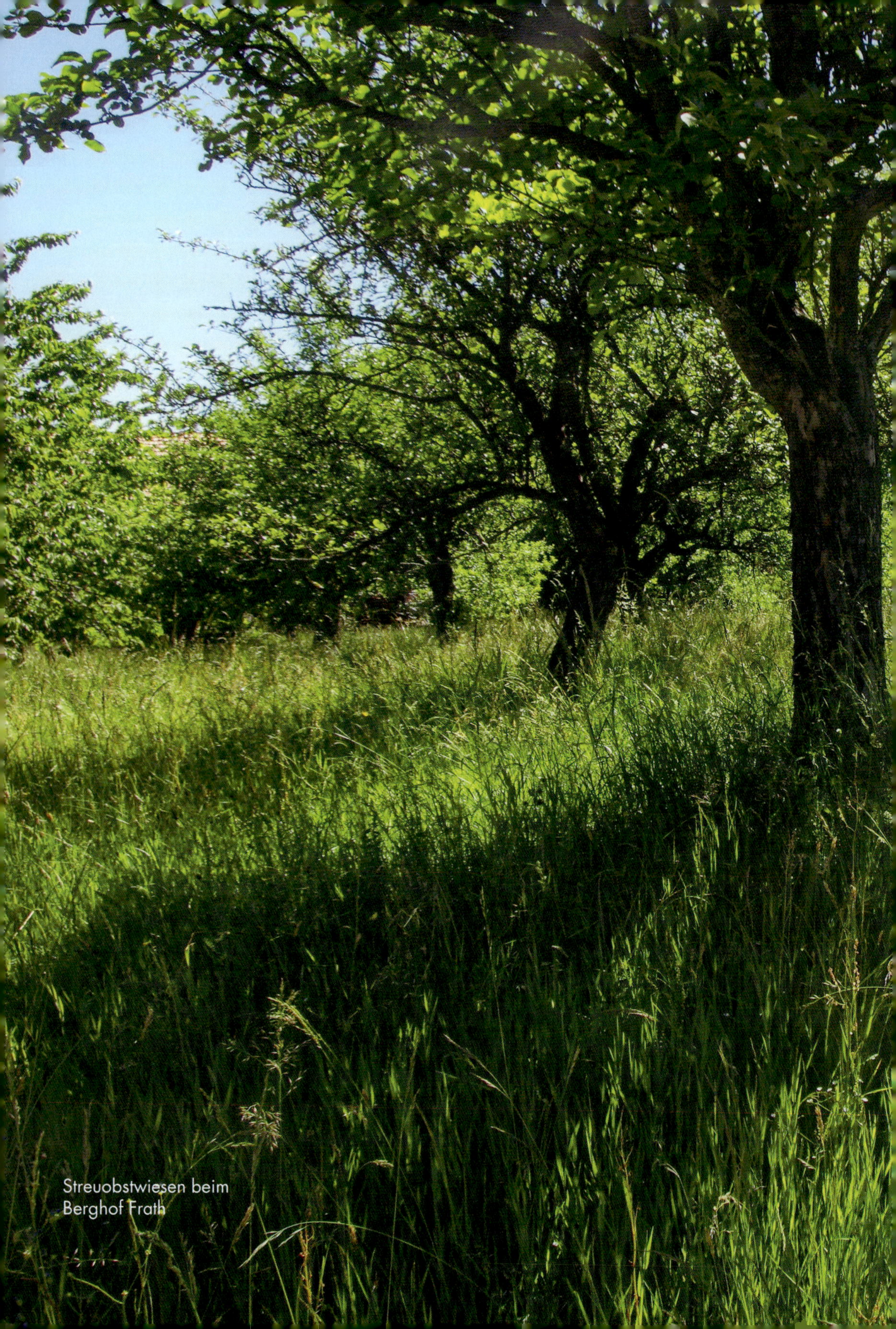

Streuobstwiesen beim
Berghof Frath

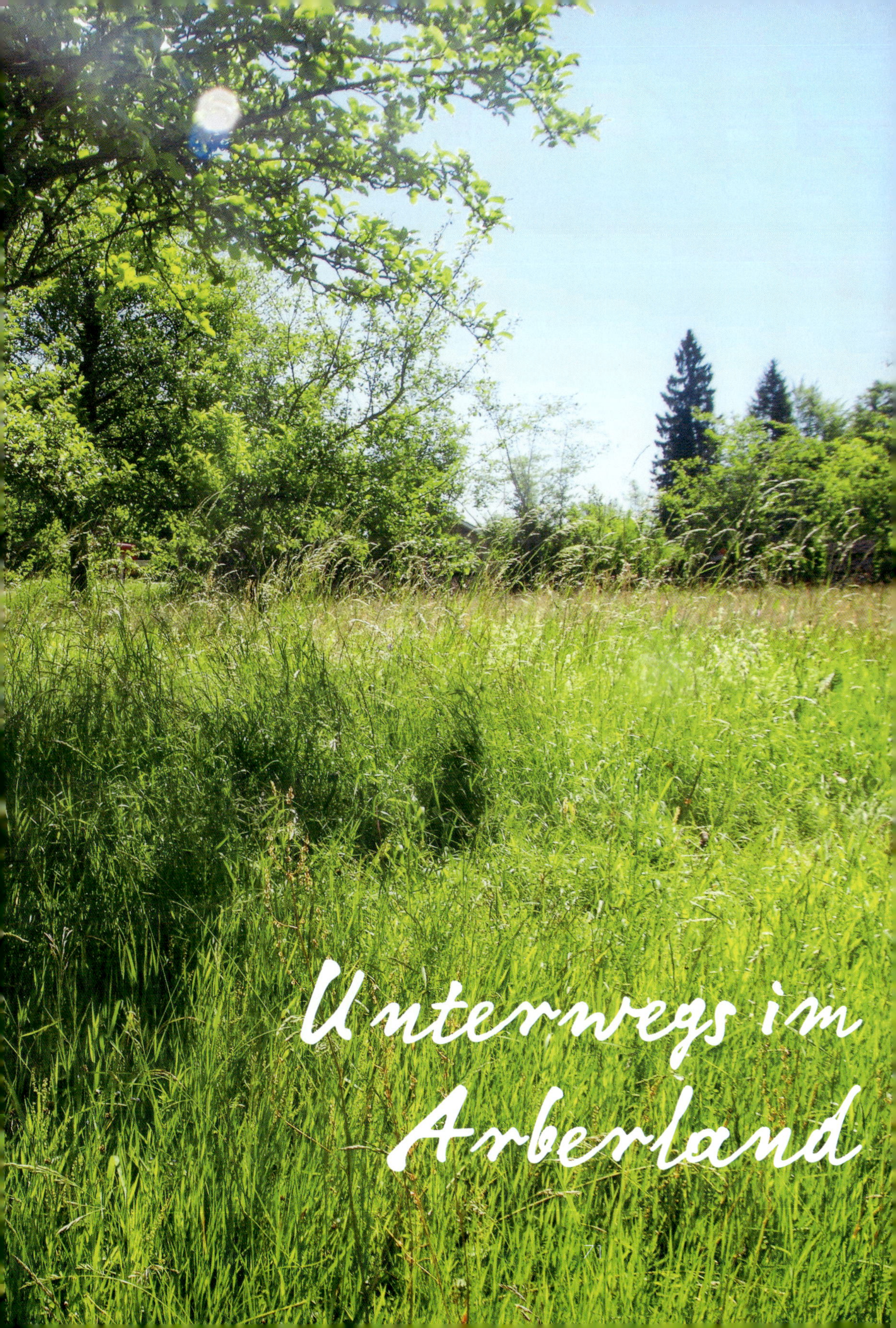

Unterwegs im Arberland

12 Über alle Grenzen hinweg

Panoramaweg Steinhütte bei Bayerisch Eisenstein

- leicht
- 1.45 Std.
- auf 34 Hm, ab 137 Hm
- 5,8 km

Wenn man sich erst einmal aus dem engen Tal emporgeschraubt hat, eröffnet sich ein unerwartetes Panorama. Dem Großen Regen folgend, schweift der Blick bis über Zwiesel. Im Westen dominiert der Große Arber und jenseits der Grenze verliert sich die Aussicht jenseits von Pancíř und Špičák.

Rast mit Aussicht Der Bus erspart uns beinahe 100 Höhenmeter Anstieg. Wir folgen nur noch wenige Schritte der Straße nach Brennes bergauf und laufen in der vor uns liegenden Spitzkehre geradeaus weiter in den Schotterweg hinein. Nun wartet ein Panoramaweg erster Güte (Markierung 11). Im Schutz einer Allee führt der Weg in einem weiten Bogen um den Talort Bayerisch Eisenstein. Zunächst an einer paar Ferienhäusern vorbei schweift der Blick dem Regental folgend hinaus Richtung Zwiesel. Gegenüber

Nicht mehr weit nach Steinhütte

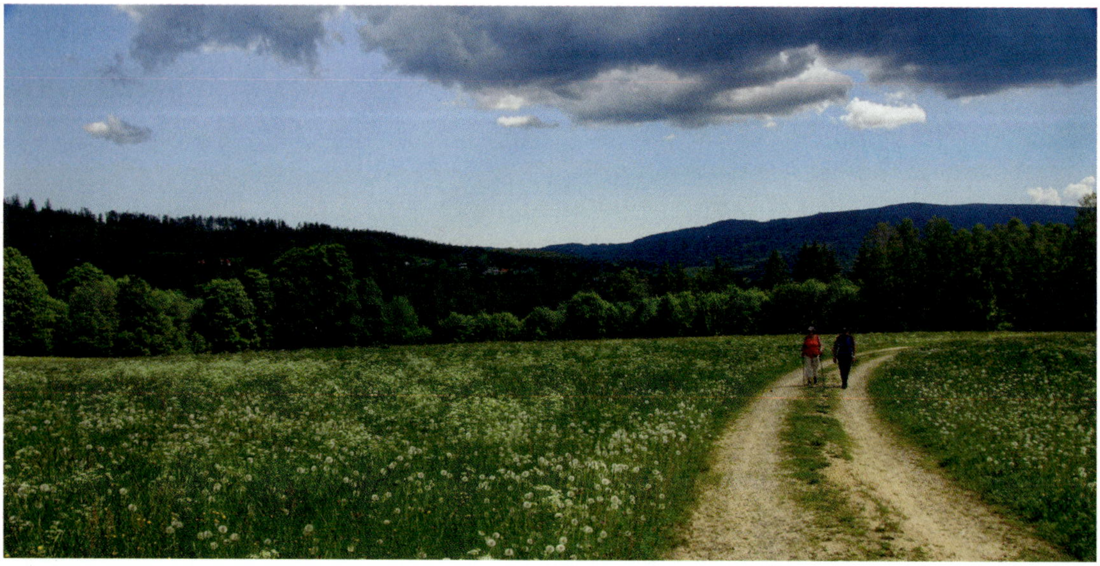

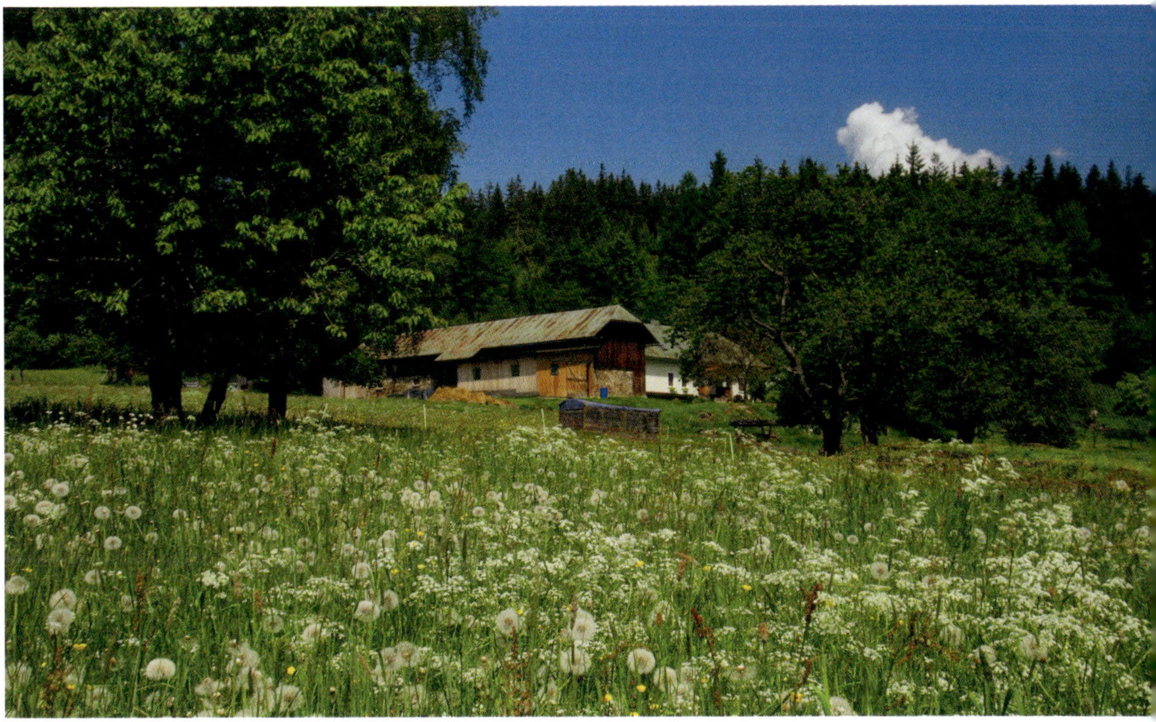

Steinhütte liegt einsam, umgeben von Wäldern und Wiesen.

erhebt sich der Waldbuckel des Hochbergs, an dessen abgewandter Seite sich das bekannte Ausflugsziel Schwellhäusl befindet. Mit jedem Meter, den wir laufen, wird auch der Blick nach Osten hinüber ins Böhmische freier. Nach einer knappen halben Stunde zweigt der Weg hinunter zum Ferienhof Steinhütte. Diesen Abstecher müssen wir mitnehmen. Vor dem Hof rechts führt ein Schotterweg ins Tal. Nur einen Steinwurf entfernt steht ein Feldkreuz. Die Bank daneben, eingebettet in blühende Wiesen, ist nach der ersten Wegstrecke ein idealer Rastplatz – und etwas fürs Auge: Um uns herum entdecken wir Waldberge in Böhmen und im Nationalpark, und in unserem Rücken hat sich unbemerkt der Große Arber, König des Bayerwaldes, ins Panorama gemogelt.

Bahngeschichte

Neben dem Grenzbahnhof vermittelt der Localbahnverein in einer festen Ausstellung in einem Lokomotivschuppen aus dem Jahre 1877 Einblicke in die Lokalbahngeschichte Ostbayerns. Hauptattraktion sind natürlich viele restaurierte Lokomotiven verschiedener Epochen (www.localbahnverein.de).

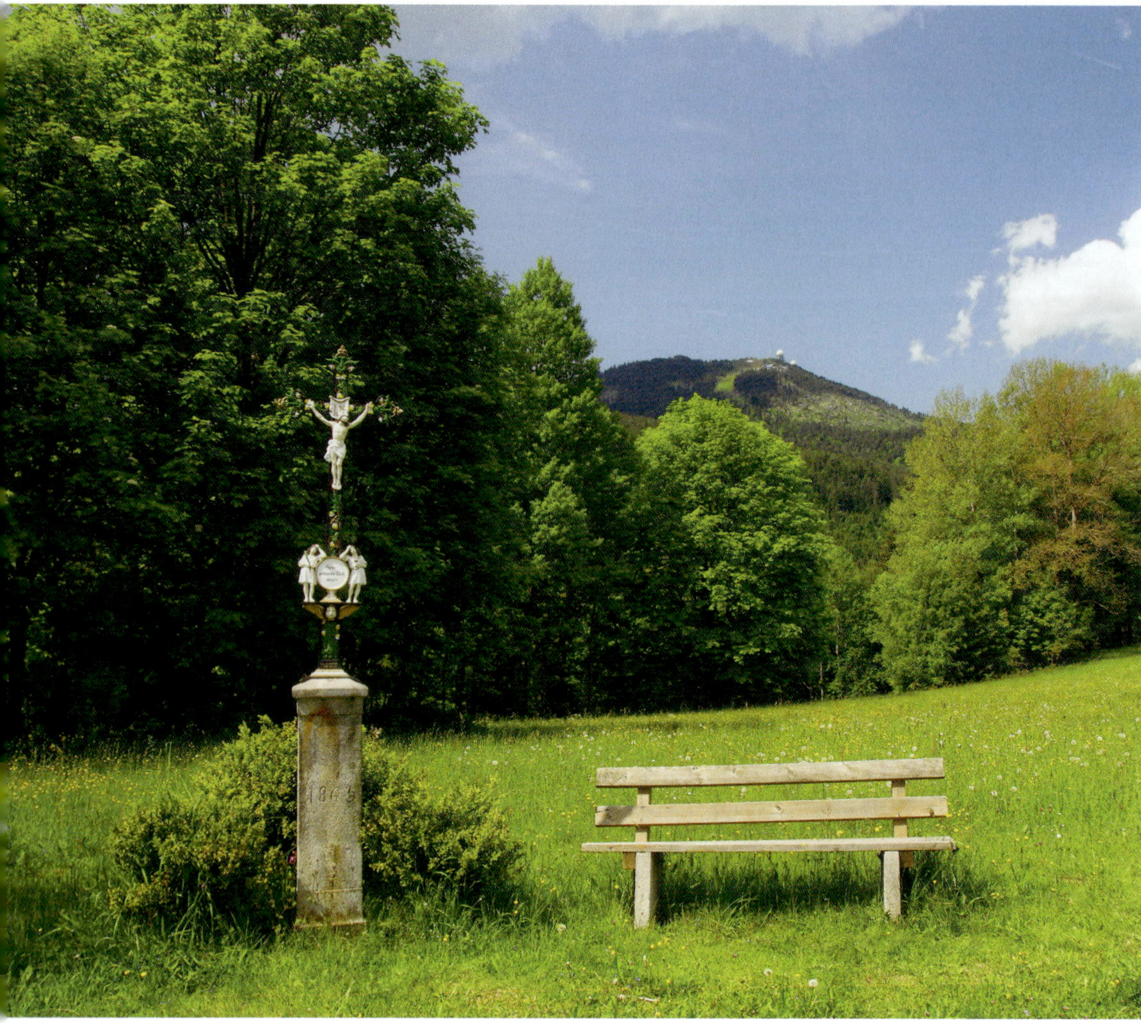

Den Arber im Rücken, schauen Bank und Kreuz nach Böhmen.

Unterwegs im Tal Nach diesem Augenschmaus laufen wir zurück zu unserem Wanderweg und folgen an der Kreuzung dem Ast nach links ins Tal hinunter. Nächstes Etappenziel ist die Arberhütte im Tal des Teufelsbachs, wo dann auch der Gaumen auf seine Kosten kommt. Nach der Rast lassen wir die Hütte links liegen, queren den Bach zur anderen Talseite und wandern dann auf dem Weg nach links bergab aus dem Tal hinaus. Nach zehn Minuten erreichen wir eine Kreuzung mit Bushäuschen. Dort geht es für uns nach links und entlang des Großen Regen zurück nach Bayerisch Eisenstein, das wir am Sportplatz erreichen.

Wichtiges zur Tour

Tourencharakter
Einfache Panoramawanderung auf festen Schotter- und Teerwegen mit herrlichen Ausblicken vom Arber bis zum Rachel; die Wanderung endet nicht am Ausgangspunkt

Ausgangs-/Endpunkt
Bushaltestelle Jugendherberge/Bahnhof Bayerisch Eisenstein

Anfahrt
Bus & Bahn: Mit der Waldbahn nach Bayerisch Eisenstein, weiter ab Haltestelle Bahnhof mit dem Bus 6081 Richtung Arber-Bergbahn bis zur Haltestelle Jugendherberge; Auto: B 11 über Zwiesel nach Bayerisch Eisenstein, weiter ab Bahnhof mit dem Bus 6081 Richtung Arber-Bergbahn bis Haltestelle Jugendherberge

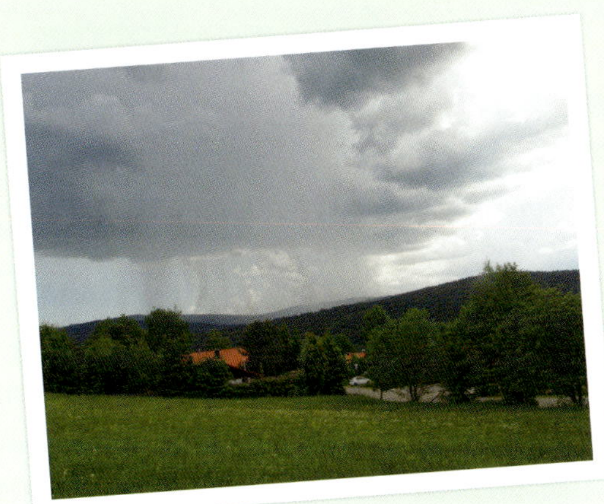

Gewitterschauer ziehen von Böhmen herüber.

Einkehr
Arberhütte, Arberhütte 35,
94252 Bayerisch Eisenstein,
Tel.: (09925) 439 (Mi–Sa 14–18 Uhr)

Karte
Kompass Wanderkarte Nr. 198, Blatt 2

Informationen
Touristinfo Bayerisch Eisenstein, Schulbergstraße 1, 94252 Bayerisch Eisenstein,
Tel.: (09925) 901 9001,
bayerisch-eisenstein@ferienregion-nationalpark.de,
www.bayerisch-eisenstein.de

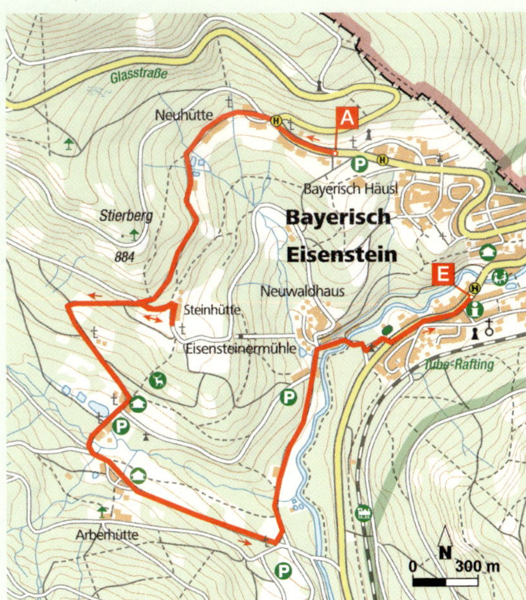

13 Auf den Großen Arber

360-Grad-Panorama vom König des Bayerwaldes

- leicht
- 0.45 Std.
- 59 Hm
- 1,6 km

Barrierefrei und für jedermann leicht zugänglich bietet der Große Arber ein Panorama über beinahe den ganzen Bayerischen Wald. Von den Gipfeln im Norden über den Grenzkamm im Osten und den Vorwald bis hinaus in den Gäuboden – Postkartenmotive, so weit das Auge reicht.

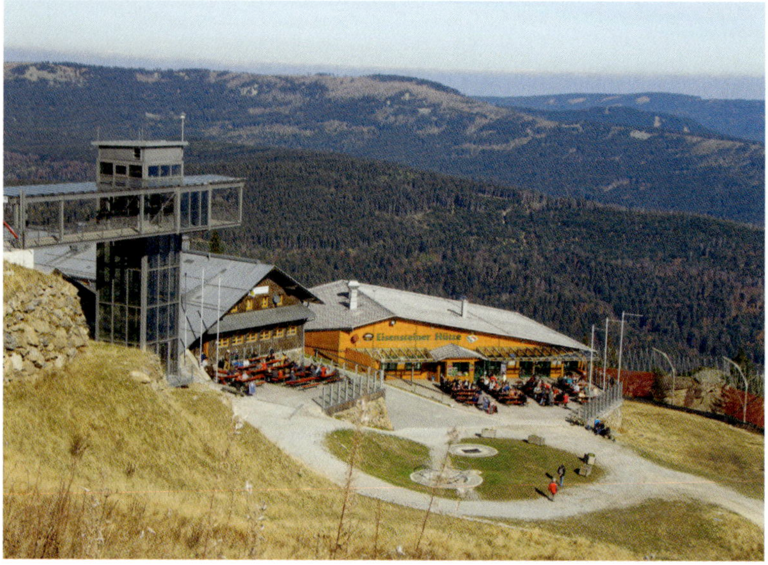

Aussichtsreiche Einkehr am Arber

Schöne Runde in der Höhe In der Kabine der Umlaufbahn schweben wir in wenigen Minuten hinauf in den Gipfelbereich. Wir »landen« sanft direkt neben der Eisensteiner Hütte und dem Arberschutzhaus, doch die Einkehr heben wir uns für später auf. Zunächst folgen wir dem breiten Schotterweg Richtung Gipfel, der sich anfangs durch Latschen schlängelt. An der ersten Gabelung wandern wir rechts dem Gipfelkreuz entgegen, das sich meterhoch über einen Felsriegel erhebt – 1456 m Seehöhe garantieren hier ein Panorama über weite Teile des Bayerischen Waldes, hi-

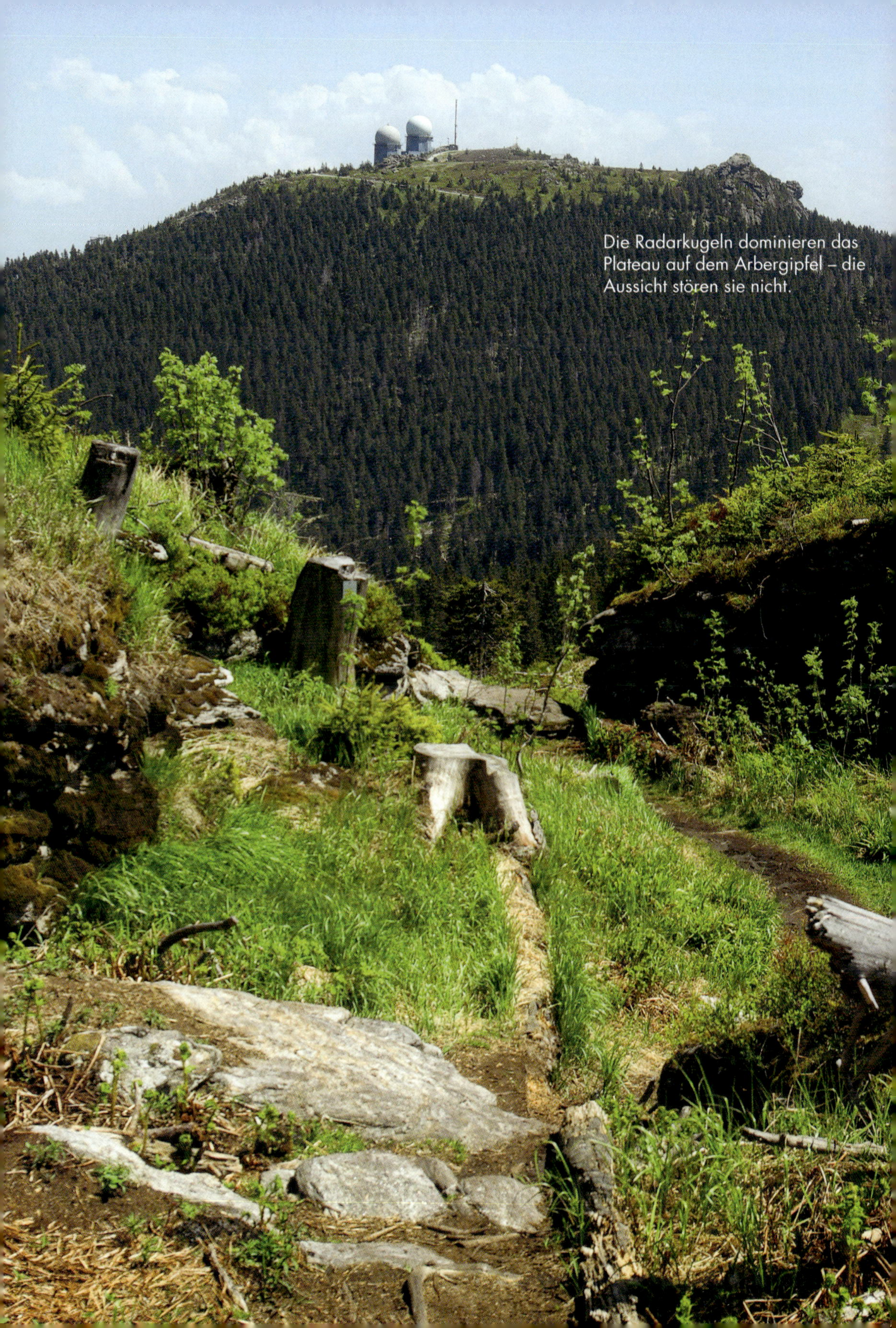

Die Radarkugeln dominieren das Plateau auf dem Arbergipfel – die Aussicht stören sie nicht.

nüber ins Böhmische, über den Gäuboden und bei gutem Wetter sogar bis an die Alpen. Das Gipfelkreuz zur Linken, die weiße Kugel der Radaranlage zur Rechten, marschieren wir bergab. Die Markierung weist in Richtung Chamer Hütte und Kleiner Arber, doch wir machen an der ersten Linkskurve Halt. Rechts des Weges erlaubt ein Fels, der mit einem Zaun gesichert ist, einen herrlichen Weitblick über den Lamer Winkel und hinunter zum Kleinen Arbersee. Wir gehen nun zum Schotterweg zurück, überqueren diesen und spazieren auf dem Weg weiter nach Süden in Richtung Bodenmaiser Riegel, in dessen Fels die Konturen von Richard Wagner zu erkennen sind. Weiter nach Osten passiert der Rundweg nun die Zwieseler Hütte (Selbstversorgerhaus) und endet an der Gabelung, von der aus wir den Gipfel erklommen haben. Rechter Hand erhebt sich über einer kleinen Kapelle der Seeriegel. Wer mag, nimmt den Abstecher mit, doch Vorsicht: Der Fels ist gleichermaßen aussichtsreich wie abgetreten und rutschig. Der Abstieg folgt dann dem Aufstiegsweg durch die Latschen hindurch.

Kleiner Arbersee

Verträumt liegt tief unten der kleine Arbersee. Weitaus ruhiger als der große Arbersee, ist es dennoch ein leicht verdientes Naturerlebnis der Extraklasse. Wer mag, wandert gemütlich auf einfachem Weg ab dem Berghotel Mooshütte, oder man fährt mit der »Bockerlbahn« von Lohberghütte bis zum Seehüttl.

Bis kurz unter den Gipfel barrierefrei

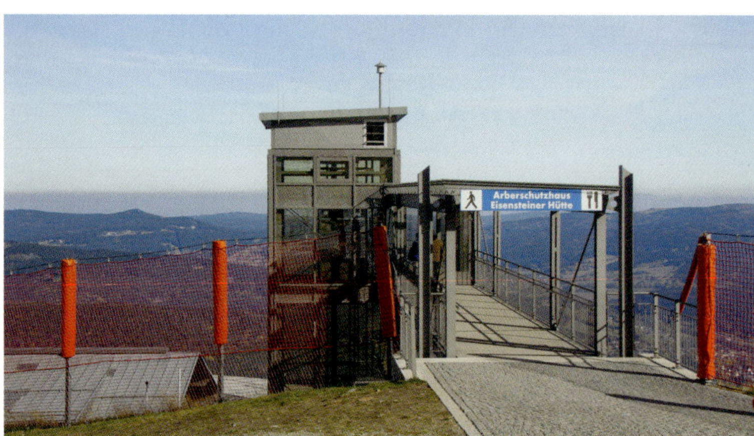

Wichtiges zur Tour

Tourencharakter
Kurzer Anstieg ab Umlaufbahn, breiter Schotterweg auf dem Arbergipfelplateau; Achtung beim Abstecher zum Seeriegel: sehr ausgetretener, glatter Fels

Ausgangs-/Endpunkt
Parkplatz an der Talstation der Arber-Bergbahn

Anfahrt
Bus & Bahn: Mit der Bahn über Cham nach Lam. Weiter mit dem Bus zur Arber-Talstation; Auto: B 85 bis Miltach und über Bad Kötzting und Lam nach Brennes, oder B 11 nach Bayerisch Eisenstein und weiter nach Brennes oder über Bodenmais auf der Arberseestraße hinauf

Einkehr
Eisensteiner Hütte, Tel.: (09925) 941 40; Arberschutzhaus, Tel.: (09925) 94 14 23 oder -83, arberschutzhaus@hohenzollern.com

Karte
Kompass Wanderkarte Nr. 198, Blatt 2

Informationen
Touristinfo Bodenmais, Bahnhofstr. 56, 94249 Bodenmais, Tel.: (09924) 77 81 35, info@bodenmais.de, www.bodenmais.de

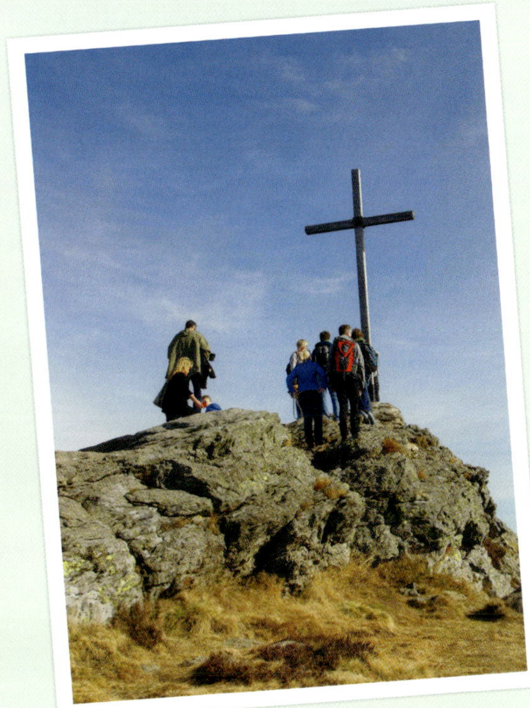

Seit über hundert Jahren markiert das Gipfelkreuz den höchsten Punkt.

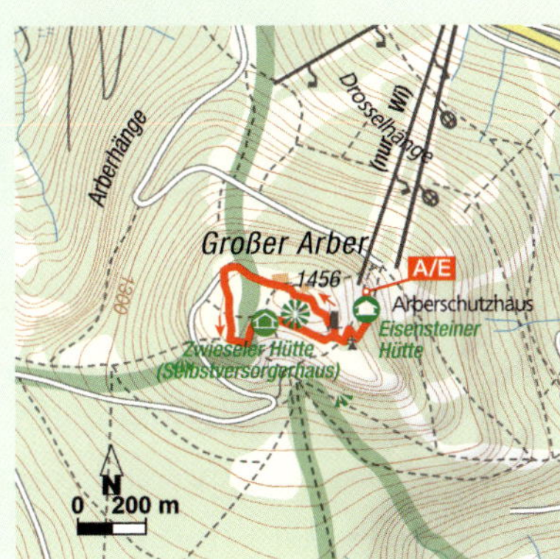

14 Genusswanderung mit Aussicht

Von Frath zum Sternknöckel

- mittel
- 1.45 Std.
- 73 Hm
- 5,6 km

Ein Idyll! Auf über 700 m gelegen, bietet der Gutsgasthof Frath Genuss in vielerlei Hinsicht: die Lage, die Ruhe, die Wandermöglichkeiten und das Essen. Auf der Wanderung zum Sternknöckel können wir uns ein herrliches Arberpanorama erlaufen.

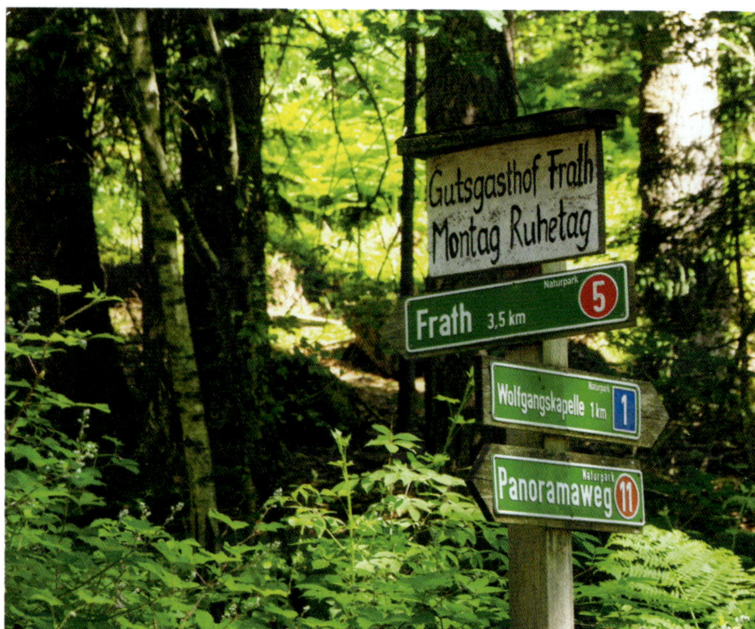

Frath: Ausgangspunkt für viele Wanderungen

Auf zum Sternknöckel Der Gutgasthof mit Landwirtschaft schmiegt sich an den nördlichen Rand einer großen Weidefläche. In den Sommermonaten kaut das Vieh die Kräuter der Bergwiese, während Pferde unter den Obstbäumen Schatten suchen. Am Ende des Parkplatzes streben sternförmig mehrere Wege auseinander, etwa hinunter nach Asbach oder Böbrach oder ins Tal nach Grafenried. Wir bleiben auf der Höhe und folgen dem geschotterten

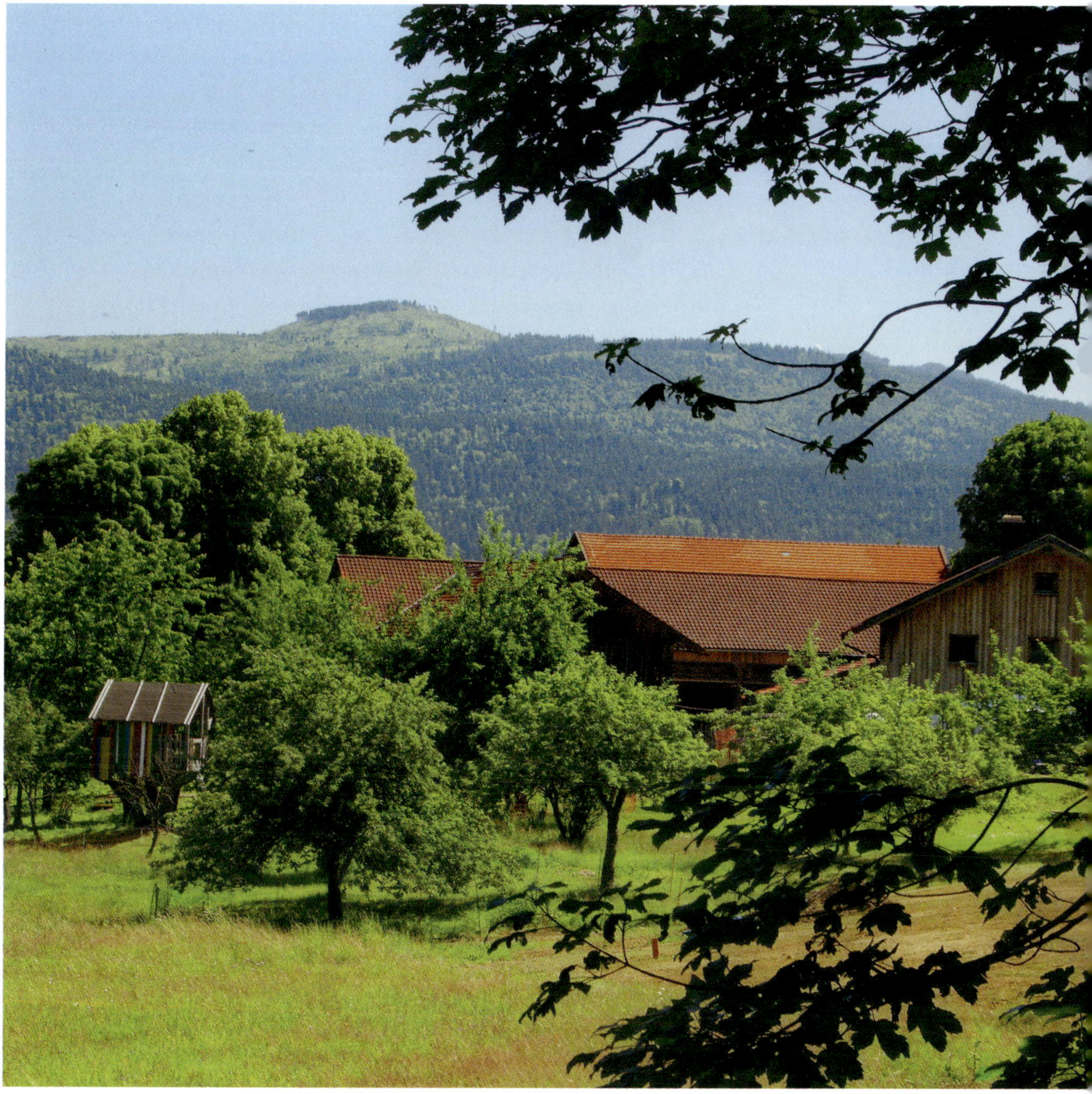

Schon von Frath grüßt der Kleine Arber.

Bärnauerweg, der linker Hand zunächst südöstlich am Waldrand entlang verläuft und schließlich unter das Blätterdach eintaucht. Mehr oder weniger die Höhe haltend spazieren wir so etwa 2,5 km auf dem einfachen Weg. Dann gelangen wir an eine Abzweigung, an der nach links ein leichter Pfad zum Sternknöckel führt (Markierung Nr. 1). Etwa 500 m geht es so einfach durch den Wald, bisweilen über Wurzeln oder hoch eingewachsen von jungen Buchen

Naturbad Zellertal

Erfrischung gefällig? An heißen Sommertagen kommt das Naturbad Zellertal in Drachselsried wie gerufen. Unweit der Landstraße von Bodenmais nach Arnbruck und dennoch ruhig gelegen, bietet es neben einem Schwimmer- und Nichtschwimmerbereich auch Liegewiesen und einen Kiosk. Der Eintritt ist frei, es gibt aber eine Parkgebühr (www.zellertal-online.de).

und Buschwerk. Schließlich wird der Wald hochstämmig und der Weg führt über einen weichen Laubteppich. Dann steigt er an und schlängelt sich durch einen Felshaufen, bis wir auf ein längliches Felsenband gelangen, auf dem uns Rastbänke erwarten, oder besser: Aussichtsbänke! Tief unten im Tal leuchten die Dächer von Bodenmais tönern rot zu uns herauf, dahinter erstrecken sich die bewaldeten Hänge des Arbers. Die Südwestseite des Kleinen Arbers erinnert noch deutlich an die Schäden, die der Borkenkäfer und der Sturm Kyrill vor über 10 Jahren hinterließen. Wenn wir uns sattgesehen haben, laufen wir denselben Weg zurück zum Gutsgasthof mit seiner sonnigen Terrasse.

Am Sternknöckel genießen wir die Aussicht meist ungestört.

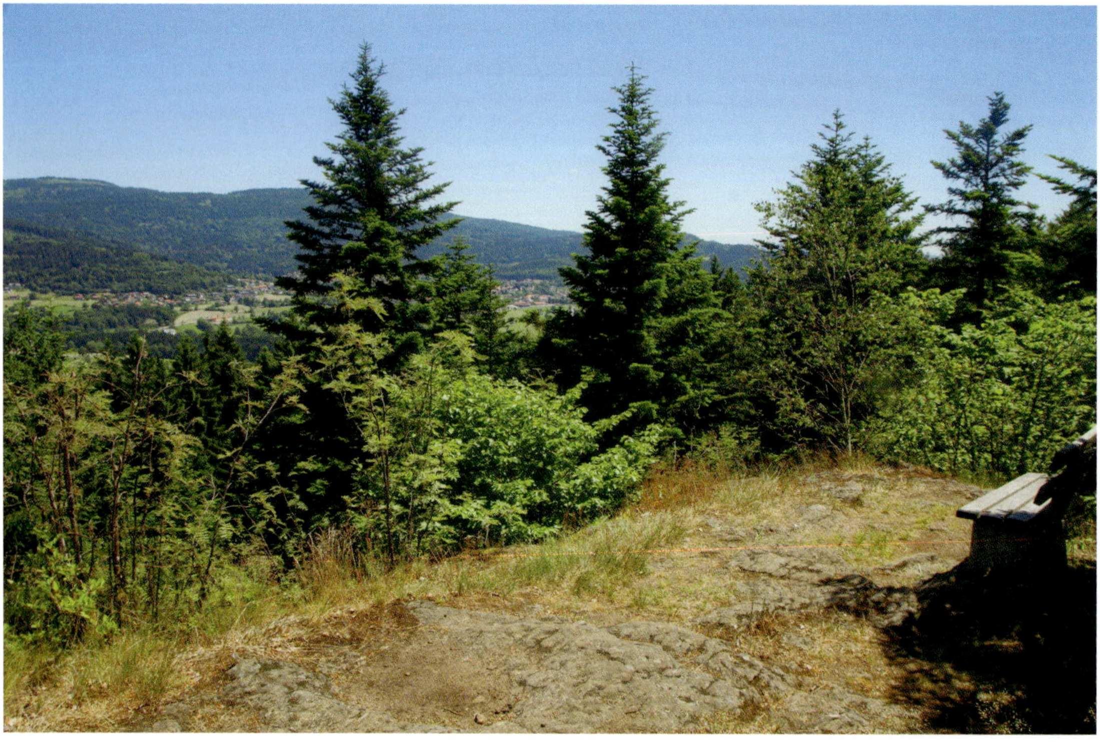

Wichtiges zur Tour

Tourencharakter
Sehr leichte, beinahe ebene Tour, überwiegend auf Schotter, später über einen einfachen Pfad. Der kurze Aufstieg zum Aussichtsfelsen kann bei feuchtem Laub rutschig sein.

Ausgangs-/Endpunkt
Frath

Anfahrt
Bus & Bahn: Keine Anfahrt mit Bus oder Bahn; Auto: A3 Ausfahrt Deggendorf, weiter auf der B 11 über Ruhmannsfelden nach Teisnach, dann über Bodenmais Richtung Drachselsried und nahe Unterried abzweigen, um der Bergstraße bis zum Ende nach Frath zu folgen

Einkehr
Gutsgasthof Frath

Karte
Kompass Wanderkarte Nr. 198, Blatt 2

Informationen
Touristinfo Bodenmais, Bahnhofstr. 56, 94249 Bodenmais, Tel.: (09924) 778135, info@bodenmais.de, www.bodenmais.de

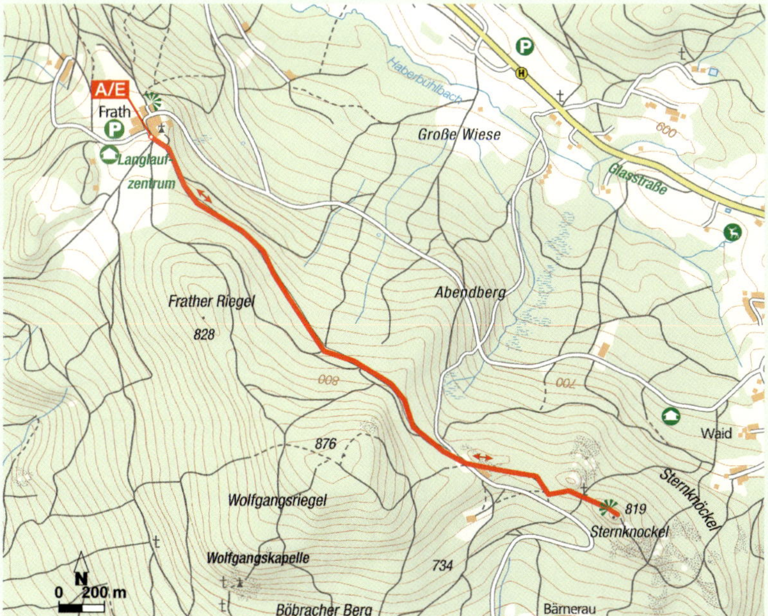

15 Ein Berg für jede Jahreszeit

Mit dem Sessellift auf den Silberberg

- leicht
- 0.30 Std.
- auf 9 Hm, ab 154 Hm
- 1,5 km

Der Silberberg: Seine prominente Lage lässt schon vom Talort Bodenmais aus erahnen, dass er ein herrliches Panorama bieten muss. Da ist es egal, dass er die 1000 m knapp verfehlt. Die Aussicht ist einzigartig und leicht verdient.

Vom Gipfel nach unten Der Silberberg ist ein Berg für jedes Vergnügen: Es gibt Skipisten, eine Sommerrodelbahn und ein Netz aus Wanderwegen, die das herrliche Panorama erschließen. In wenigen Minuten schweben wir im Doppelsessellift zur Bergstation direkt unterhalb des Gipfelfelsens. Wer Getränke vergessen hat, kann sich im Lifthäuschen an einem Automaten nochmals versorgen. Anschließend folgen wir dem Weg Nr. 1 nach rechts bergauf. Heidelbeersträucher säumen den Weg, über die hinweg wir das einmalige Panorama schon erahnen können. Nach wenigen Metern schiebt sich rechts der senkrechte Felsabbruch des Gipfels in die Aussicht. Vor uns liegt nun eine kurze Steilstufe, die aufgrund des lockeren Sandes auch rutschig sein kann, dann haben wir es geschafft. Die Einsattelung zwischen den beiden Gipfeln eröffnet einen schier grenzenlosen Ausblick über das Zeller-

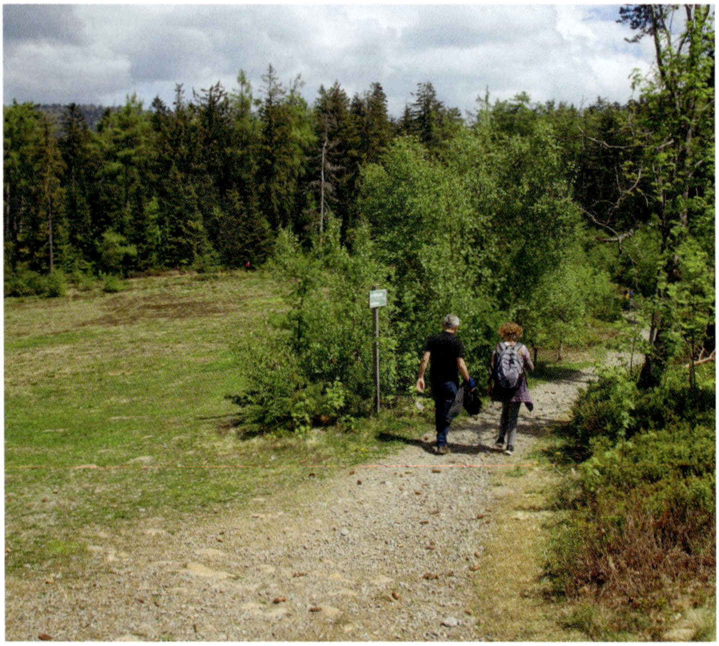

Einfache Schotterwege am Silberberg

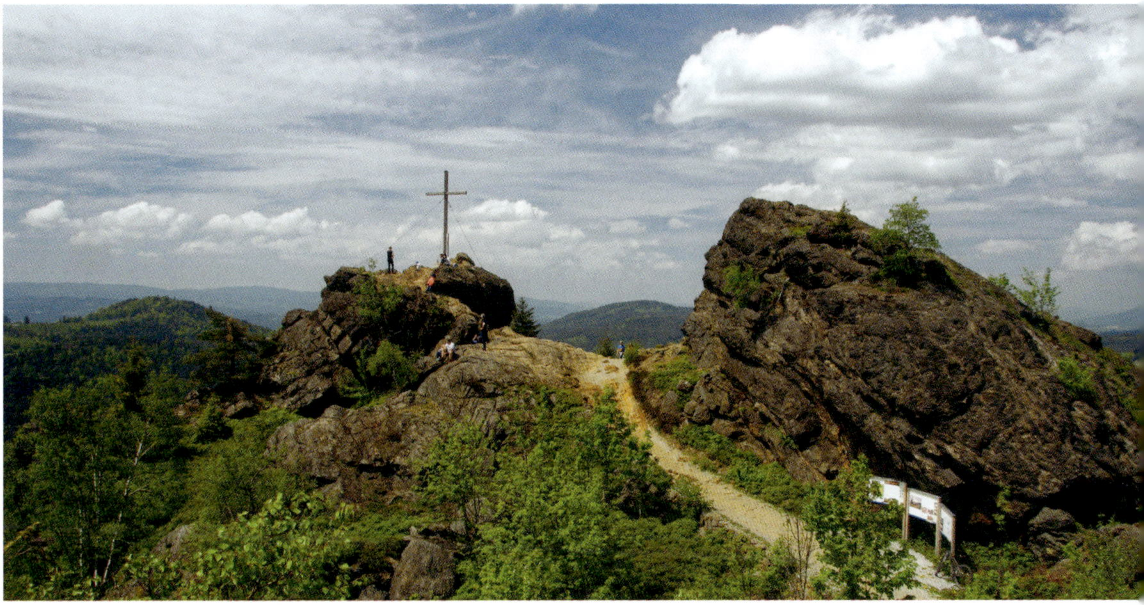

Unterhalb des Gipfelkreuzes bieten Rastbänke Panoramablicke über's Zellertal.

tal und seine Waldberge. Wer das Gipfelkreuz auf dem südlichen der beiden Gipfel erklimmen will, muss sich an eine ansehnliche Stufe und einige Meter über ausgetretenen, rutschigen Stein wagen. Der Verzicht darauf ist aber auch kein Verlust, denn das Panorama von den Bänken im Schatten des Nordgipfels jenseits des Sattels ist gleichermaßen atemberaubend. Ins Tal geht es dann auf Schusters Rappen. Wir laufen an der Liftstation vorbei entlang des Einstiegs in die Skiabfahrt. Gegenüber am Waldrand folgen wir an der Gabelung dem Weg links und spazieren entlang der Piste bergab (Nr. 10). Nach etwa 300 m biegen wir links ab, queren den Abfahrtshang und erreichen das Besucherbergwerk. Direkt darunter schlängelt sich der Weg durch ein kleines Wäldchen, und nach einer Viertelstunde haben wir die Talstation wieder erreicht.

Barbarastollen

Verbinden Sie die Tour auf dem Silberberg mit einer Besichtigung des Barbarastollens. Auf halber Strecke im Abstieg gelegen, können sie diesen in die Gipfelwanderung einbauen. Etwa 600 m bohrt sich der Stollen in den Berg. Die Führung zeigt Förderschächte und Maschinen und gibt Einblicke in die einstige Arbeit unter Tage (www.silberbergbahn.de; www.silberberg-online.de).

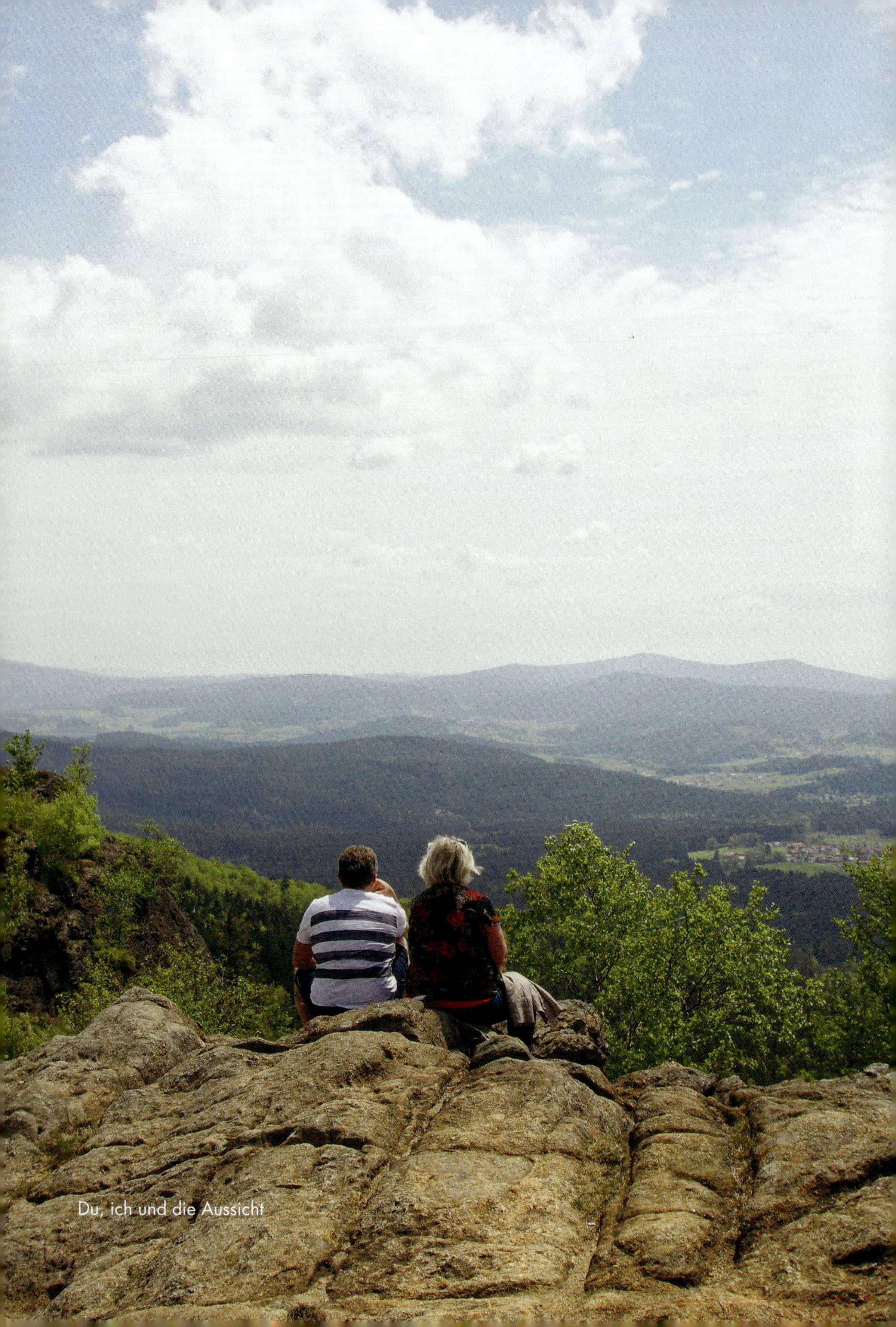

Du, ich und die Aussicht

Wichtiges zur Tour

Tourencharakter
Sehr leichter Weg zum Gipfel, Sitzgelegenheiten und Einkehr auf halbem Weg

Ausgangs-/Endpunkt
Talstation der Silberbergbahn

Anfahrt
Bus & Bahn: Mit der Bahn nach Bodenmais; Auto: A 3 Ausfahrt Deggendorf, weiter auf der B 11 über Ruhmannsfelden und Teisnach und weiter nach Bodenmais

Einkehr
Bergmannschänke, Silberberg 28, 94249 Bodenmais, Tel.: (09924) 770 01 31

Karte
Kompass Wanderkarte Nr. 198, Blatt 2

Informationen
Touristinfo Bodenmais, Bahnhofstr. 56, 94249 Bodenmais, Tel.: (09924) 778135, info@bodenmais.de, www.bodenmais.de

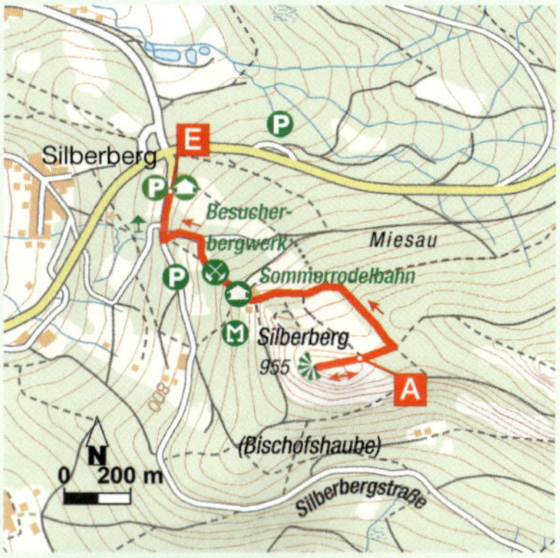

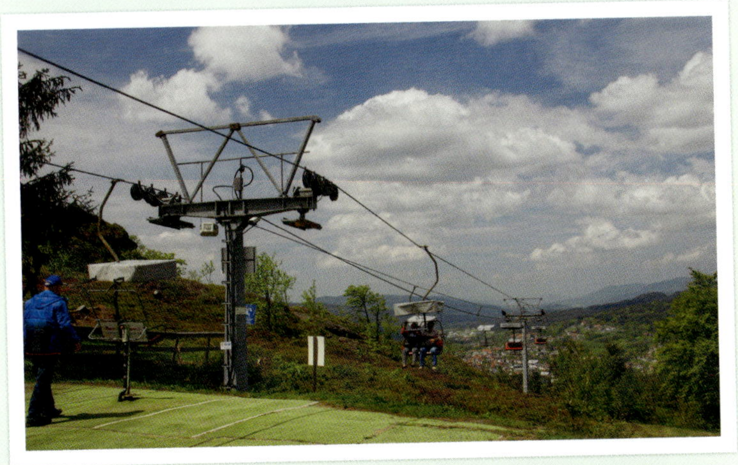

Gipfelerlebnis wie im »Fluge«: Der Sessellift auf den Silberberg

16 Aussichtskanzel Hennenkobel

Einfache Zielwanderung für heiße Tage

mittel

3 Std.

53 Hm

10,3 km

Die Wanderung zum Hennenkobel eignet sich besonders für heiße Tage. Der einfache Weg führt zunächst schattig zum historischen Quarzbruch, dann entlang des Kreuzwegs und am Ende etwas luftig, aber ohne Schwierigkeiten zur Aussichtskanzel am Gipfelfelsen.

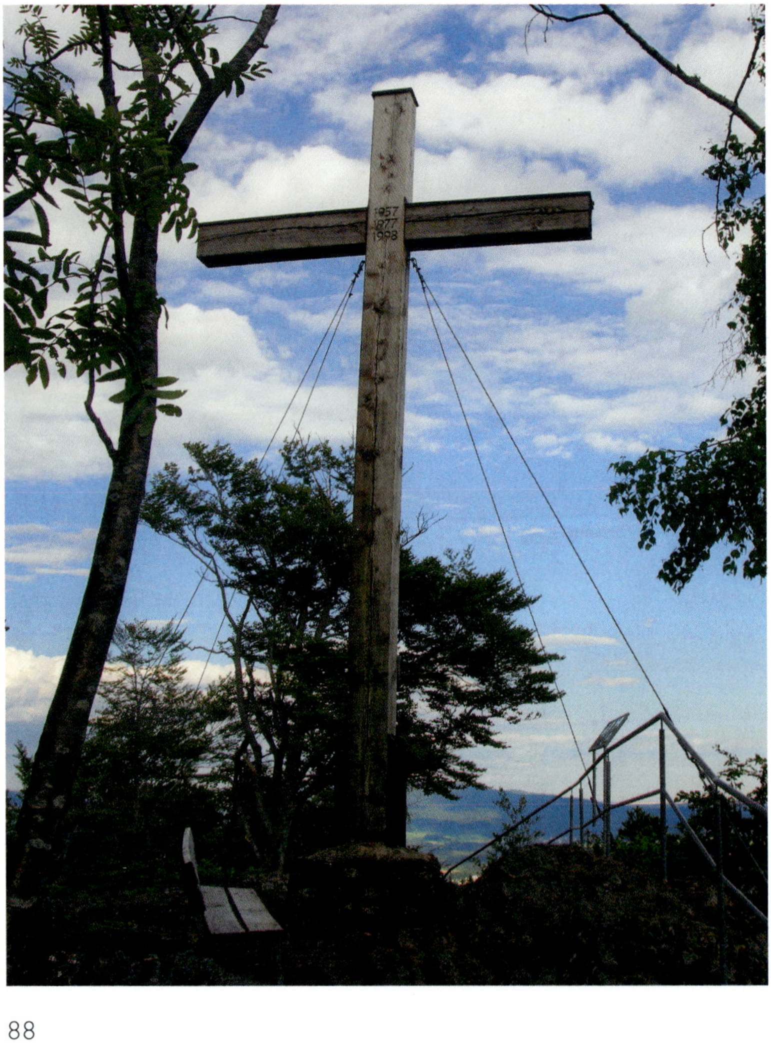

Unter dem Gipfelkreuz reicht die Fernsicht bis in den Vorwald.

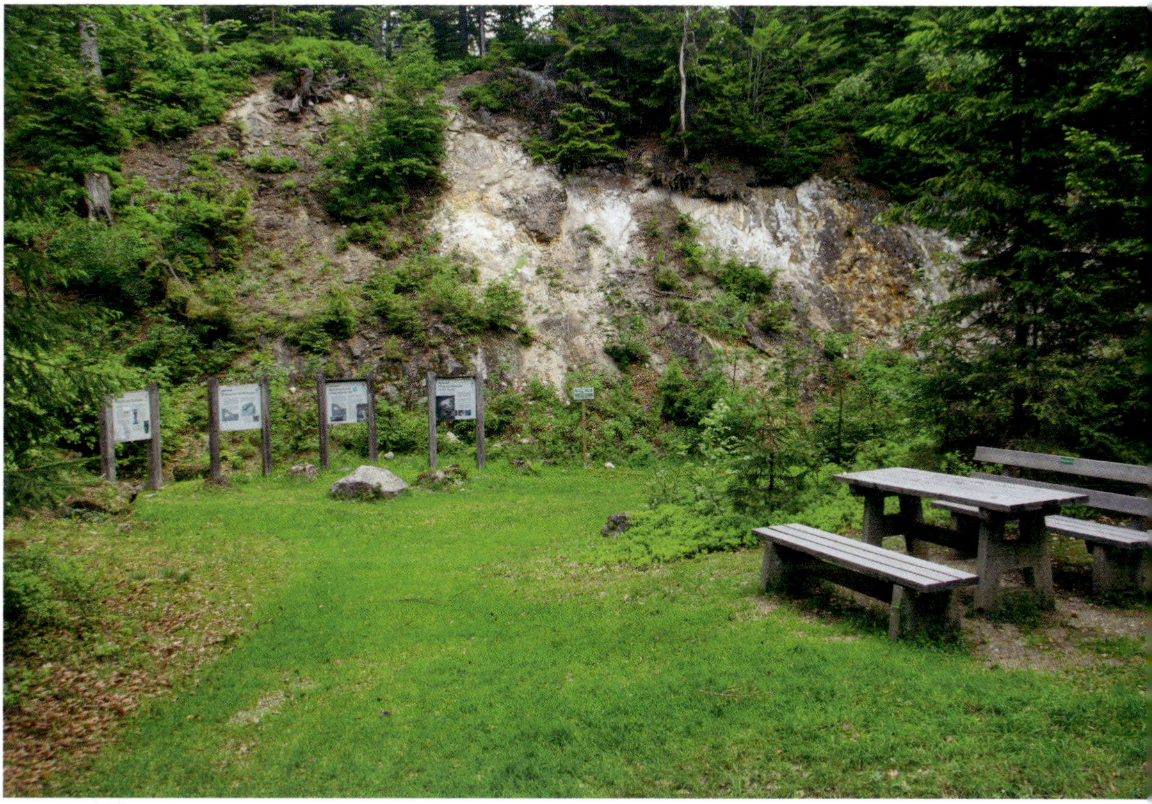

Alter Quarzbruch im Herzen der »Glasregion«

In der Glasregion Der Parkplatz Schönebene auf dem Weg von Bodenmais zum Arber ist Ausgangspunkt für viele Wanderziele – Weg Nr. 4 bringt uns zum Hennenkobel (965 m). Nur wenige Höhenmeter fehlen diesem zum Tausender, dennoch bietet er dank seiner Lage hoch über dem Tal des Großen Regen und Zwiesel ein herrliches Panorama bis zu den Höhenzügen des Vorwaldes. Der breite Schotterweg führt zunächst nach Norden, ehe wir am Schwarzbach nach Osten abbiegen. Während der Bach steil ins Tal sprudelt, verläuft unser Weg beinahe auf einer Höhe. Erst der kurze Anstieg entlang des Kreuzwegs zum Gipfel ringt uns einige Höhenmeter ab. Hie und da lässt der Buchenwald Ausblicke nach Süden auf die Waldberge zwischen Regen und Böbrach zu, aber meist wandern wir im Schutz des Blätterdaches. Nach etwa 4 km erreichen wir einen alten Quarzbruch. Info-Tafeln erzählen von seiner Geschichte und der Bedeutung für die Region. Zwischen

Mitte des 18. Jahrhunderts und dem ausgehenden 19. Jahrhundert wurde hier Quarzgestein für die Glasindustrie abgebaut. Ein kleiner Rastplatz bietet sich für eine Stärkung vor dem Gipfelanstieg an. Zunächst aber passieren wir noch einen idyllischen Weiher am Rande der »Kiesau«. Wenig später zweigt nach rechts der Waldweg zum Hennenkobel ab. Er ist steinig, aber bei achtsamem Tritt nicht sonderlich schwer. Entlang des Kreuzwegs absolvieren wir den Großteil der etwa 50 Höhenmeter dieser Tour. Auf den letzten Metern zum Aussichtspanorama am Gipfel helfen uns Geländer und Trittgitter, die sich ihrerseits an die Felsen klammern. Jenseits der Schutzhütte reicht das Panorama vom Grenzkamm bis zum Geißkopf und zum Hirschenstein. Zurück geht's auf demselben Weg.

Glas-Stadt Zwiesel

Der alte Quarzbruch am Wegesrand deutet auf die Bedeutung der Glasindustrie in der industriellen Entwicklung der Region hin. Vertiefen kann man diese Einblicke in der Glas-Stadt Zwiesel. Ob im Glasmuseum, bei Ausstellungen, Glasmanufakturen und Glaskünstlern oder in der Glasfachschule – in Zwiesel dreht sich alles ums Glas. Und alle zwei Jahre wird sogar die Glaskönigin gewählt (www.zwiesel.de).

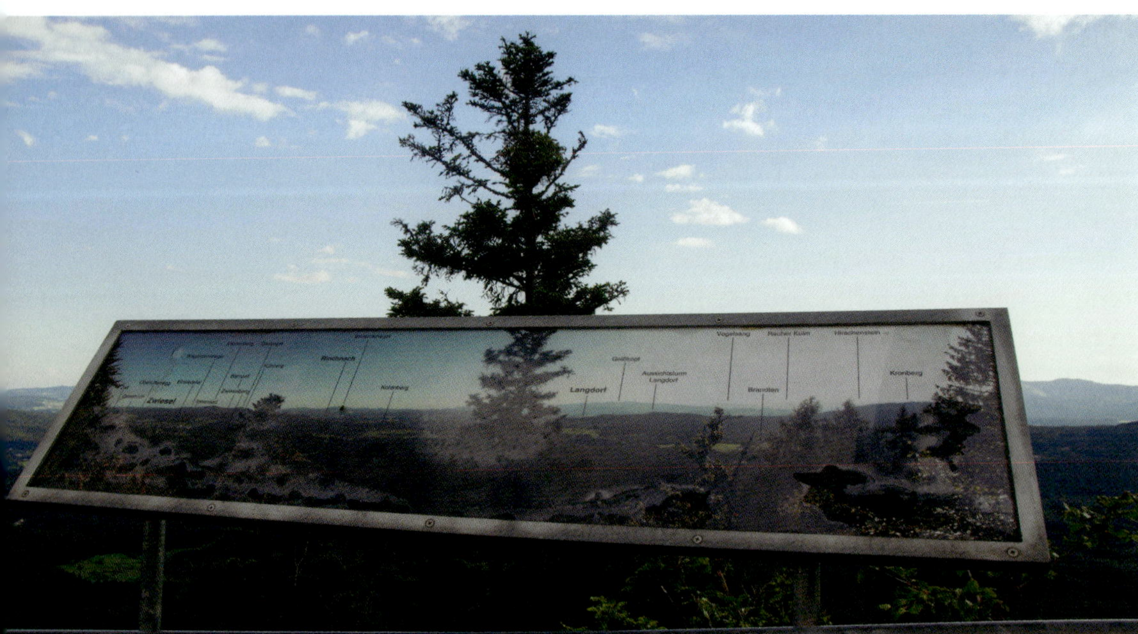

Die Panoramakarte lügt nicht.

Wichtiges zur Tour

Tourencharakter
Beinahe ebener Weg, überwiegend auf Schotter im Wald, mit einer herrlichen Panoramakanzel am Ziel. Die wenigen Stufen auf den Gipfelfelsen sind mit Geländern gesichert, aber leicht ausgesetzt.

Ausgangs-/Endpunkt
Wanderparkplatz Schönebene, an der Arberstraße

Anfahrt
Bus & Bahn: Mit der Bahn nach Bodenmais und weiter per Bus Richtung Arber-Bergbahn, Halt »Schönebene«; Auto: A3 Ausfahrt Deggendorf, weiter auf der B 11 über Ruhmannsfelden und Teisnach nach Bodenmais. Auf der Schönebenstraße Richtung Großer Arber. Der Parkplatz liegt rechts neben der Straße.

Einkehr
Keine Einkehr am Weg

Karte
Kompass Wanderkarte Nr. 198, Blatt 2

Informationen
Touristinfo Bodenmais, Bahnhofstr. 56, 94249 Bodenmais, Tel.: (09924) 77 81 35, www.bodenmais.de, info@bodenmais.de

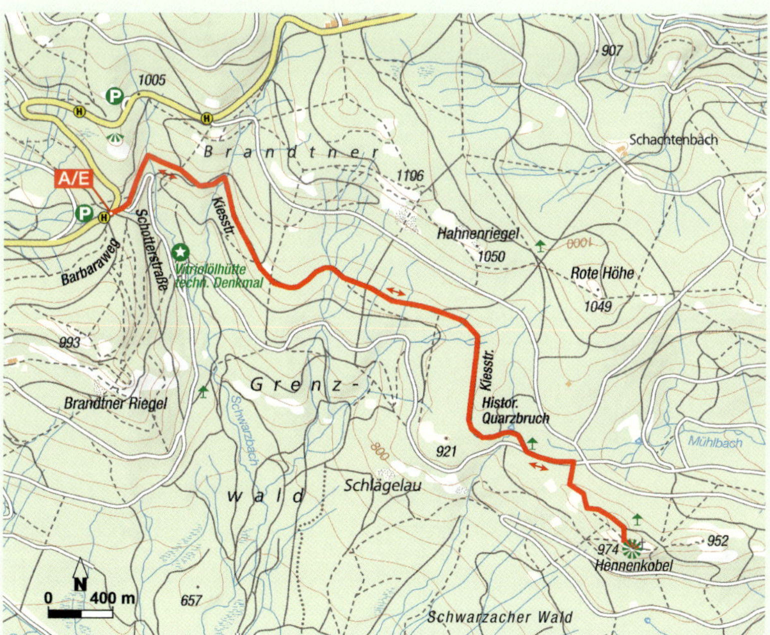

17 Zwischen Vorwald und dem Großen Arber

Der Aussichtsturm bei Schöneck

- mittel
- 1.30 Std.
- 150 Hm
- 3,3 km

Man ist geneigt, auf dem Weg in die Arberregion den Oberberg zwischen Langdorf und Schöneck links liegen zu lassen – ein Fehler! Von hier kann man schon weite Teile der Region zwischen Vorwald und dem Hinteren Bayerischen Wald überblicken.

Ab auf den Turm Wir starten an der Wandertafel (Kapelle) in Schöneck gegenüber dem Sägewerk und folgen dem Wegweiser, der in die schmale Teerstraße bergauf »Zum Aussichtsturm« deutet. Ist der Weg auch zunächst etwas steil, flacht er bald zusehends ab und zieht in einem wei-

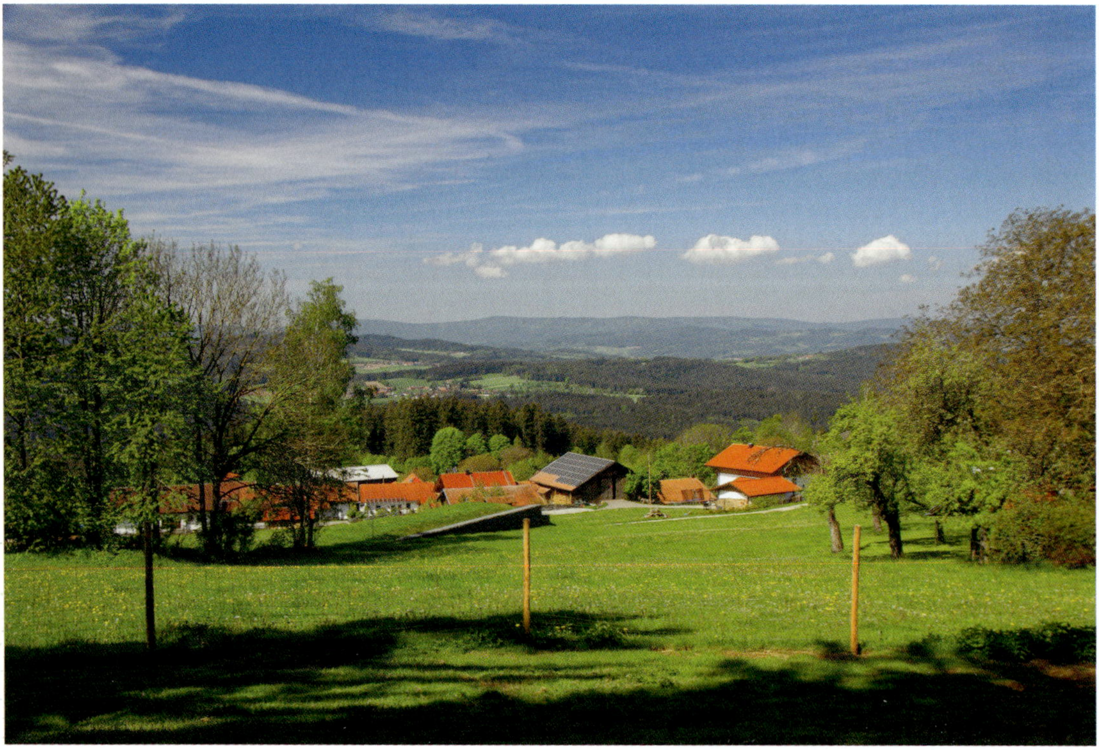

Schon der Weg zum Turm bietet tolle Fernsicht.

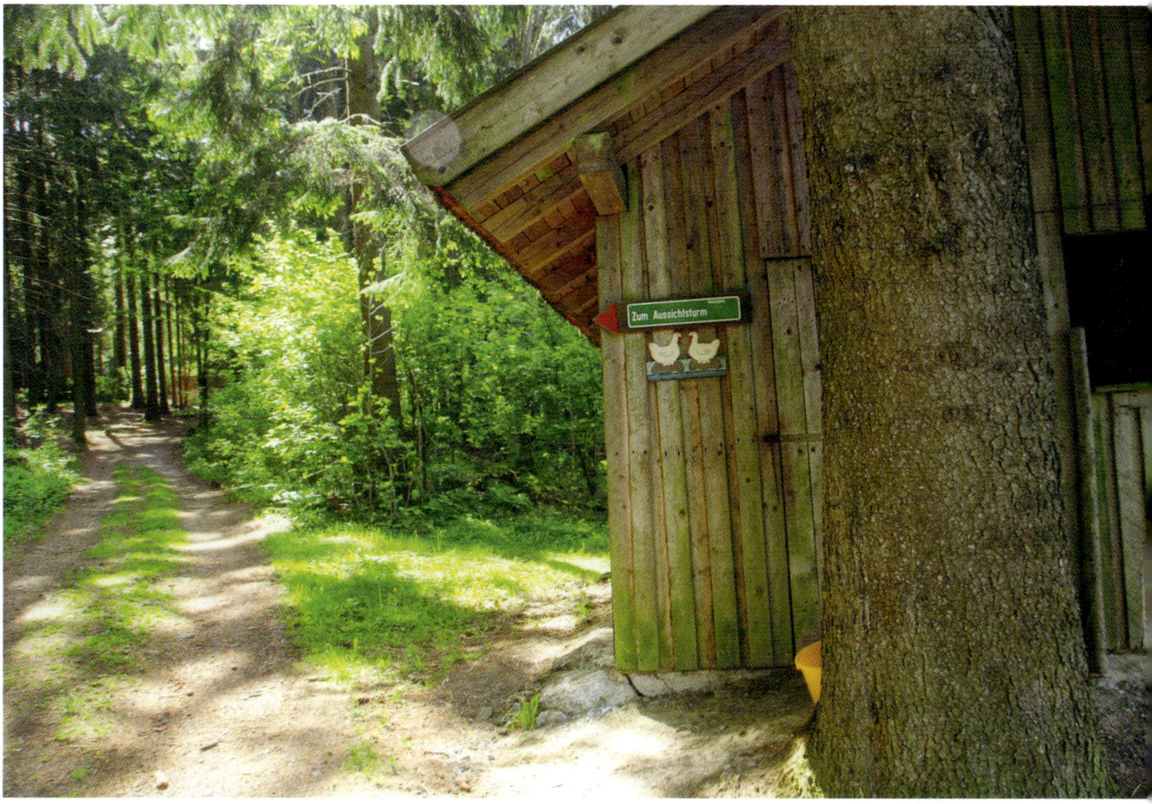

Beschaulich und einfach: Der Anstieg zum Aussichtsturm.

ten Rechtsbogen um das letzte Gehöft. Die Ortschaft liegt unter uns, und vom Waldrand aus haben wir einen ersten Ausblick über den Vorwald. Auf einem breiten Waldweg setzen wir die Wanderung fort und erreichen bereits nach 500 m die Abzweigung zum Gipfel des Oberbergs. Rechts hinauf wandern wir auf dem frisch geschotterten Kreuzweg zum höchsten Punkt, wo uns der Aussichtsturm erwartet. Das offene Holzgerüst ist frei zugänglich und bietet ein wunderschönes Panorama vom Vorwald bis zu den tiefen Wäldern des Nationalparks. Wem der Aufstieg zu luftig ist, der

Altnussberg

Ein Aussichtsturm der besonderen Art findet sich ein paar Kilometer nördlich in der Burg Altnussberg. Seit 900 Jahren ragt der Burgfried in den Himmel. Nach einem Jahrhunderte dauernden Dornröschenschlaf wurde die Burganlage aufwendig renoviert. Vom höchsten Punkt reicht der Blick weit über den Mittleren Bayerischen Wald. Außerdem gibt es eine Einkehrmöglichkeit in der Burgschänke (www.burgruine-altnussberg.de).

kann es sich unter dem Turm an einem Rastplatz gemütlich machen und die Aussicht Richtung Pröller genießen. Der weitere Weg als Überschreitung des Gipfels ist ausgetreten und rutschig, deshalb steigen wir auf demselben Weg ab und halten uns an der Abzweigung zu Beginn des Kreuzwegs rechts. Auf grobem Schotter spazieren wir bergab in Richtung Langdorf (»Kapellenrundweg«). Wir treffen erneut auf eine Abzweigung und biegen hier im spitzen Winkel rechts ein (Nr. 3). Die nächsten 200 m geht es steiler hinauf, ehe der Weg abflacht. Wir umrunden so den Oberberg und gelangen bald an den Waldrand, wo uns ein schönes Panorama über Schöneck, eingebettet in weitläufige Wiesen, und den Vorwald erwartet.

Bald haben wir Schöneck wieder erreicht.

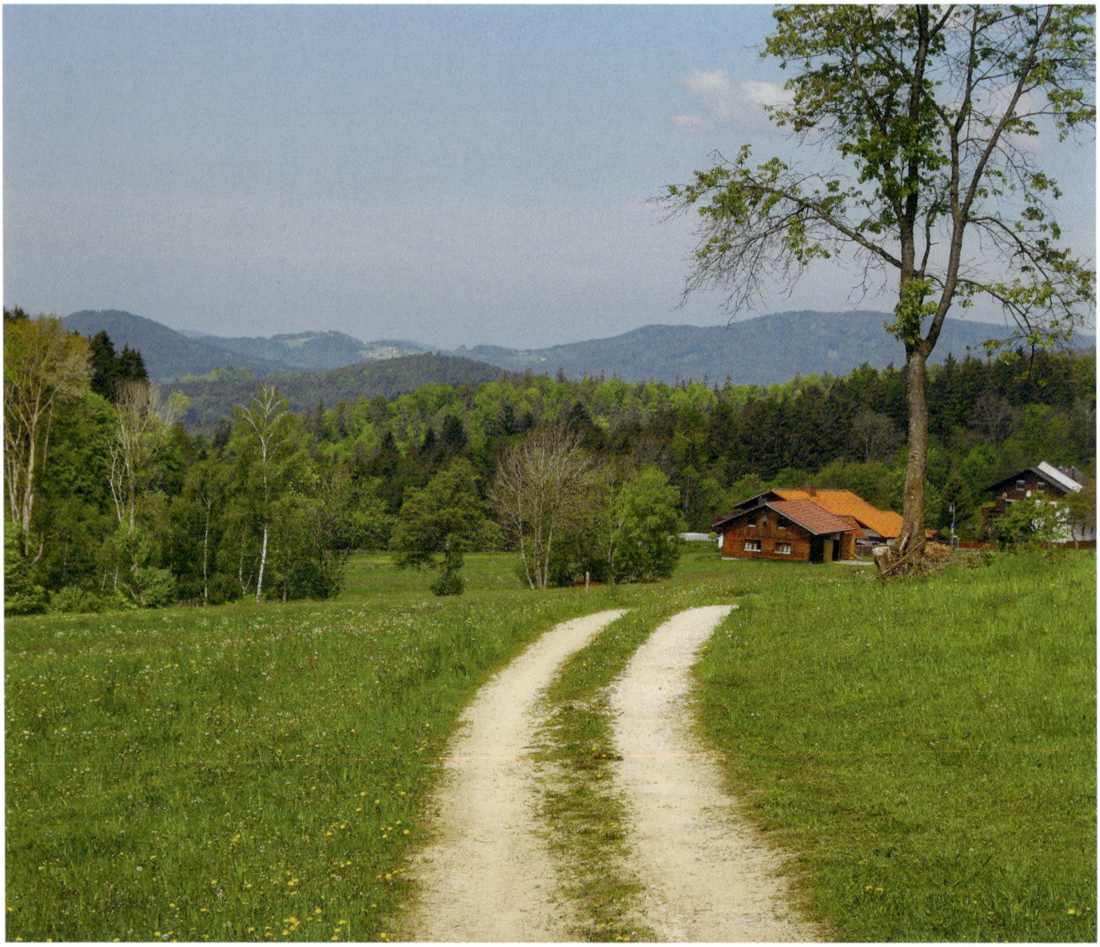

Wichtiges zur Tour

Tourencharakter
Technisch einfacher Rundweg mit einem kurzen, aber steilen Anstieg im zweiten Tourenabschnitt

Ausgangs-/Endpunkt
Ortsmitte Schöneck, Wandertafel bei der Kapelle

Anfahrt
Bus & Bahn: Keine Anfahrt mit Bus oder Bahn; Auto: A3 Ausfahrt Deggendorf und über die Ruselbergstraße nach Bischofsmais und Regen, weiter Richtung Langdorf bis zur Abzweigung nach Schöneck

Einkehr
Keine Einkehr am Weg

Karte
Kompass Wanderkarte Nr. 198, Blatt 2

Informationen
Touristinfo Langdorf, Hauptstraße 8, 94264 Langdorf, Tel.: (09921) 94 11 13, tourist-info@langdorf.de, www.langdorf.de

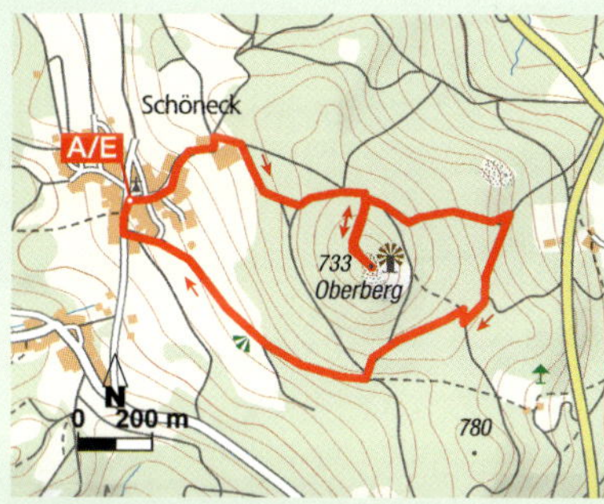

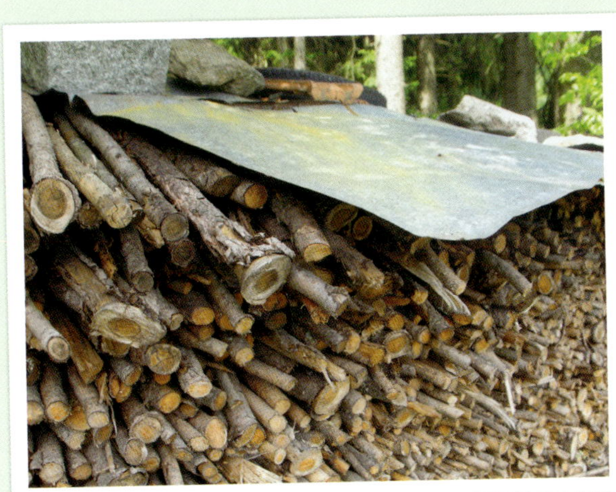

Der Winter kann kommen.

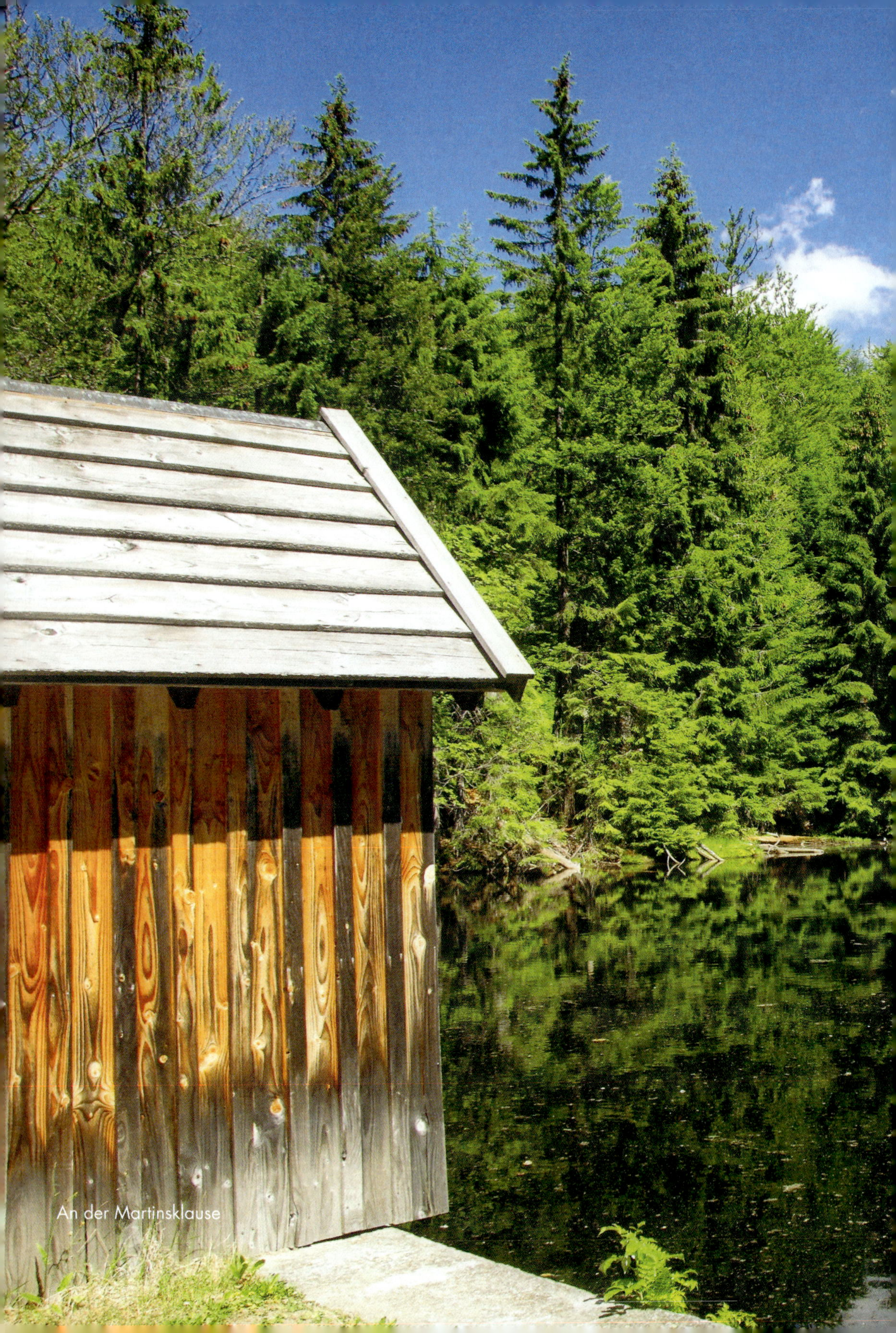

An der Martinsklause

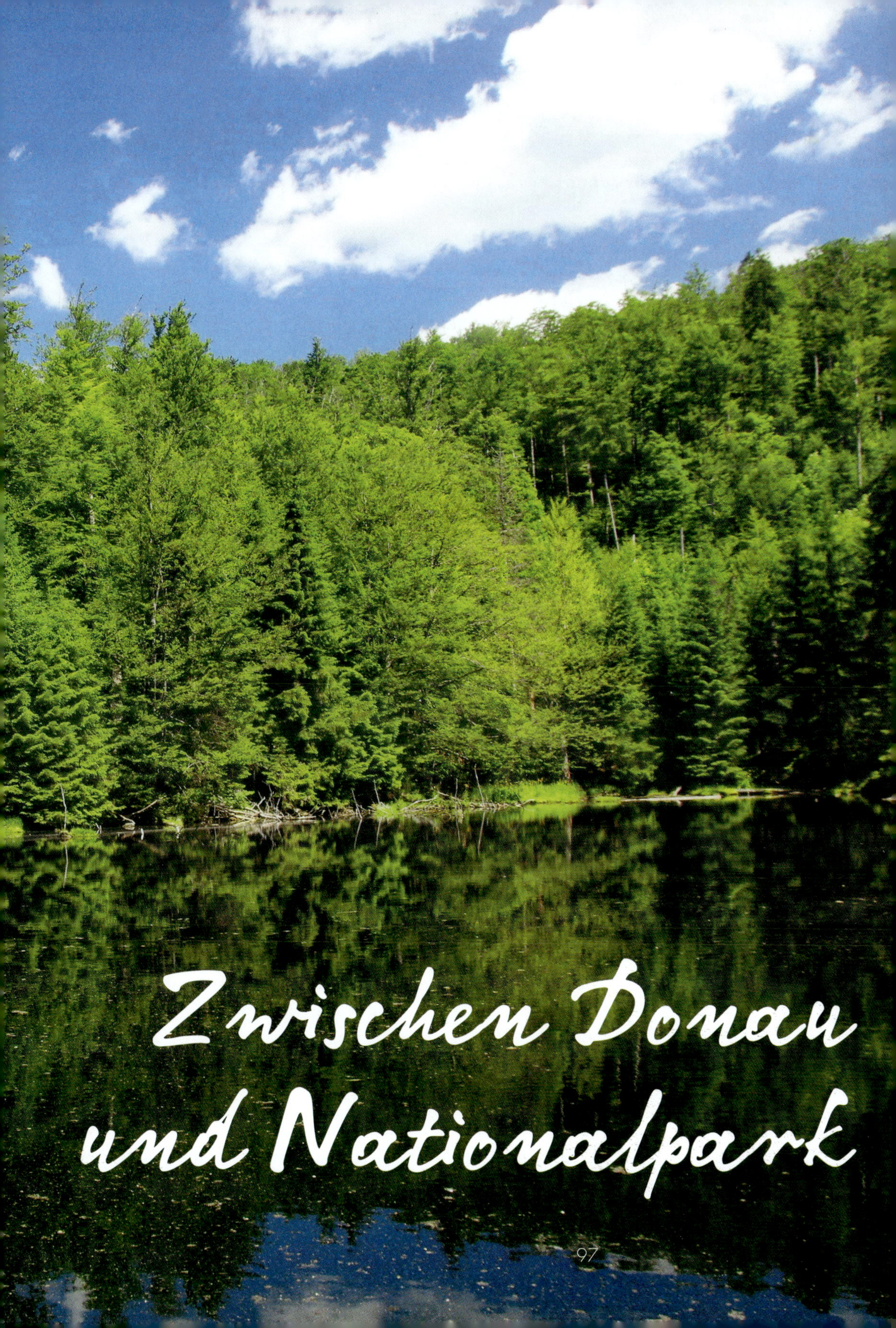

Zwischen Donau und Nationalpark

18 Von Arber, Brotjackelriegel und verfallenen Höfen

Im Sessellift zum Geißkopf schweben

- leicht
- 1.45 Std.
- auf 44 Hm, ab 304 Hm
- 5,9 km

Nach einem herrlichen Panoramablick vom Aussichtsturm auf dem Gipfel des Geißkopfs erwartet uns beim Landshuter Haus nicht nur die Aussicht bis zum Brotjackelriegel, sondern auch ein Blick in die Geschichte der Oberbreitenau.

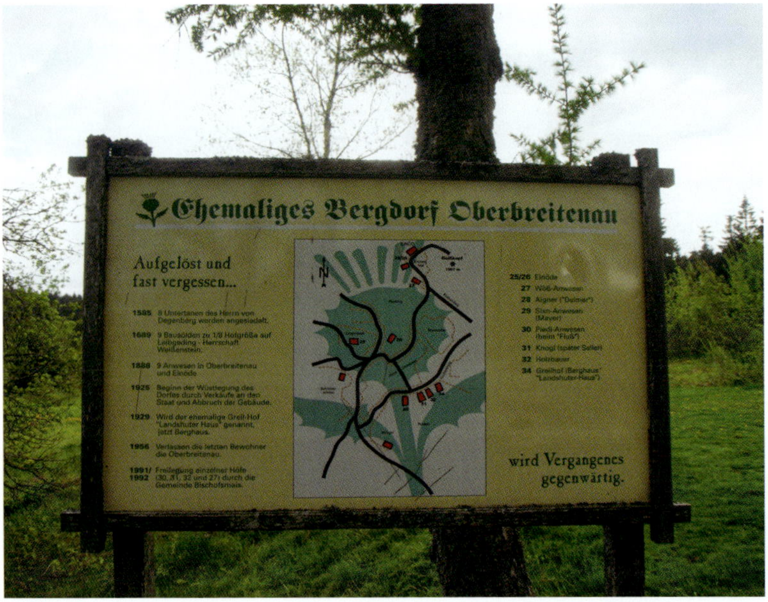

Heute Heide- und Moorlandschaft: die Wüstung Oberbreitenau

So weit das Auge reicht Keine Angst, den Mountainbikern, die sich waghalsig den Hang hinunterstürzen, begegnen wir nur an der Liftstation. Während wir gemütlich im Einersessel den Hang hinaufschweben, können wir sie bei ihrem anspruchsvollen Sport beobachten. In der Regel hilft dann ein Liftangestellter beim Ausstieg. Gleich links wartet die Geißkopfhütte mit ihrer Aussichtsterrasse auf Gäste. Vielleicht 50 m vor uns, hinter der ersten Baumreihe, wächst der Aussichtsturm über dem Gipfel in die

Höhe. Wer nicht schwindelfrei ist, sei getröstet: Das hölzerne Turmgestell ist gänzlich verkleidet. Der Aufstieg im Inneren lässt kaum Schwindelgefühle aufkommen, und oben auf der überdachten Aussichtsplattform haben wir keine Zeit mehr dafür. Neugierig erkunden wir den Ausblick von Bad Kötzting im Nordosten bis hinunter zum Arber mit seinen markanten silbrig schimmernden Kugeln. Gute Augen erkennen im Waldmeer zwischen unserem Aussichtspunkt und dem Kaitersberg die Burgruine Altnussberg. In unserem Rücken, im Westen, liegt die Kornkammer Bayerns, das flache Land des Gäubodens jenseits der Donau.

Die Wellen des Waldmeeres

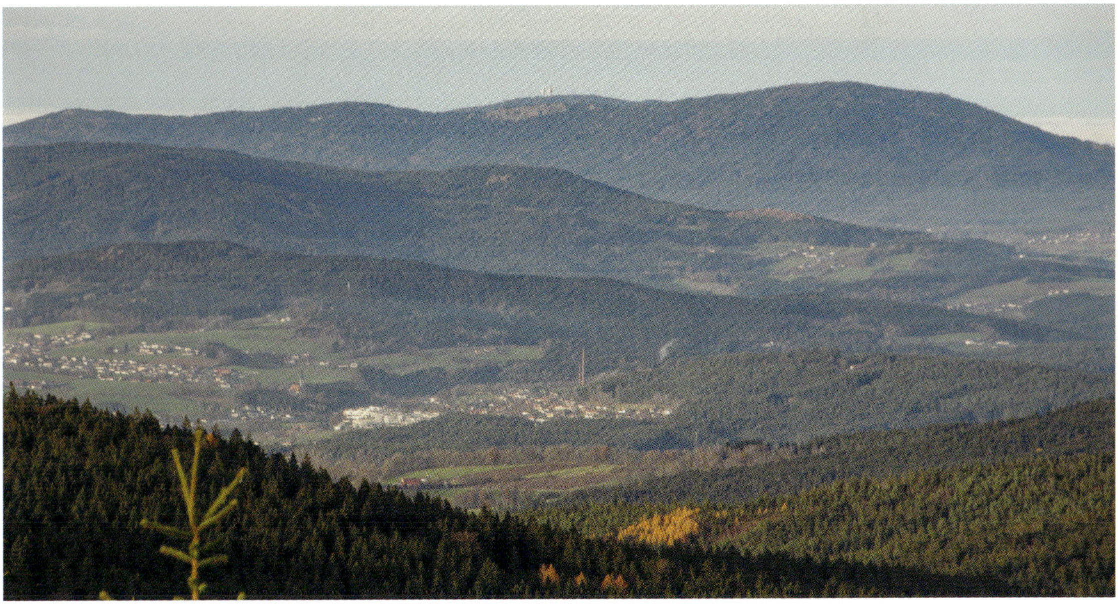

Rast im Landshuter Haus Nach dem Abstieg vom Turm halten wir uns, die Liftbergstation vor Augen, links und folgen dem Wegweiser Richtung »Oberbreitenau/Landshuter Haus« (in der Folge auch Markierung Nr. 4). Er führt mäßig steil bergab und als verwurzelter Waldweg über Stock und Stein am Platz der Geißkopf-Kirwa vorbei. Das Wandern über Stufen aus Granit und Wurzeln erfordert insbesondere bei Nässe unsere Aufmerksamkeit. Nach 300 m erreichen wir eine Forststraße mit grobem Schotter.

Auf dieser wandern wir nach links weiter bergab. Bereits nach wenigen Schritten, in der nächsten Rechtskurve, können wir links in den Waldweg einbiegen. Erneut über Wurzeln, jedoch beinahe eben, bringt uns der Weg zum Landshuter Haus. Wer es bequemer haben möchte, bleibt noch 300 m auf der Schotterstraße und biegt dann links ab. Ein weicher Waldweg erwartet uns dort, der wenig später auf die zuvor genannte Variante trifft. In beiden Fällen erreichen wir das Landshuter Haus in einer Viertelstunde. Auf der Sonnenseite sollte sich im großzügigen Biergarten immer ein Plätzchen finden. Am Horizont grüßt der Brotjackelriegel, leicht zu erkennen an dem Sendemast, der sich tief in den Himmel bohrt. Direkt vor uns erobert sich die Natur die Oberbreitenau zurück: Wir entdecken Heide- und Moorlandschaft, wo einst Berghöfe standen. Westlich des Landshuter Hauses erinnern Mauerreste an jene Zeit. Bereits Ende des 16. Jahrhunderts ließen sich Bauern hier auf etwa 1000 m nieder. Über die Jahrhunderte trotzten Generationen von Bergbauern den rauen Gegebenheiten dieser Einöde. Nach dem Ersten Weltkrieg begann ihr langsamer Rückzug, Mitte der 1950er-Jahre kehrten die letzten Bewohner dem Berg den Rücken. Der ehemalige Greilhof wurde 1929 in Landshuter Haus umbenannt. Das Berghaus macht es heute möglich, in dieser geschichtsträchtigen Gegend auch zu übernachten.

Isarmündung

Der Geißkopf ist der Donau näher als dem Arber. Da bietet sich ein Ausflug in das Naturschutzgebiet der Isarmündung an. Wo bei Deggendorf die Isar in die Donau mündet, ist eine wunderschöne Auenlandschaft mit einzigartiger Flora und Fauna entstanden (www.infozentrum-isarmuendung.de).

Zurück ins Tal Was sich zunächst wie der Rückweg anfühlt, ist dann die eigentliche Wanderung. Vom Landshuter Haus folgen wir zunächst wieder dem Weg, auf dem wir gekommen sind. Nach dem Waldweg marschieren wir rechts den Schotterweg bergauf, lassen dann jedoch die Abzweigung zum Aussichtsturm rechts liegen. Es folgt ein Kreisel, der es Waldmaschinen erlaubt, umzukehren. Hier halten wir uns geradeaus. Gesäumt vom Mischwald passieren wir die Schneisen der Skipisten, die vom Gipfel des Einödriegels kommen. Wenn wir linker Hand an einem Unterstand vorbeiwandern, nimmt das Gefälle merklich zu. Schließlich wird der Wald lichter und in einem kurzen Gegenanstieg fehlt das Blätterdach über uns schließlich ganz. Wir erreichen eine T-Gabelung und folgen dem Weg nach rechts. Im Abstieg haben wir immer wieder Ausblicke über Bischofsmais vor uns, sofern der Wald sie freigibt. Sobald schließlich von rechts oben ein Weg in den unseren mündet, haben wir die Talstation in wenigen Minuten erreicht.

Totenbretter erinnern an die Zeit, als die Oberbreitenau mehr war als eine Moorfläche.

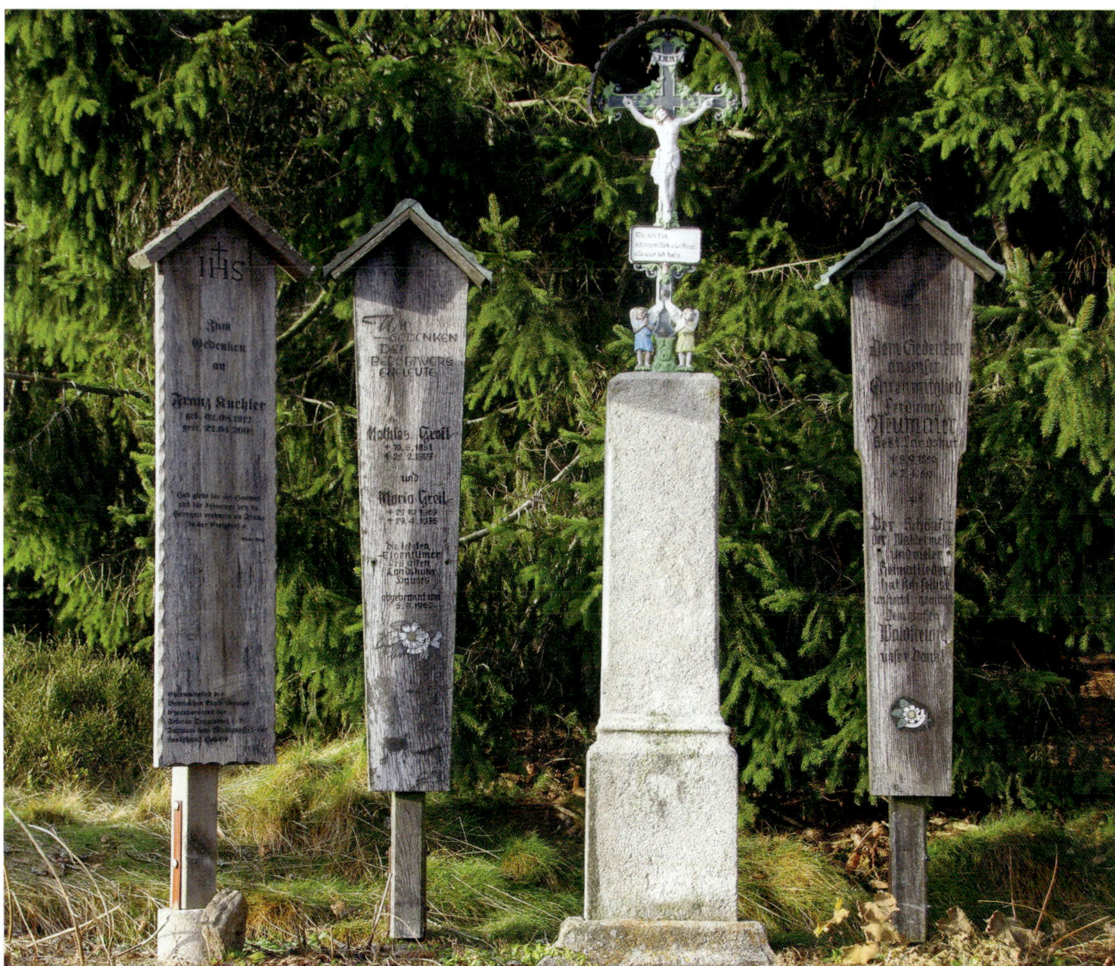

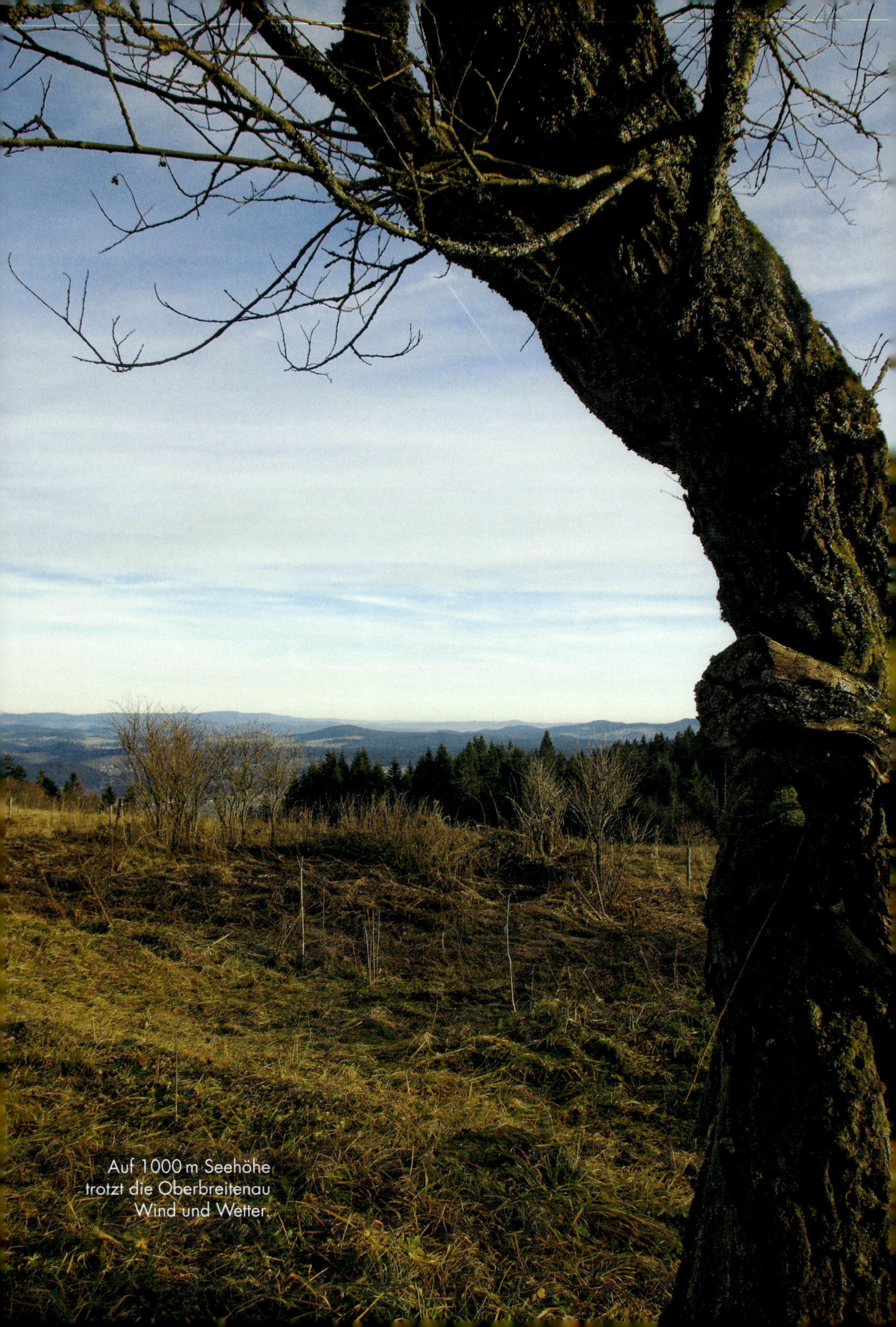

Auf 1000 m Seehöhe trotzt die Oberbreitenau Wind und Wetter.

Wichtiges zur Tour

Tourencharakter

Dank des Sessellifts kaum Aufstiege. Zum Landshuter Haus und der Talabstieg teils auf einfachen Wald-, überwiegend aber auf Schotterwegen

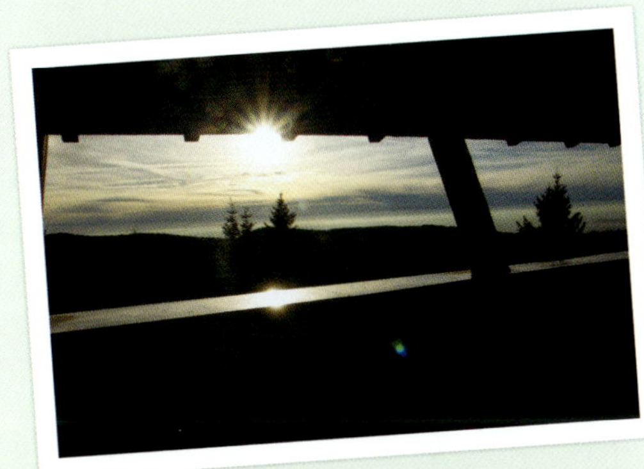

Geblendet von der tiefstehenden Sonne über dem Gäuboden.

Ausgangs-/Endpunkt

Parkplatz an der Talstation des Sessellifts

Anfahrt

Bus & Bahn: Keine Anfahrt; Auto: A3 oder A96 bis Autobahnkreuz Deggendorf, auf der A96 zum Autobahnende im Stadttunnel, nach dem Tunnel über Rusel nach Bischofsmais. Auf der Hauptstraße durch den Ort, die Geißkopfseilbahn liegt links auf halbem Weg nach Habischried

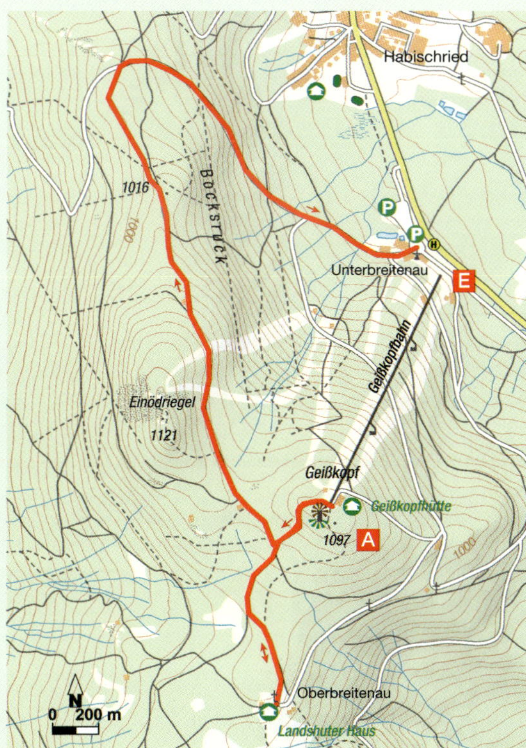

Einkehr

Geißkopfhütte, Unterbreitenau 5, 94253 Bischofsmais, Tel.: (09920) 336, (täglich 11–16.30 Uhr); Landshuter Haus, Oberbreitenau 1, 94253 Bischofsmais, Tel.: (09920) 255, info@landshuter-haus.de, www.landshuter-haus.de

Karte

Kompass Wanderkarte Nr. 198, Blatt 2

Informationen

Touristinfo Bischofsmais, Hauptstr. 34, 94253 Bischofsmais, Tel.: (09920) 94040, info@bischofsmais.de, www.bischofsmais.de

19 Hoch über dem Rinchnachtal

Zur Wallfahrtskirche Frauenbrünnl

mittel

1.45 Std.

156 Hm

6,2 km

Seit über 250 Jahren blickt die Kirche schon ins Land hinaus.

Seit über 250 Jahren schaut die Wallfahrtskirche Frauenbrünnl nun schon ins weite Land hinaus. Der weithin sichtbare weiße Turm ruft nicht nur Wallfahrer auf den Berg, sondern auch Wanderer, welche die Aussicht bis zum Geißkopf und Einödriegel genießen wollen.

Schöner Panoramaweg In Zimmerau, wo der Bach Rinchnach in einem engen Tal verschwindet, steigen wir den breiten Forstweg mit Markierung Nr. 2 bergauf. Bald darauf zweigen wir links in einen Waldweg, der weiter oben grob geschottert er an einer großen Lichtung vorbei-

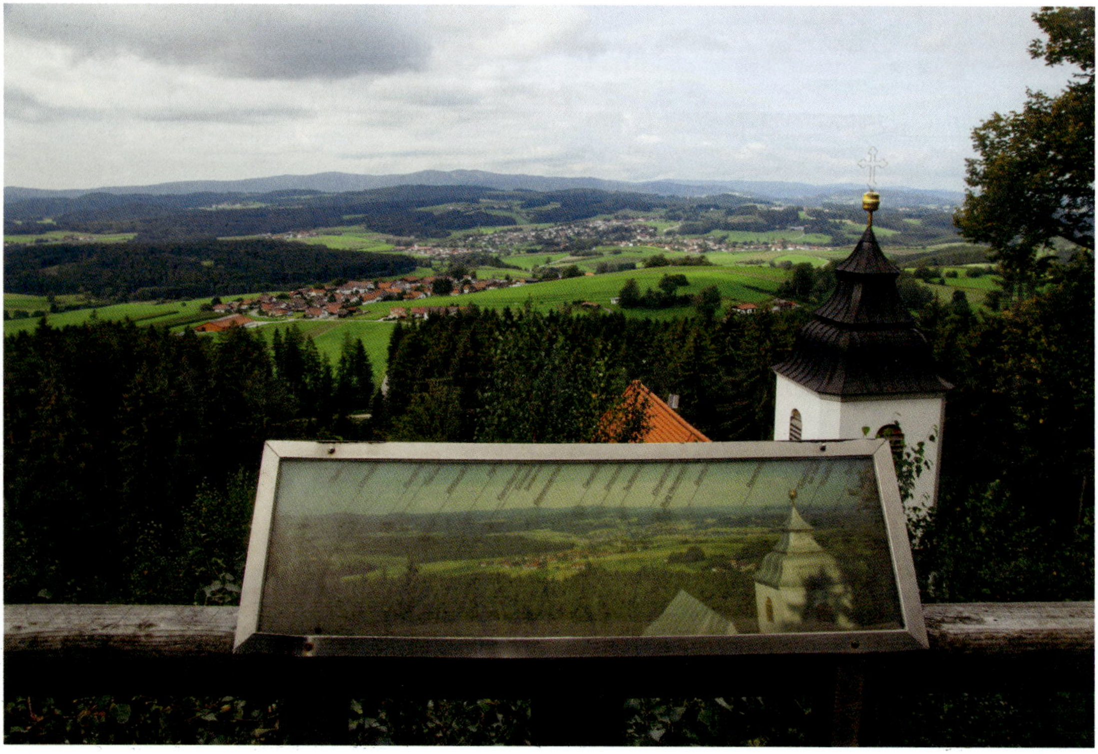

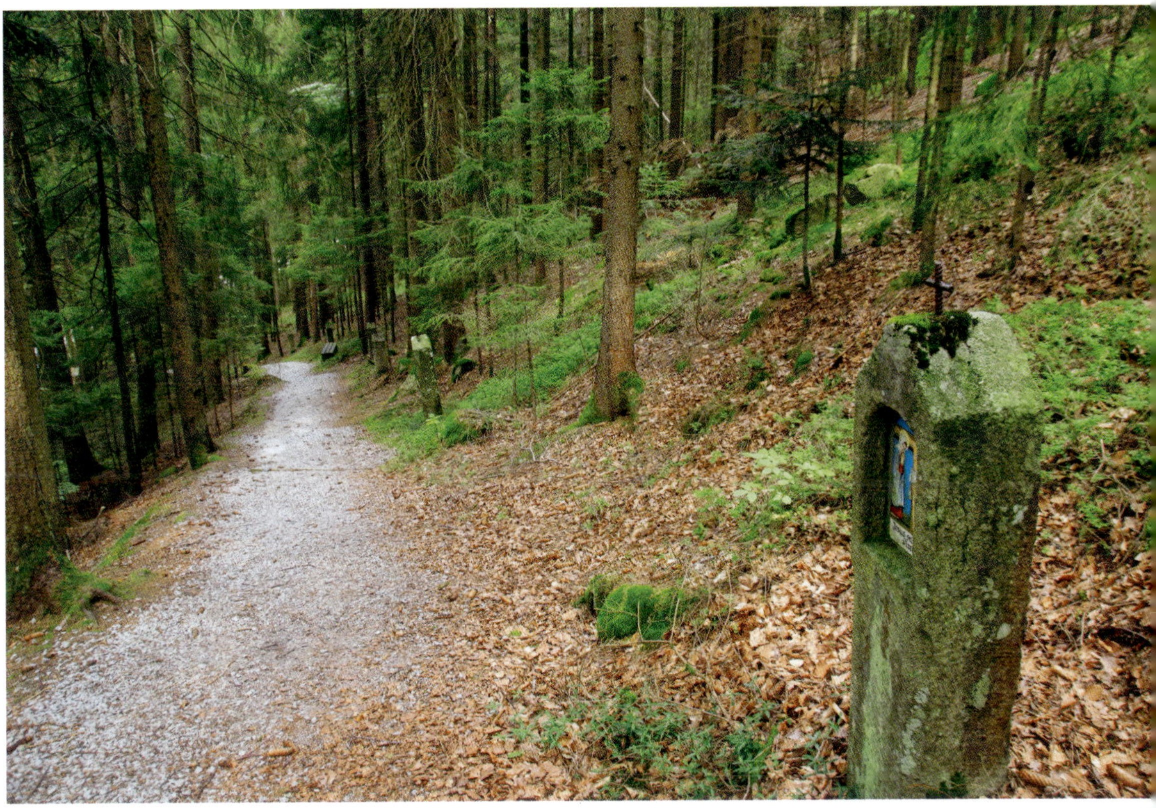

Auf dem Kreuzweg beginnt der Abstieg ins Tal.

führt, die linker Hand hinter den Bäumen zu erkennen ist: Breitmoos. Nun gelangen wir an eine Gabelung, deren beiden Wege auf denselben Schotterweg treffen. Wir nehmen den linken Abzweig, überqueren die Forststraße und laufen über Wurzeln, aber einfach bergauf. Wenn wir dann die Teerstraße gekreuzt haben, ist es zum Kirchlein nicht mehr weit. An einem Unterstand vorbei leuchten uns die weißen Mauern schon entgegen. Das Panorama über den Vorwald bis zum Geißkopf ist wunderschön. Wer den kurzen Aufstieg zur Aussichtsplattform über einen sehr verwurzelten Weg auf sich nehmen mag, kann von dem Podest oberhalb der Kirche die Fernsicht genießen. Der Rückweg verläuft

Das »Gunterkircherl«

Im Volksmund wird die 1776 erbaute Kapelle im Hochwald auch »Gunterkircherl« genannt. Der Name rührt von St. Gunther her, der vor etwa 1000 Jahren dort in einer Einsiedelei gelebt haben soll.

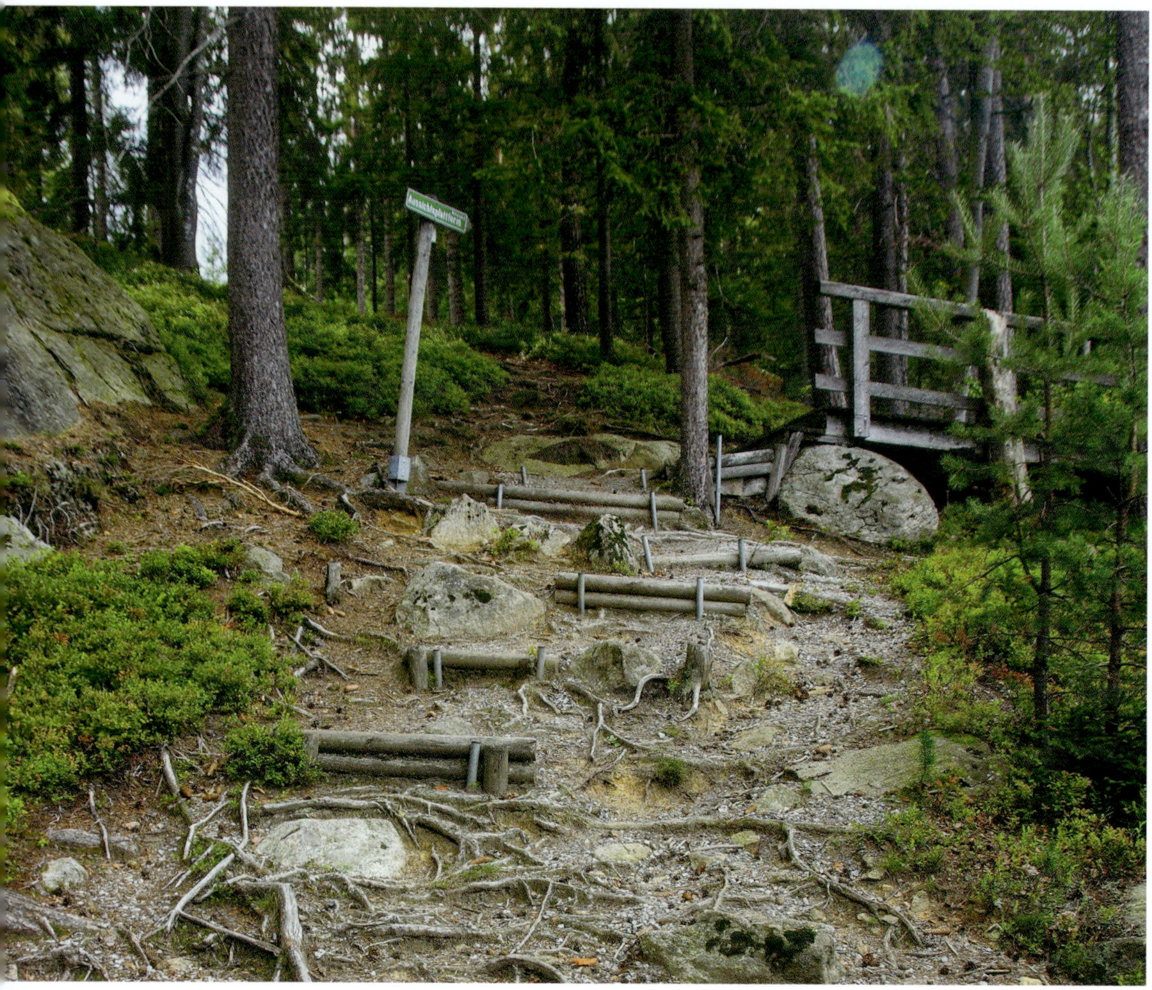

Stolperfallen auf den letzten Metern zur Aussichtsplattform

dann hinab über den Kreuzweg (Achtung: feiner, rutschiger Kiesel). Nun biegen wir in die Bergstraße links ein und spazieren auf ihr an der Straßengabelung links bis hinunter nach Gehmannsberg. Die Ortsdurchfahrt führt uns vorbei an schönen Höfen und weitet sich kurz vor Ortsende zu einem kleinen Platz. Hier halten wir uns links. Das Hinweisschild »Panoramablickwanderung« verspricht nicht zu viel, denn am Ende der Teerstraße beginnt ein Feldweg, der am Hügel entlang verläuft und einen idyllischen Panoramablick über die Felder und Pferdekoppeln rund um Rinchnach eröffnet. Der Weg mündet schließlich in eine kleine Flurstraße, der wir links nach Zimmerau folgen.

Wichtiges zur Tour

Tourencharakter
Langer, gleichmäßiger Anstieg zur Kapelle, herrliche Aussicht auf dem Rückweg

Ausgangs-/Endpunkt
Zimmerau

Anfahrt
Bus & Bahn: Keine Anfahrt mit Bus oder Bahn; Auto: B 85 bis Rinchnach und der Klessinger Straße stadtauswärts folgen bis Zimmerau

Einkehr
Gasthof Mühle Zimmerau 10, 94269 Rinchnach, Tel.: (09922) 12 06, info@gasthof-muehle.de, www.gasthof-muehle.de

Karte
Kompass Wanderkarte Nr. 198, Blatt 3

Informationen
Gemeinde Rinchnach, Gehmannsberger Str. 12, 94269 Rinchnach, Tel.: (09921) 946 60, info@rinchnach.de, www.rinchnach.de

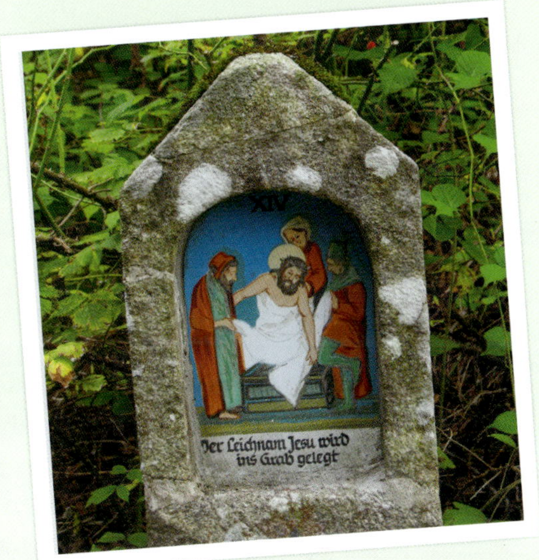

In Granit geschlagen: die Kreuzwegstationen zur Wallfahrtskirche

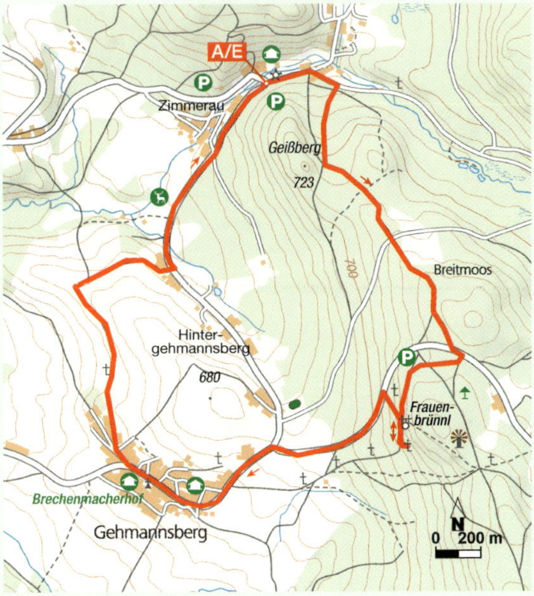

20 Höher hinauf als der Adler

Auf dem Rundweg Zaunkönig in Waldhäuser

- mittel
- 1.30 Std.
- 134 Hm
- 4,7 km

Bereits der Wanderparkplatz »Waldhäuser-Ausblick« löst sein Versprechen ein und empfängt uns mit einem herrlichen Panorama. Der Rundweg überrascht dann mit Naturperlen des Nationalparks und immer wieder grenzenlosen Ausblicken.

Königliche Aussicht Unsere Wegmarkierung ist der »Zaunkönig«. Der kleine Vogel soll der Fabel nach dank einer List höher geflogen sein als der Adler, weshalb er zum König erwählt worden ist. Und vielleicht hatte er da oben ja eine Aussicht, wie sie uns diese Rundwanderung beschert. Schon der Parkplatz am oberen Ortsende von Waldhäuser empfängt uns mit einer Panoramakarte, welche die Hotspots vom Brotjackelriegel bis zum Rachel markiert. Wir folgen der Zufahrtstraße zum Lusenparkplatz »Waldhausreibe« etwa 500 m, um dann links in den Wald einzubiegen. Eine halbe Stunde Wegstrecke durch luftigen Buchenwald liegt vor uns, auf der wir 100 Höhenmeter einbüßen. Der breite Waldweg ist einfach zu gehen und trifft schließlich auf eine Forststraße. Gegenüber steigen wir ein kurzes Steilstück sandig und rutschig zur Martinsklause hinab. Was uns dann erwartet, war aller Mühen wert. Ruhig und moorbraun liegt das Wasser vor uns. Diente der Speichersee einst als Wasserreservoir für die Holztrift, ist er heute ein idyllischer Spiegel der Wälder und vorbeiziehenden Wolken – es gibt keinen besseren Platz für

Baumwipfelpfad

Ein Panorama der besonderen Art bietet sich vom »Holzei« des Baumwipfelpfades im Nationalparkzentrum Lusen. Barrierefrei geht es in die Baumkronen auf 44 m Höhe. Man könnte meinen, man fliegt wie ein Vogel über das Waldmeer des Nationalparks zwischen Lusen und Rachel (www.nationalpark-bayerischer-wald.bayern.de).

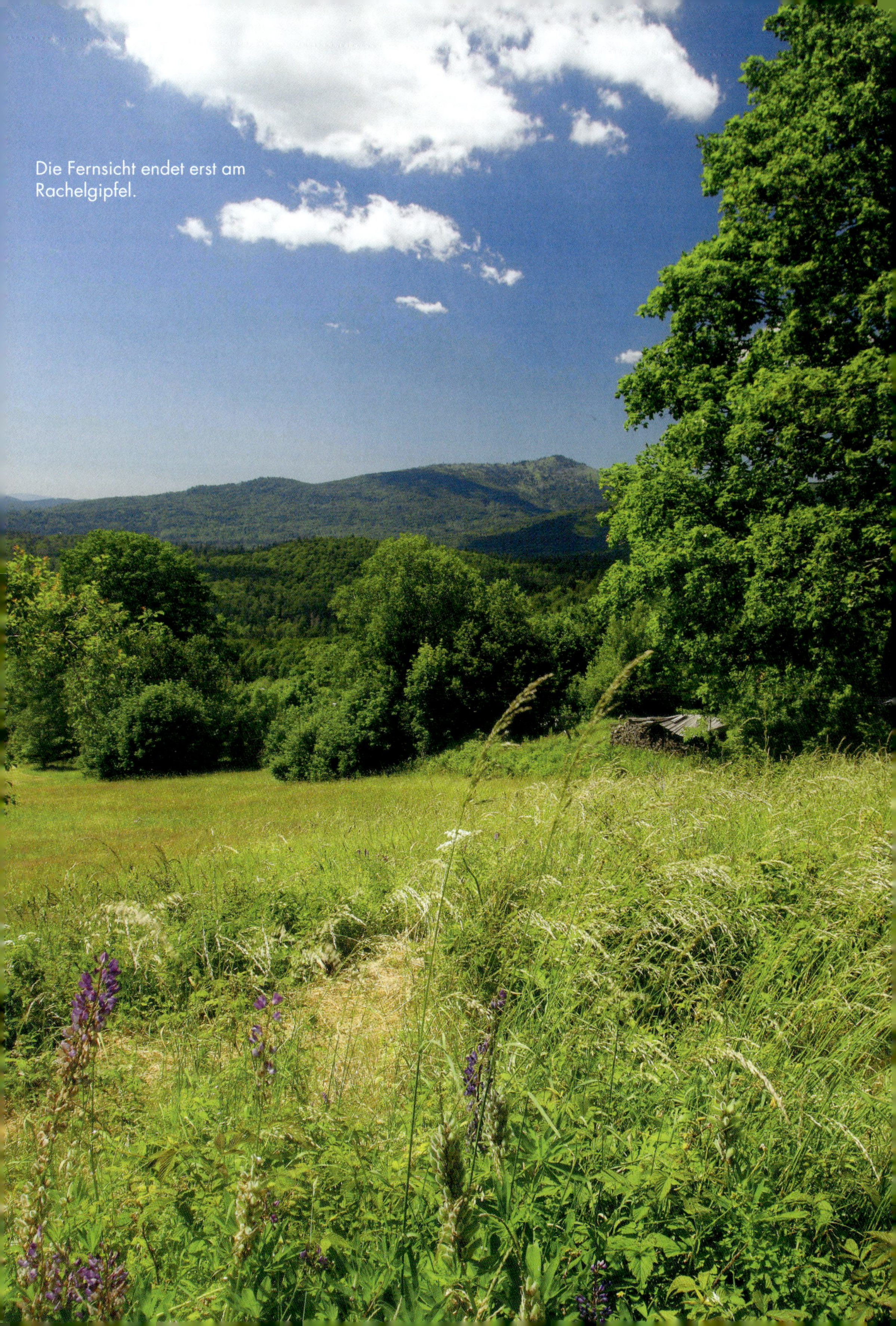

Die Fernsicht endet erst am Rachelgipfel.

eine Rast. Danach steigen wir wieder hinauf zum Schotterweg und wandern auf diesem nach rechts bis nach Waldhäuser, wo wir am Feuerwehrhaus ankommen. Nach langem Abstieg geht es nun entlang der Ortsdurchfahrt bergauf. Wer mag, kann sich in der Kneipp-Anlage rechts des Weges erfrischen oder einfach den Ausblick genießen. Linker Hand passieren wir die historischen Mauern der Jugendherberge, begleitet vom Panorama über den Bayerischen Wald. Richtung Ortsende geht es etwas steiler hinauf und der Ausblick gilt dem grünen Grenzkamm, der erst am Rachelgipfel endet. Schließlich spazieren wir auf dem nun schmalen Pfad nach links zum Skulpturenpark des Künstlers Heinz Theuerjahr. Über die Tierplastiken des Künstlers hinweg schweift der Blick bis zum Horizont. Hinter dem Galeriegebäude sind es dann nur noch wenige Schritte zum Ausgangspunkt.

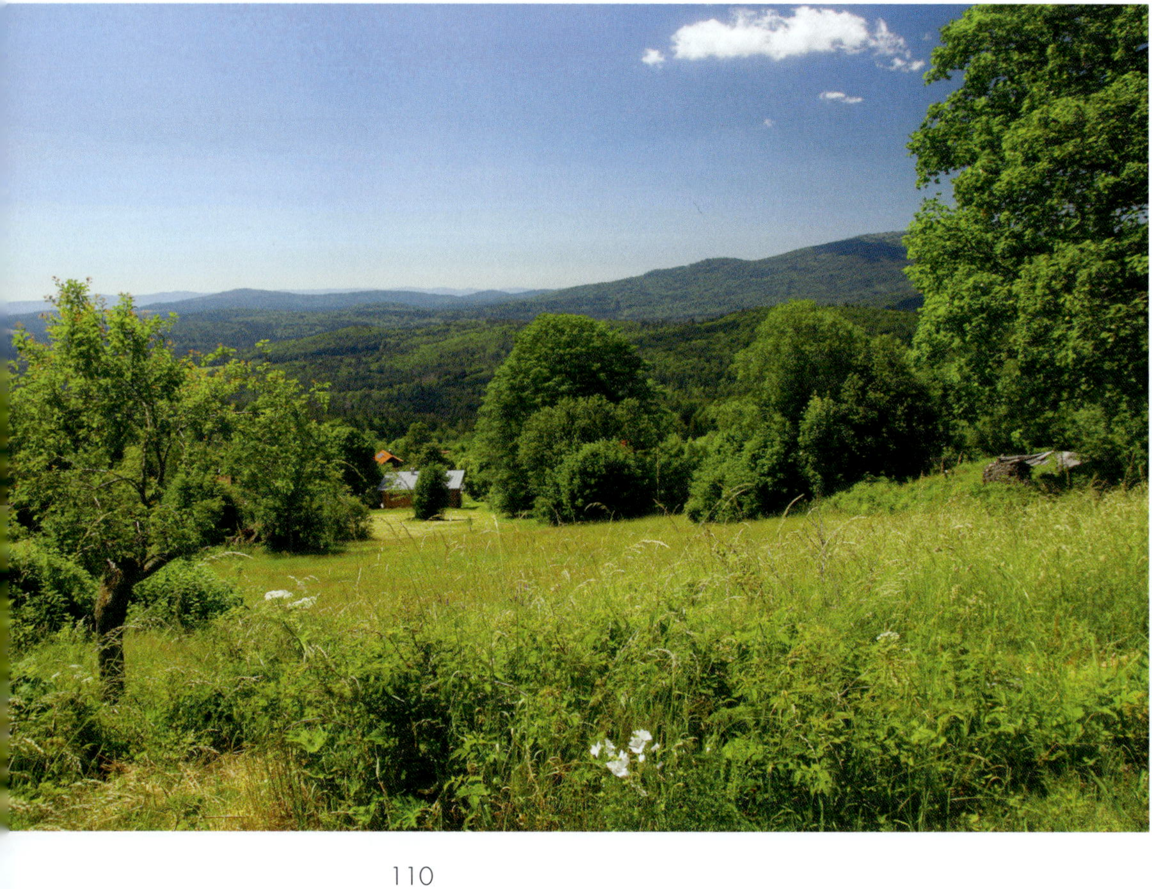

Über den Dächern von Waldhäuser

Wichtiges zur Tour

Tourencharakter

Rundwanderung auf einfachen Wald- und Schotterwegen, gegen Ende auf Teer

Ausgangs-/Endpunkt

Waldhäuser, Wanderparkplatz »Waldhäuser – Ausblick«

Anfahrt

Bus & Bahn: Mit der Waldbahn nach Spiegelau und weiter mit dem Igelbus Richtung »Waldhausreibe«, Ausstieg Haltestelle »Ausblick«. Auto: A3 Ausfahrt Hengersberg und auf der B533 Richtung Grafenau. Bei Hunding links ab und über Kirchberg und Kirchdorf nach Spiegelau. Weiter auf der Nationalparkstraße Richtung Mauth und nach ca. 6 km links ab nach Waldhäuser. Der Wanderparklatz liegt am Ortsende links neben der Straße.

Einkehr

Restaurant »Am Guldensteig«, Lusenstr. 48, 94556 Neuschänau/Waldhäuser, Tel.: (08553) 91250 (Do Ruhetag, Fr–Mo 11–20, Di/Mi 14–20 Uhr)

Karte

Kompass Wanderkarte Nr. 198, Blatt 3

Informationen

Touristinfo Neuschönau, Kaiserstr. 13, 94556 Neuschönau, Tel.: (08558) 7389011, neuschoenau@ferienregion-nationalpark.de, www.neuschoenau.de

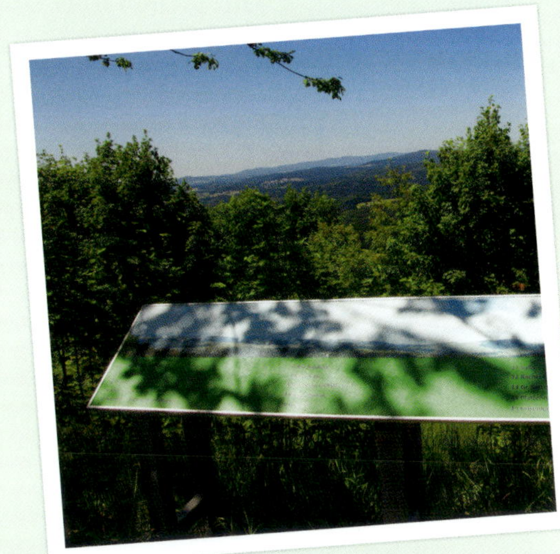

Panorama bereits am Wanderparkplatz

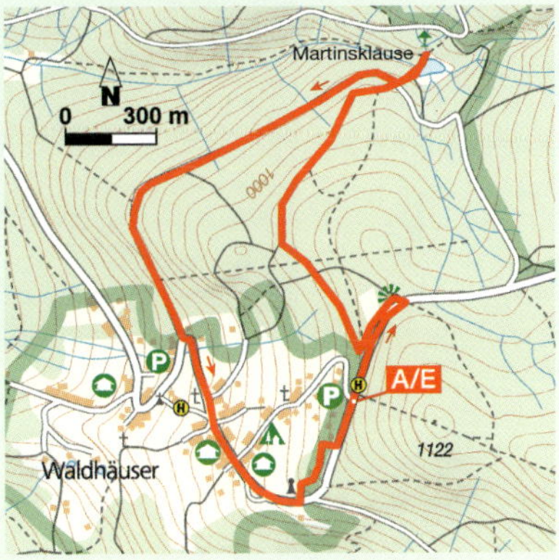

21 Kleiner Rundweg »Fledermaus«

Am Rande des Nationalparks bei Buchenau

- leicht
- 1.15 Std.
- 81 Hm
- 2,9 km

Wo die grünen Hänge vom bayerisch-böhmischen Grenzkamm auslaufen, führt der einfache Rundweg meist schattig und doch mit idyllischen Aussichten rund um die Viehweiden, die Buchenau von den angrenzenden tiefen Buchenwäldern trennen.

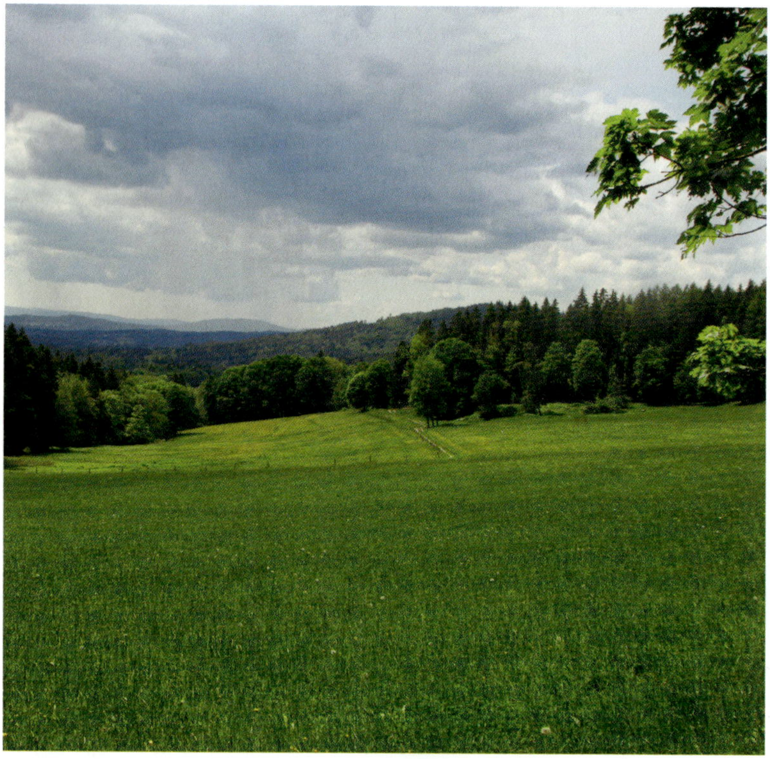

In der Ferne: Regenschleier über dem Arberland

Grenznahe Runde Am Rande des Wanderparkplatzes von Buchenau kommt uns der Mühlbach unter tiefhängenden Ästen des Buchenwalds entgegen. Der kleine Rundweg »Fledermaus« folgt dem Bach zunächst auf weichem Waldboden, ehe er gemütlich nach rechts ansteigt. Bald erreichen wir eine Abzweigung, der wir im spitzen Winkel nach rechts hinauf folgen. Jenseits des Waldrandes ist bereits eine Viehweide zu erkennen. Ein alter Zaun grenzt das Weideland mehr schlecht als recht ab, und bald haben wir eine erste Rastbank erreicht. Der Ausblick über schier endlose Hügelketten reicht bis zum Horizont. Wir kehren der Fernsicht zunächst den Rücken und durchwandern den Wald des Kühbergs. Nach wenigen hundert Metern erreichen wir bereits die schmale Teerstraße (kein öffentlicher Autoverkehr), die von Buchenau ins bayerisch-böhmische Grenzgebiet

Das Poschinger Schloss

Das alte Poschinger Schloss in Buchenau ist heute ein geschichtsträchtiger Schauplatz kultureller Veranstaltungen, von Theateraufführungen über Konzertreihen bis hin zu verschiedenen Märkten wie dem Adventsmarkt. Das Schloss aus der Mitte des 19. Jahrhunderts bietet mehr als eine eindrucksvolle Kulisse. Wer mag, kann im Kontorhaus des Schlosses stilgerecht in einer Ferienwohnung residieren (www. foerderkreis-schloss-buchenau.de).

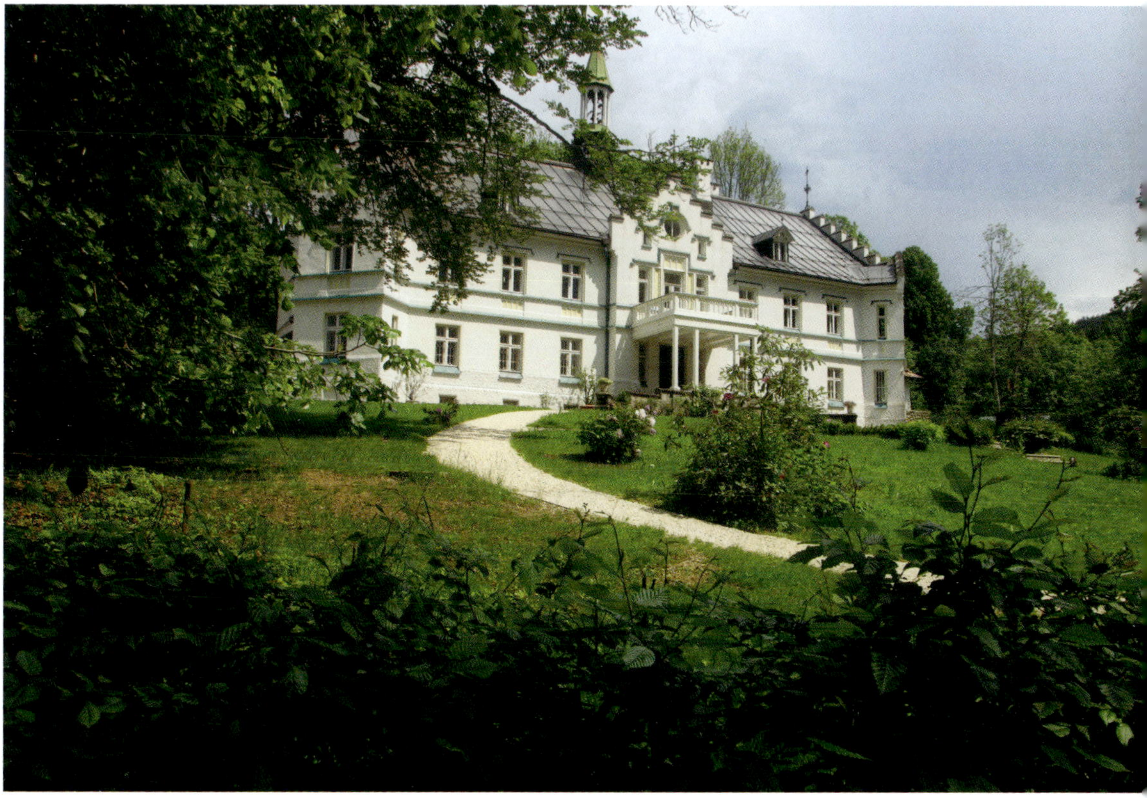

Schloss Buchenau: Zeuge der Poschinger-Dynastie

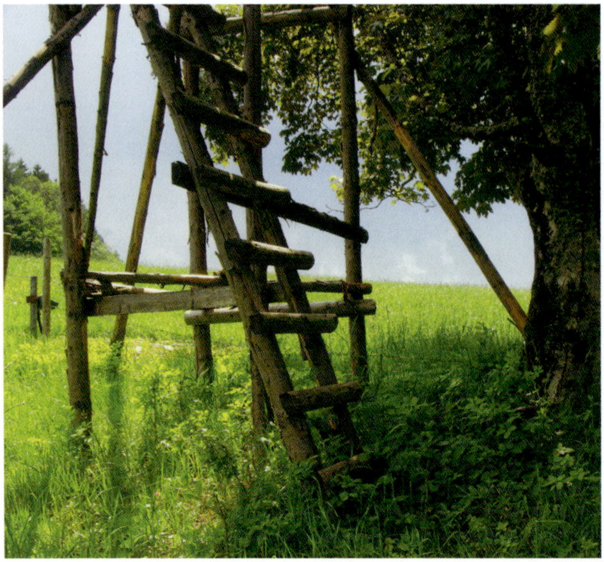

führt. Hier treffen verschiedene Wege zusammen. Die Orientierung fällt leicht, weil unser Weg sich auf der gegenüberliegenden Straßenseite erneut an den Waldrand hält. Nach rechts verliert sich abermals eine weitläufige Weide talwärts Richtung Buchenau, und erneut bietet eine Rastbank eine herrliche Aussicht über die Waldberge hinweg ins Arberland. Der Waldweg verläuft nun sanft bergab und wir überqueren den Hirschbach. Der breiter werdende Weg bringt uns nach Buchenau in der Nähe des Poschinger-Schlosses und an die Abzweigung Richtung Speichersee. Wir halten uns hier rechts, passieren zunächst das Schloss und kurz danach das örtliche Gasthaus. Die Dorfstraße hinunter, gelangen wir nach 200 m zum Wanderparkplatz.

Oben: Heute fällt die Jagd aus – ein Gewitter zieht auf.

Unten: über einfache Waldwege

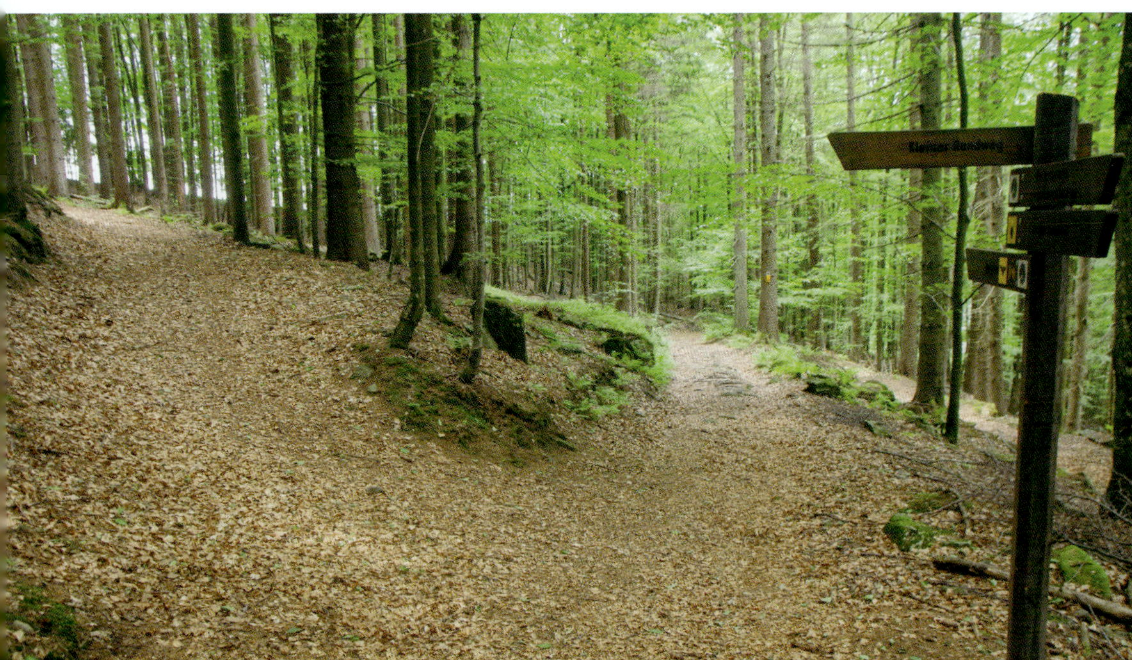

Wichtiges zur Tour

Tourencharakter
Gleichmäßiger Anstieg auf einfachen Waldwegen und idyllische Aussichtsplätze abseits des Trubels

Ausgangs-/Endpunkt
Wanderparkplatz Buchenau

Anfahrt
Bus & Bahn: Mit der Waldbahn nach Zwiesel und weiter mit dem Bus (»Falkenstein-Bus«) nach Buchenau; Auto: B 11 nach Zwiesel und weiter Richtung Spiegelau. Bei Lindberg, Dampfsäge links abzweigen und bergauf über Oberzwieselau (Golfplatz) nach Buchenau.

Einkehr
Gasthof »Zum Latschensee«, Buchenau 65, 94227 Lindberg, Tel.: (09926) 291, www.gasthof-ausborn.de

Karte
Kompass Wanderkarte Nr. 198, Blatt 3

Informationen
Touristinfo Frauenau, im Glasmuseum Frauenau, Am Museumspark 1, 94258 Frauenau, Tel.: (09926) 941 00, info@ti-frauenau.de, www.frauenau.de

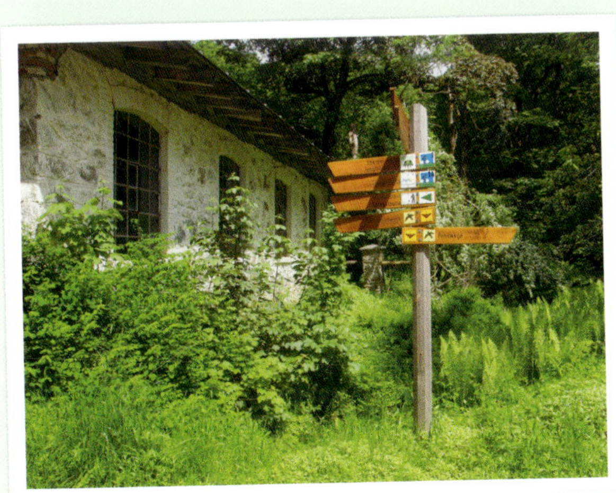

Die Fledermaus markiert unseren Rundweg.

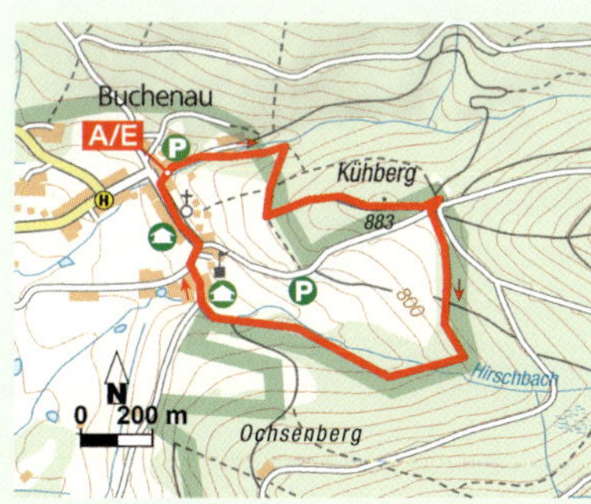

22 Terrasse mit Nationalparkaussicht

St. Oswald-Riedlhütte bietet Aussichten auf die Gipfel gegenüber

leicht
2.30 Std.
121 Hm
8 km

Nicht immer sind es die Gipfel, die uns die schönste Aussicht bieten. Oft liegen die schönsten Plätze vis-á-vis, und in dieser Tour reihen sich die Gipfel, auf die wir blicken, aneinander wie die Perlen einer Kette. St. Oswald eröffnet ein Panorama auf die Nationalparkberge bis zum Vorwald.

Bienstand und Höhenbrunn Von Spiegelau bis Neuschönau spannt sich ein Höhenzug, über den verschiedene Ortsteile von St. Oswald-Riedlhütte verstreut liegen. Bergseitig an der Landstraße zwischen Reichenberg und Höhenbrunn liegt unser Ausgangspunkt. Vom Wanderparkplatz »Bienstand« laufen wir, die Landstraße im Rü-

Gegenüber der Grenzkamm mit der Felsenkuppe am Lusengipfel

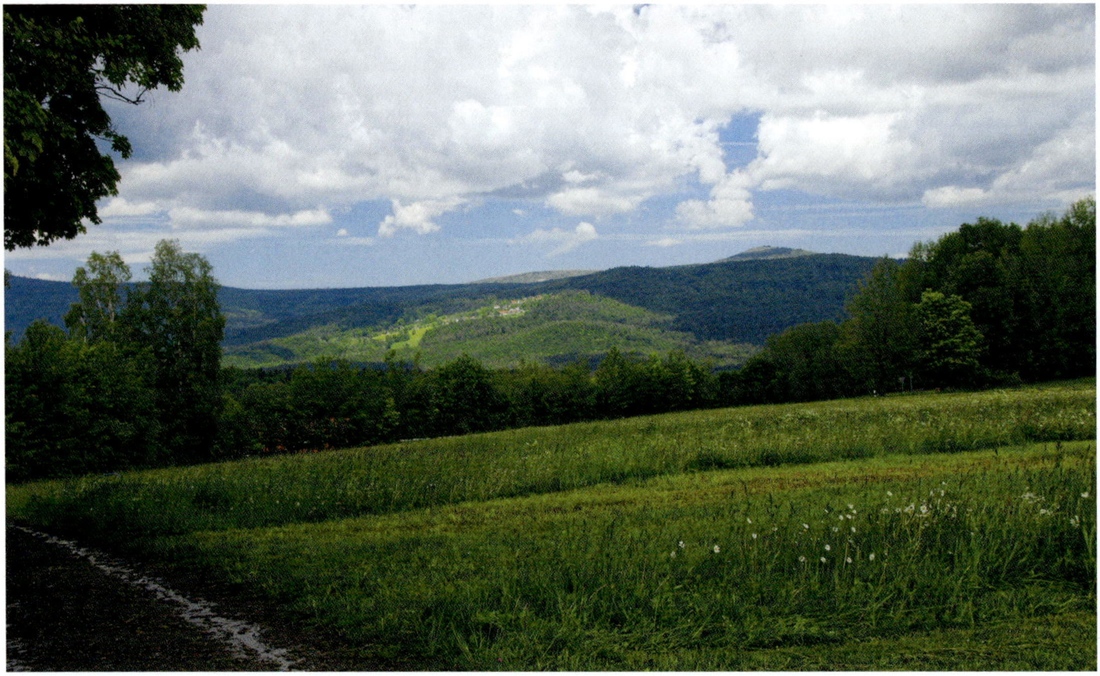

cken, auf Weg Nr. 3 geradeaus, queren auf freiem Feld eine Forststraße und erreichen bald die Abzweigung nach links Richtung Bienstand (865 m). Von der Holzbank im Schatten des Gipfelkreuzes bietet sich bei geeignetem Wetter ein Ausblick bis zu den Alpen.

Unschwer »überschreiten« wir den Gipfelbereich des breiten Bergrückens und erreichen unseren Forstweg, auf dem wir nach links wandern. So umrunden wir den Bienstand und treffen erneut auf die Forststraße, die wir zu Beginn überquert haben. Hier heißt es nun rechts abzweigen. Der Weg verläuft in der Folge wie in den Hang geschnitten leicht bergab Richtung Höhenbrunn. Unter uns ziehen saftige Pferdekoppeln sanft talwärts, darüber erhebt sich das Panorama über sanfte Hügel hinweg bis in den Vorwald. Schließlich erreichen wir Höhenbrunn.

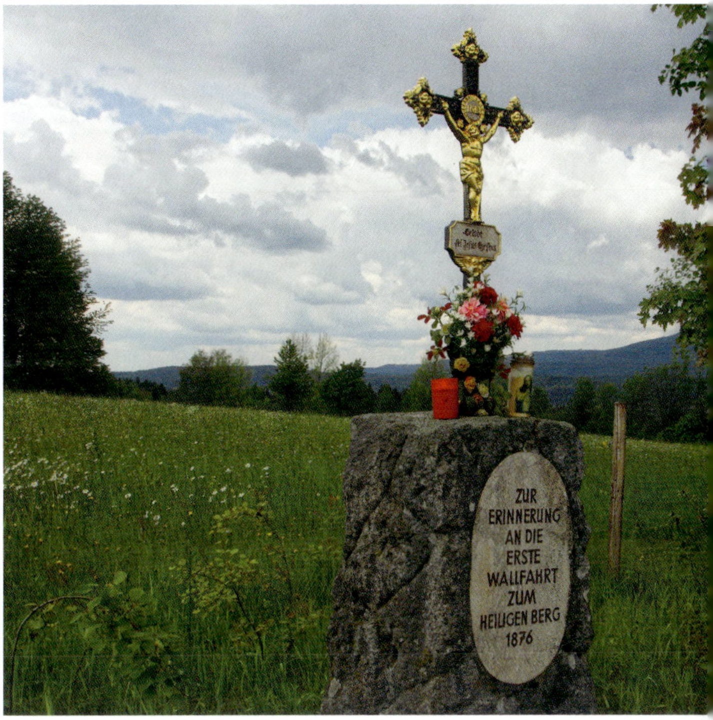

Im Jahr 1876 wurde die nahe Klosteranlage ein Raub der Flammen.

Blick auf Lusen und Rachel Unser Weg, auf den letzten Metern geteert, mündet in eine Zufahrtsstraße, der wir um ein Haus herum talwärts nach rechts folgen. Bereits hier gabelt sich das Sträßlein, und wir halten uns an die linke Variante. Weiter geht es bergab. Wir ignorieren verschiedene Abzweigungen und folgen dem Weg mit der Markierung 2, der bald nach links bergauf abbiegt. Die kleinen Waldflecken lassen wir hinter uns und wandern auf eine kleine Anhöhe zu, wo wir nach rechts auf der Verbindungsstraße von Höhenbrunn nach Draxlschlag marschieren. Kurz nach dem Ortsschild, rechter Hand vom Friedhof, überqueren wir die Straße und gehen auf den Klosterberg hinauf, zunächst noch auf Teer, bald auf Schotter. Sobald wir seine grünen Wiesen überschritten haben, präsentiert

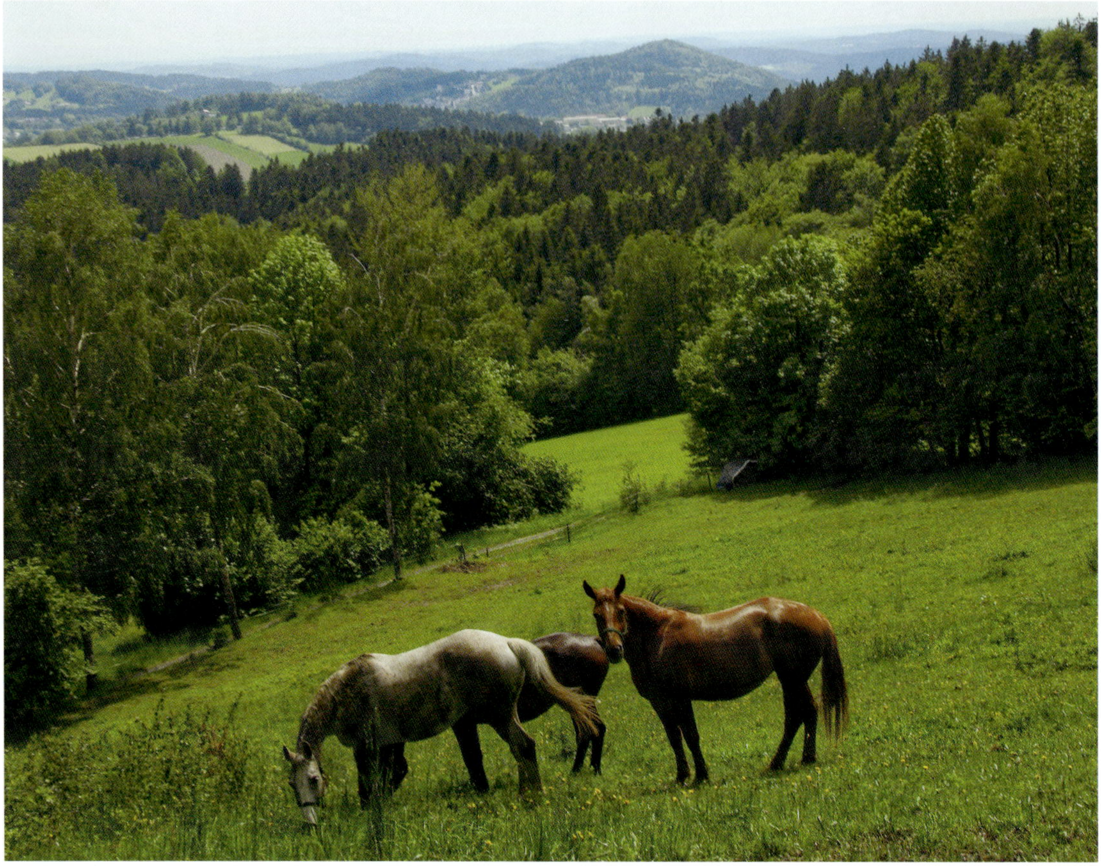

Nach langem Winter: endlich wieder auf der Weide

uns der Rundweg ein neues Panorama. Wo vorher die Weite war, dominieren nun – zum Greifen nah – tiefgrüne Waldhänge und die Nationalparkgipfel Lusen und Rachel die Aussicht. Kurz vor der Landstraße biegen wir links und erreichen nach 100 m die Straße, die uns zurück nach Höhenbrunn bringt. Wir wandern auf ihr unmarkiert bis in die Dorfmitte. Nach links bietet ein Grünstreifen Platz für eine Kapelle und das Feuerwehrhaus. An diesen laufen wir vorbei leicht bergab und erreichen wieder den Weg, auf dem wir hergekommen sind. Wir biegen nach rechts ein und genießen wieder die sanften Hügelketten im Süden und Westen. Wenn wir die Abzweigung zum Bienstand erreichen, laufen wir diesmal daran vorbei. Nach etwa 300 m biegen wir an der Wegekreuzung rechts ab und sind bald darauf an unserem Ausgangspunkt.

Wichtiges zur Tour

Tourencharakter

Einfacher Rundweg mit Aussichten vom Nationalpark bis in den Vorwald

Ausgangs-/Endpunkt

Wanderparkplatz »Bienstand« an der Landstraße zwischen Reichenberg und Höhenbrunn

Anfahrt

Bus & Bahn: Keine Anfahrt mit Bus oder Bahn; Auto: A3 Ausfahrt Hengersberg, auf der B533 bis Grafenau und über St. Oswald-Riedlhütte/Reichenberg weiter Richtung Höhenbrunn

Einkehr

Keine Einkehr am Weg

Karte

Kompass Wanderkarte Nr. 198, Blatt X

Informationen

Touristinfo St.Oswald-Riedlhütte, Schulplatz 2, 94566 Riedlhütte, Tel.: (08553) 891 9201, sankt-oswald-riedlhuette@ferienregion-nationalpark.de, www.sankt-oswald-riedlhuette.com

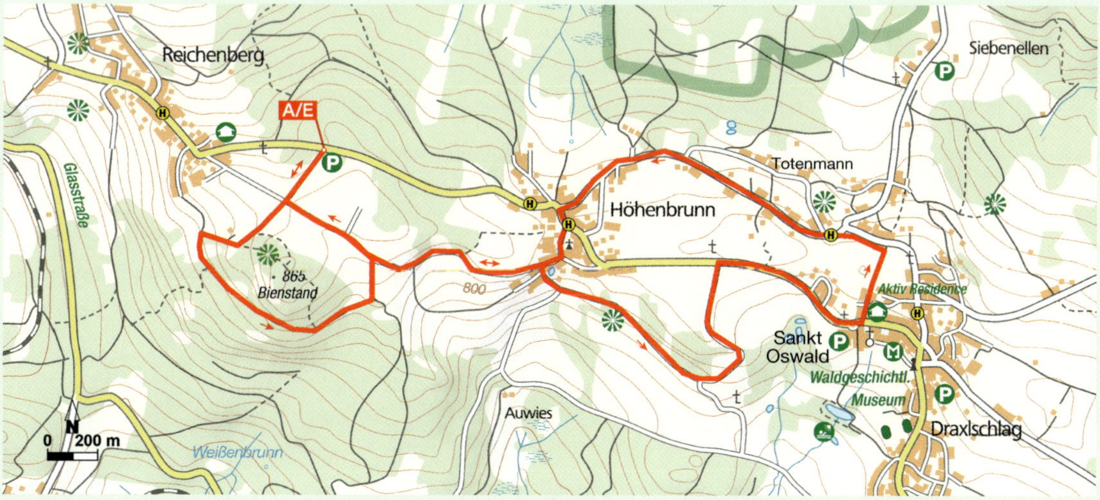

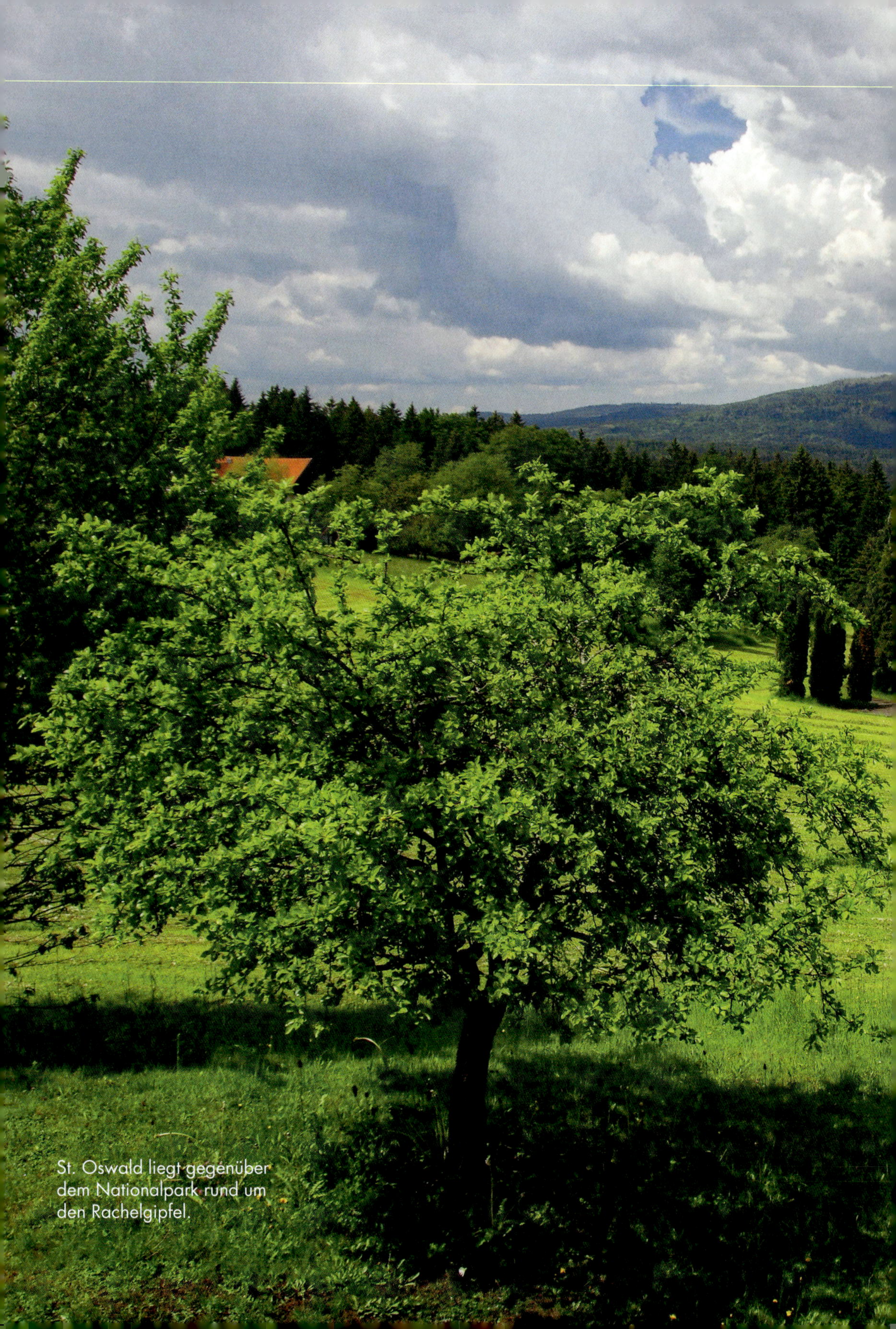

St. Oswald liegt gegenüber dem Nationalpark rund um den Rachelgipfel.

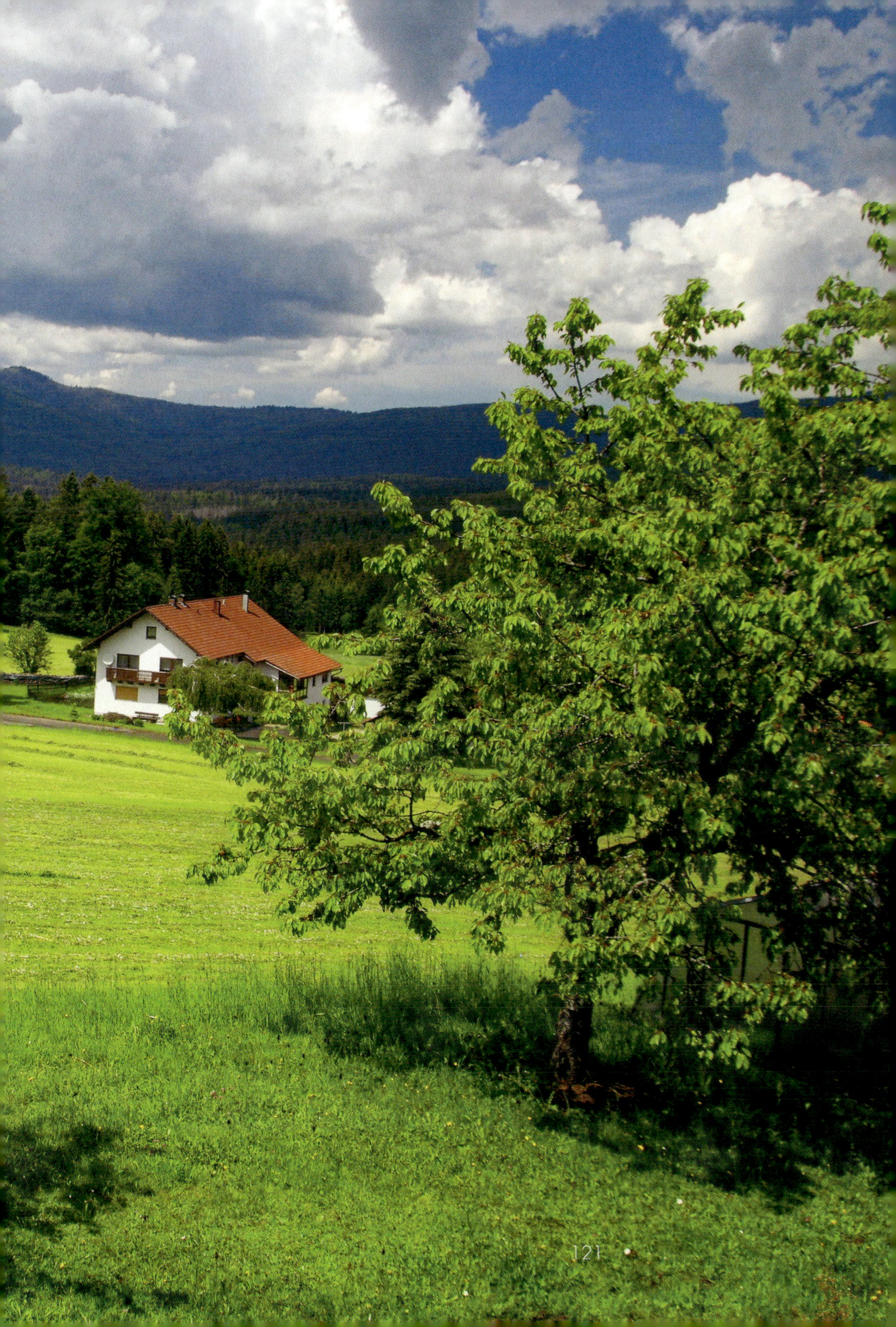

23 Waldwanderung mit Arberblick

Über Altposchingerhütte nach Frauenau

- leicht
- 2 Std.
- auf 70 Hm, ab 210 Hm
- 6,6 km

Am Rande des Nationalparks bietet der Weg vom Bahnhof Klingenbrunn nach Frauenau ein entspanntes Walderlebnis, garniert mit wunderschönen Ausblicken auf den König des Bayerischen Waldes, den Großen Arber.

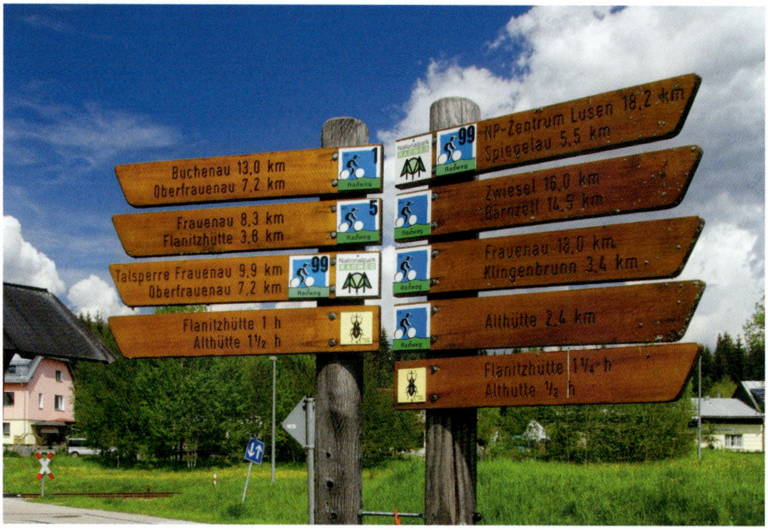

Erste Orientierung am Bahnhof Klingenbrunn

Von Bahnhof zu Bahnhof Ein Auto ist nicht nötig, weil uns die Waldbahn zum Ausgangspunkt bringt. Vom Bahnhof Klingenbrunn folgen wir der Schienenführung nach Norden, überqueren zunächst die Straße, die links nach Althütte hinaufführt, und laufen weiter links der Gleise in ein kleines Tal. Nach 500 m biegen wir nach rechts und wechseln am Bahnübergang die Seite. Nachdem wir den Flanitzbach überquert haben, gabelt sich der Weg. Wir wandern links bergauf und bleiben auf dem breiten Schotterweg. Die Orientierung ist ab hier einfach, ebenso die Beschaffenheit des Weges. Allein die Wegstrecke von gut 6 km gilt es zu bedenken, weil ein Ausstieg aus der Ziel-

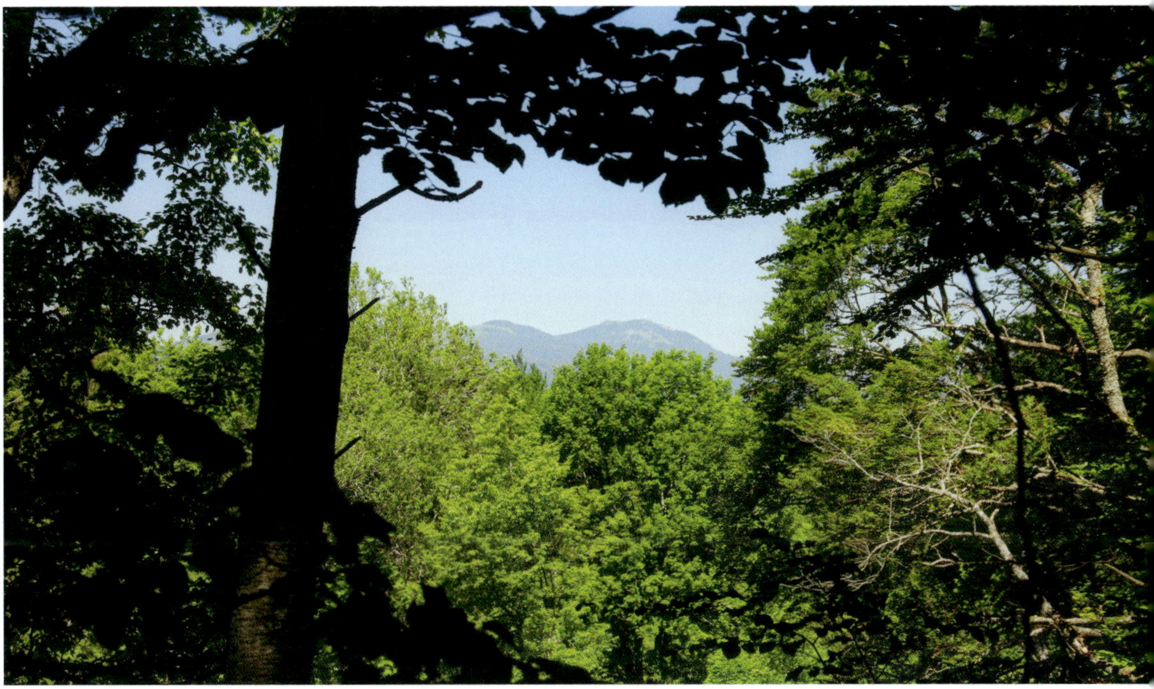

Wie durch ein Fernrohr aus Blättern zielt das Auge auf den Großen Arber.

wanderung nicht möglich ist. Markierung Nr. 1 begleitet uns durch den zunächst noch jungen Fichtenwald. Zwei Abzweigungen lassen wir in der Folge links liegen und spazieren unter hohen Fichtenkronen weiter Richtung Altposchingerhütte. Dort öffnet sich eine weite Aussicht über Weideflecken. Am Horizont erhebt sich stolz die Südseite des Großer Arbers. Unter dem Blätterdach einer Allee queren wir die Wiese. Einen Kilometer weiter zweigen wir an der Gabelung links ab. Die letzten beiden Kilometer fallen nun steiler in Richtung Frauenau ab. Der lichter werdende Wald gibt immer wieder Blicke nach Frauenau frei, das vor uns im Tal liegt, ebenso wie auf den Großen Arber, der sich hoch darüber erhebt. Wir treffen auf die Bahnhofstraße und folgen ihr vorbei am Glaspark und dem Poschinger Glaswerk zum Bahnhof in Frauenau.

Glasmuseum

Die Glastradition der Region findet ihren Widerhall im Frauenauer Glasmuseum. Nur fünf Gehminuten vom Bahnhof entfernt, finden sich dort neben der festen Ausstellung auch Sonderausstellungen (www.glasmuseum-frauenau.de).

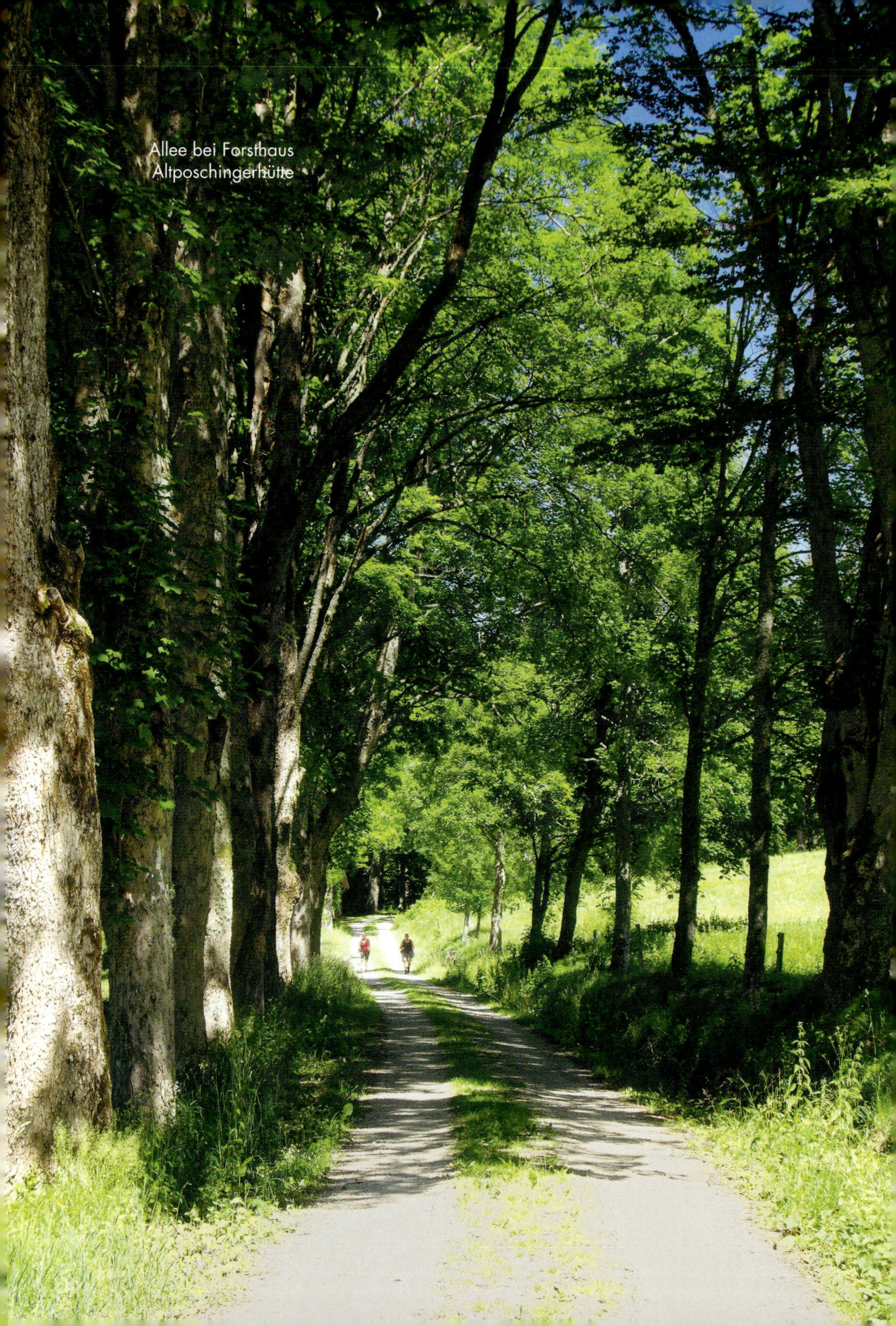
Allee bei Forsthaus Altposchingerhütte

Wichtiges zur Tour

Tourencharakter
Nach kurzem Anstieg zu Beginn stetig abfallende Wanderung auf einfachem Schotterweg mit herrlicher Aussicht zum Arber bei Altposchingerhütte

Ausgangs-/Endpunkt
Bahnhof Klingenbrunn/Bahnhof Frauenau

Anfahrt
Bus & Bahn: Mit der Waldbahn nach Klingenbrunn-Bahnhof; Auto: B 11 nach Zwiesel und über Frauenau Richtung Spiegelau. Bei Althütte links abzweigen nach Klingenbrunn Bahnhof oder auf der B 85 bis Kirchdorf im Wald und dort weiter Richtung Spiegelau. In Klingenbrunn links Richtung Zwiesel, bei Althütte abzweigen nach Klingenbrunn-Bahnhof.

Einkehr
Keine Einkehr am Weg

Karte
Kompass Wanderkarte Nr. 198, Blatt 3

Informationen
Touristinfo Frauenau, im Glasmuseum Frauenau, Am Museumspark 1, 94258 Frauenau, Tel.: (09926) 941 00, info@ti-frauenau.de, www.frauenau.de

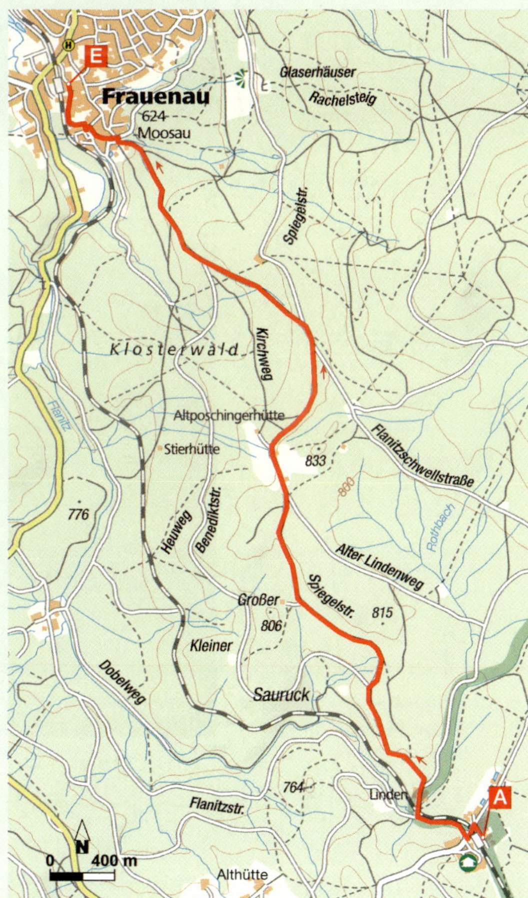

24 Die Große Kadernbergrunde

Rund um den Aussichtsturm bei Schönberg

- mittel
- 2 Std.
- 161 Hm
- 5,1 km

Schönberg: Der Name ist Programm. Hoch über dem Ohetal sonnt sich der schmucke Ort an den Südhängen des Kadernbergs. Vom Aussichtsturm bietet sich uns ein Panorama über den Grenzkamm bis in den Vorwald.

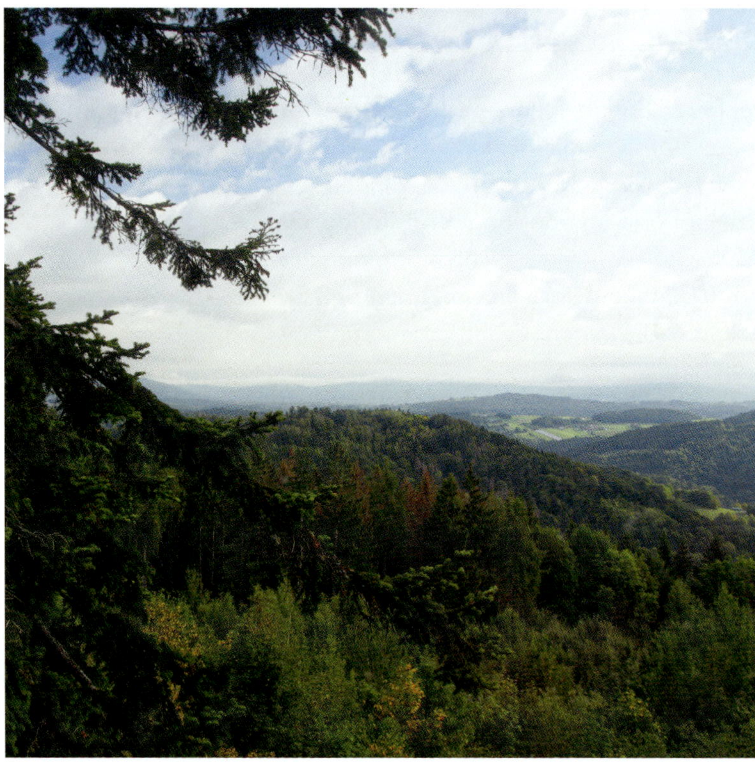

Fernsicht: Der Aussichtsturm wächst 30 m in den Himmel.

Einmal um den Kadernberg Wenige Meter unterhalb des Aussichtsturms beginnt unsere Rundwanderung mit einem Abstieg. Wir laufen die geteerte Zufahrtstraße zum Kadernberg-Aussichtsturm hinunter und treffen auf die Flurstraße, die Schönberg mit Saunstein verbindet. Dort biegen wir links ein und spazieren auf einen Feldweg zu,

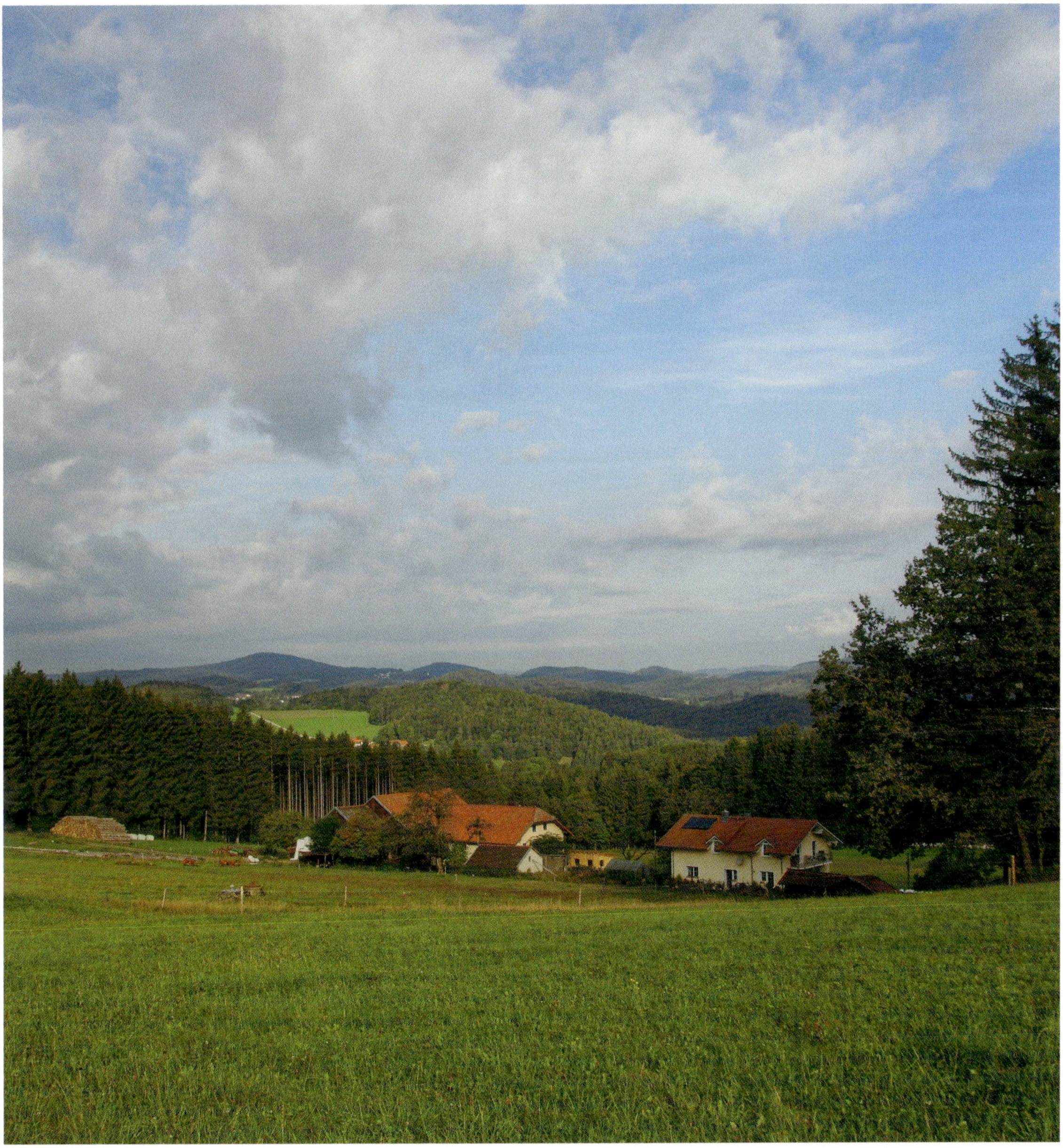

Einödhof am Fuße des Kadernbergs

der in der vor uns liegenden Linkskurve geradeaus übers Feld zum Wald führt. Wir orientieren uns an der Markierung Nr. 4, die uns auf einer Höhe zunächst nördlich um den langgezogenen Buckel des Kadernbergs herumführt. Nach einem Kilometer verlassen wir wieder den Wald und wandern aussichtsreich an der Südwestseite des

Bergs zurück nach Schönberg. Die Markierung führt uns entlang der Deggendorfer Straße, bis wir oberhalb des Marktplatzes links in die Regener Straße einbiegen. Nach 200 m zweigt links die Stichstraße »Am Kadernberg« ab. Sehr steil geht es auf Teer hinauf zum letzten Haus, danach flacht der Waldweg ab. Etwas verwundert passieren wir eine etwa 3 m breite Steinmauer mitten im Wald. Eine Tafel klärt uns auf: Wo heute wieder Wald steht, gab es Ende der 1940er- bis in die 1950er-Jahre eine Naturskisprungschanze. Gesprungen wird heute nicht mehr … aber gefahren! Wir überqueren nämlich wenig später die Skipiste und haben kurz danach den Parkplatz am Aussichtsturm wieder erreicht. Nach dem Motto »Das Beste zum Schluss« steigen wir nun den Turm hinauf. Obwohl mit einer Holzwand umbaut, ist der Treppenaufgang im Inneren luftig, aber gut gesichert. Doch schon die Aussicht von einem Fenster im zweiten oder dritten Stock lohnt allemal. Und dann wartet ja noch eine Einkehr im Turmstüberl »Kadernberg Hütt'n«.

Volksfest in Grafenau

Nicht weit von Schönberg entfernt liegt mit Grafenau die älteste Stadt des Bayerischen Waldes. 1255 wurde sie erstmals erwähnt. Nicht ganz so alt, aber eines der ältesten Volksfeste des Bayerischen Waldes ist das Grafenauer Waidla Fest. Immer Anfang Juli wird neben Rummel auch Handwerkliches und Trachtiges feilgeboten.

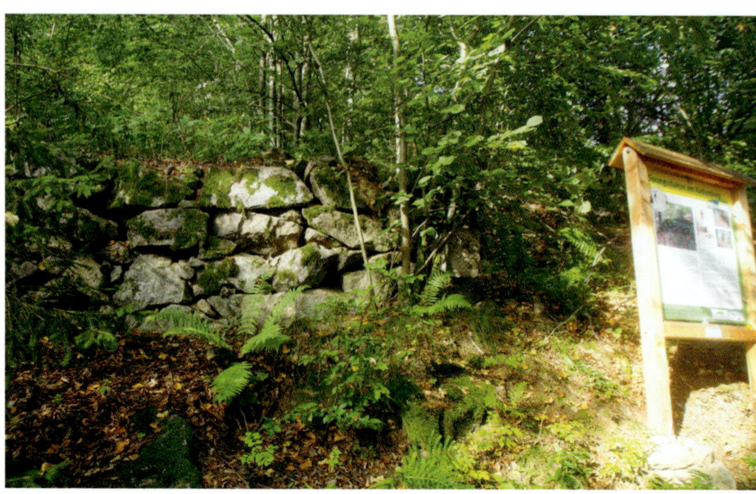

Kein Steinhaufen: der Schanzentisch einer alten Skisprungschanze

Wichtiges zur Tour

Tourencharakter

Einfacher Rundweg mit einem kurzen, aber steilen Anstieg auf dem Rückweg zum Parkplatz

Ausgangs-/Endpunkt

Parkplatz am Aussichtsturm

Anfahrt

Bus und Bahn: Mit der Bahn nach Passau und weiter mit dem Bus nach Tittling; Auto: A3 Ausfahrt Hengersberg und auf der B533 Richtung Grafenau, Abfahrt bei Schönberg. In Schönberg Richtung Saunstein, der Aussichtsturm ist ausgeschildert.

Einkehr

Kadernberg Hütt'n (im Aussichtsturm), Tel.: (0170) 4645055, Mi–Fr 18–2, So 10–18 Uhr

Karte

Kompass Wanderkarte Nr. 198, Blatt 3

Informationen

Touristinfo Schönberg, Marktplatz 16, 94513 Schönberg, Tel.: (08554) 960444, tourist@markt-schoenberg.de, www.schoenberg-bayerwald.de

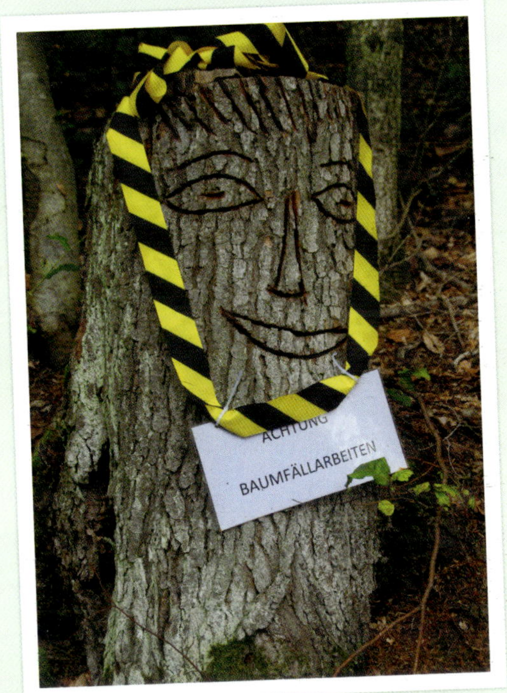

Bei Fällarbeiten meiden auch wir den Weg mit einem Lächeln.

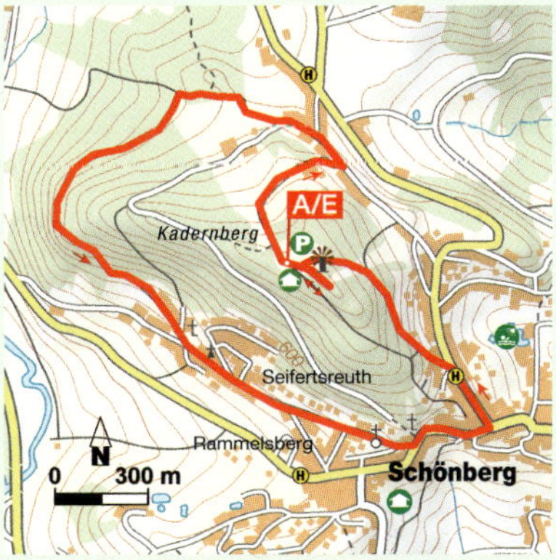

25 Aussichtsturm für Jedermann

Rundwanderweg »Eidechse« in Oberkreuzberg

mittel

2 Std.

157 Hm

5,5 km

Am Nordrand von Oberkreuzberg ragt der Aussichtsturm aus dem Wald. Zur luftigen Aussicht über Rachel und Nationalpark gesellen sich auf unserem Rundweg herrliche Panoramen über Felder, Wiesen und sanfte Hügelketten.

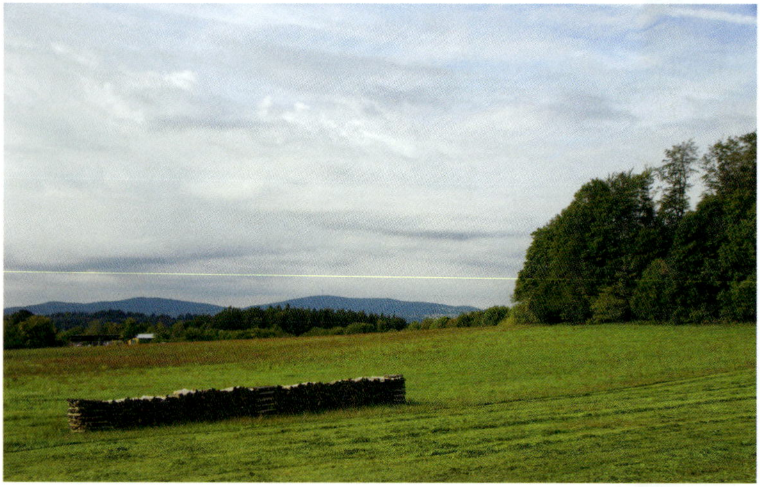

Letzte Maht vor dem Herbst

Los geht's am Aussichtsturm Der Parkplatz im Schatten des Aussichtsturms bildet Ausgangs- und Endpunkt unserer Rundwanderung. Mit einer Holzwand verkleidet und Zwischenböden in den einzelnen Etagen lässt der Turm auch Schwindelanfällige in den Genuss des Panoramas kommen, das vom Grenzkamm bis in den Vorwald reicht. Wir folgen dann der Bergauffahrt hinunter in die Dorfmitte. Dort spazieren wir geradeaus durch die »Kastanienallee«, bis diese in einer Rechtskurve zur Landstraße führt. In dieser Rechtskurve wandern wir geradeaus weiter. Die Flurstraße passiert die letzten Häuser und quert Wiesen und Weiden. Kühe schauen neugierig herüber, um uns he-

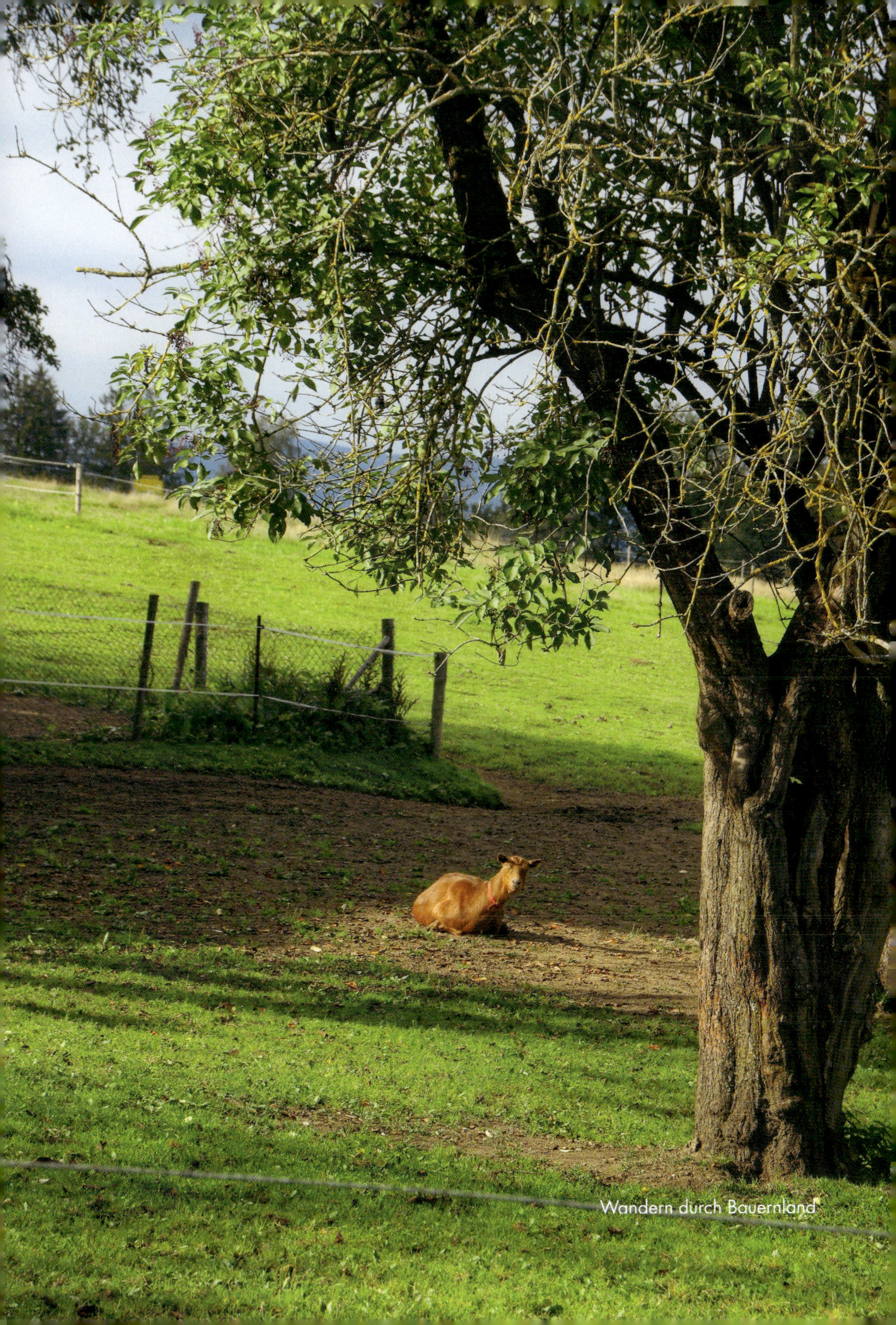

Wandern durch Bauernland

rum genießen wir eine herrliche Fernsicht. Nun deutlicher bergab führt die Straße an einem Wäldchen entlang. Im Tal ist schon die Landstraße zu erkennen, die wir gleich überqueren werden. Dort ist auch die Kläranlage, an der wir vorbeilaufen, ehe wir nach etwa einem Kilometer den Weiler Winkelmühle erreichen. Hier biegen wir rechts bergauf. Der Hungermühlbach und der dichte Wald in dem engen Taleinschnitt halten die Luft kühl. Das geteerte Sträßchen geht in einen Schotterweg über, der im Wechsel von Wald und Feld wieder Richtung Oberkreuzberg ansteigt. Kurz vor dem Ort lädt eine Bank am Waldrand zu einer letzten Rast ein. Danach überqueren wir die Landstraße und gelangen vorbei an Bauernhöfen zur Promenadenstraße. Diese bringt uns rechts zur Dorfmitte, von wo aus es nach links ein steiler, aber nur kurzer Anstieg zurück zum Aussichtsturm ist.

Kurpark Spiegelau

Entlang der Schwarzach, am nördlichen Ortsrand von Spiegelau, liegt der Kurpark. Ein Netz einfacher Spazierwege erschließt das Gelände mit seinen Weihern und Wäldern. In den Sommermonaten ist der Kurpark ein idyllischer, blühender Platz der Harmonie und der Entspannung (www.spiegelau.de).

Über den Baumwipfeln: Aussicht vom 28 m hohen Turm

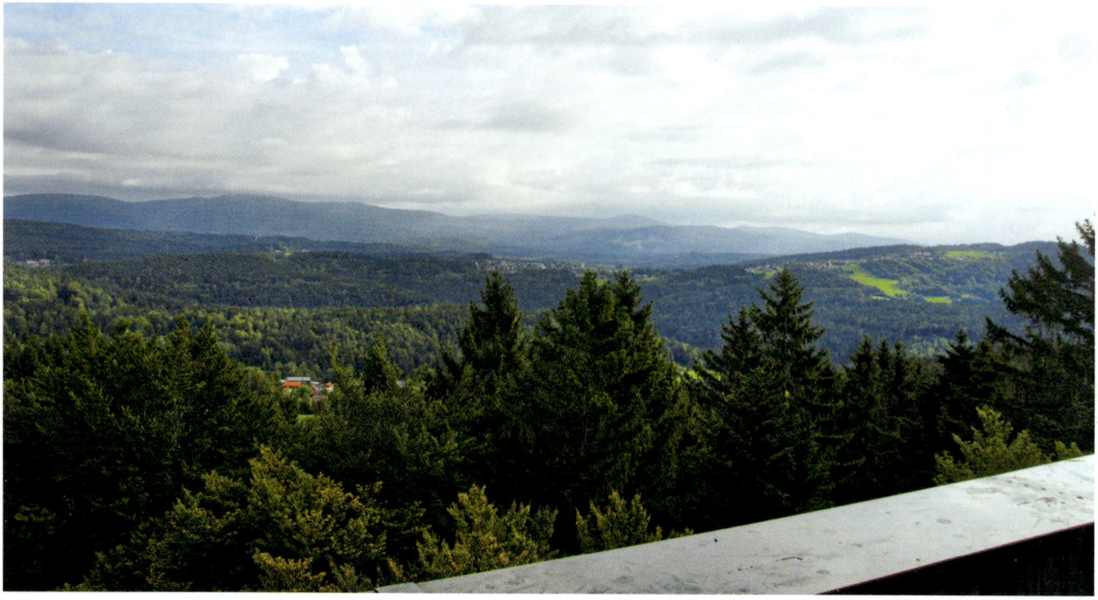

Wichtiges zur Tour

Tourencharakter
Auf einfachen Wegen durch bäuerliches Kulturland, überwiegend auf Teer

Ausgangs-/Endpunkt
Parkplatz am Aussichtsturm

Anfahrt
Bus & Bahn: Mit der Bahn nach Spiegelau und weiter mit dem Bus nach Oberkreuzberg; Auto: B 85 bis Eppenschlag, weiter Richtung Spiegelau, bei Palmberg Abzweigung nach Oberkreuzberg

Einkehr
Hotel Gasthof Grobauer, Kreuzbergstr. 7/8, 94518 Oberkreuzberg bei Spiegelau, Tel.: (08553) 911 09, info@hotel-grobauer.de, www.hotel-grobauer.de

Karte
Kompass Wanderkarte Nr. 198, Blatt 3

Informationen
Touristinfo Spiegelau, Konrad-Wilsdorf-Straße 1, 94518 Spiegelau, Tel.: (08553) 891 91 10, spiegelau@ferienregion-nationalpark.de, www.spiegelau.de

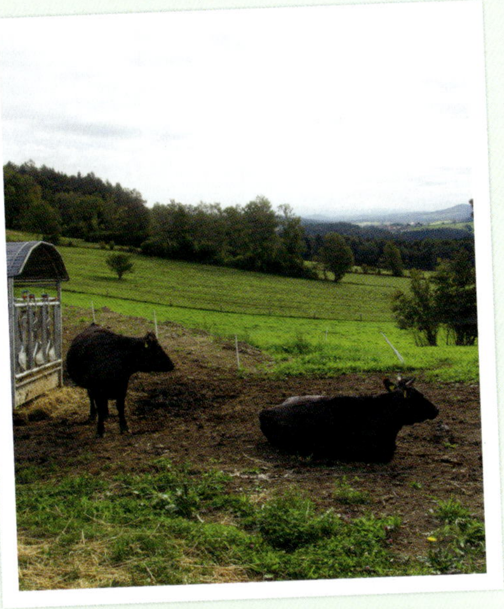

Wiederkäuen mit Aussicht

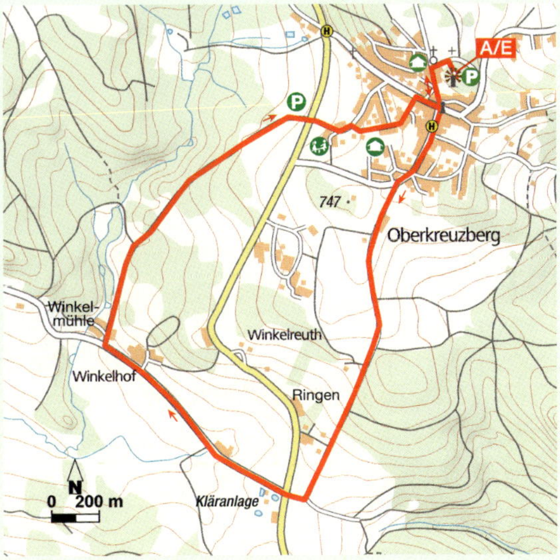

26 Das Tor zum Bayerischen Wald

Panoramaweg hoch über Ruhmannsfelden

leicht

1.30 Std.

66 Hm

4,3 km

Unverhofft kommt oft. Schon am Eingang zum Bayerischen Wald bietet ein Rundweg hoch über Ruhmannsfelden, nur wenige Kilometer hinter Deggendorf, eine prachtvolle und gleichermaßen überraschende Aussicht vom Hohen Bogen bis zum Lusen.

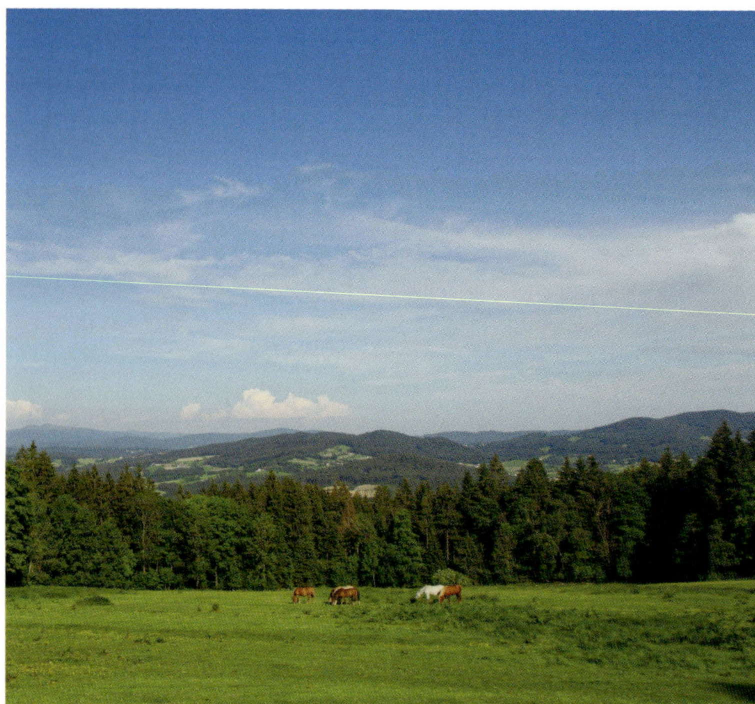

Weiden an den Hängen des Spitzbergs

Von Weiler zu Weiler Mit dem Auto geht es steil hinauf bis zum Ausflugslokal nach Schön. Der Ortsname verspricht nicht zu viel, im Gegenteil – der Weiler empfängt uns mit einem herrlichen Panorama über Kaitersberg und Arber bis hinunter in den Nationalpark zwischen Falkenstein und Lusen. Wir laufen zunächst entlang der Straße

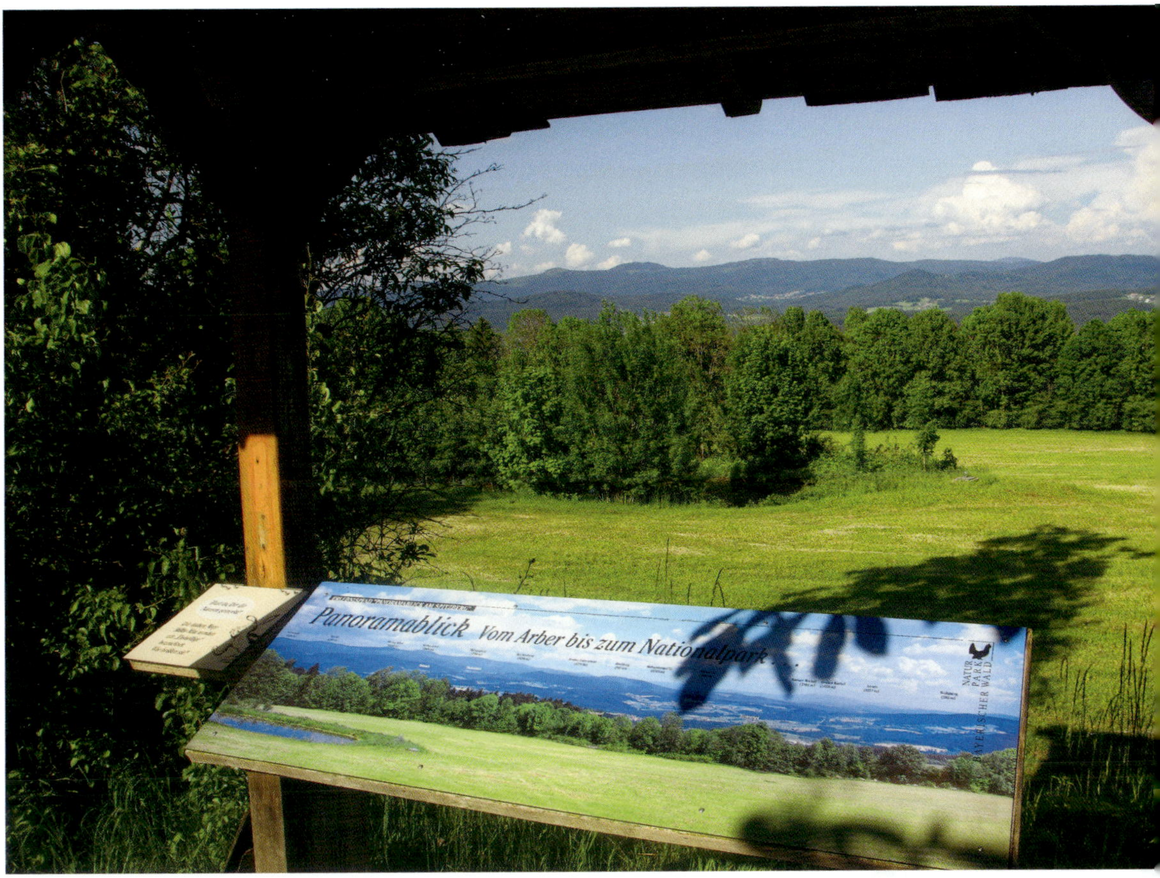

Schon am Tor zum Bayerischen Wald Aussicht bis zum Lusen

Richtung Gasthaus in Zottling und haben ganz nebenbei einen Eindruck von den beiden Einkehrmöglichkeiten am Weg. Ein Stück vor Zottling folgen wir der Markierung »Erlebnispfad Panoramablick« nach rechts. Die nächste halbe Stunde wandern wir auf dem einfachen Feldweg, der teils an Lichtungen entlang, teils durch kurze Waldstücke verläuft. Schließlich erreichen wir eine schmale Flurstraße, die quer über die Wiese aus dem Tal heraufführt. Diese Schneide eröffnet einen schönen Ausblick nach Norden. Wir bleiben auf der Straße nach rechts bergauf

Kultur in Deggendorf

In den Häusern des Deggendorfer »Kulturviertels« bietet die Stadt ganzjährig ein reichhaltiges und abwechslungsreiches Kulturprogramm. Ob Lesung, Vortrag, Theater, Konzert, Filmfest oder Ausstellung – für jedes Alter und jedes Interesse ist immer etwas dabei (www.deggendorf.de).

und biegen nach gut 100 m an der Kreuzung links in die Zufahrt zum Weiler Häuslern ein. Sie leitet uns zunächst durch einen Fichtenwald, schneidet dann eine Lichtung und bringt uns schließlich nach Häuslern. Kurz vor dem Gehöft schert der Panoramaweg rechts von der Straße ab und folgt dem Waldrand oberhalb des Hofes. Eine Bank

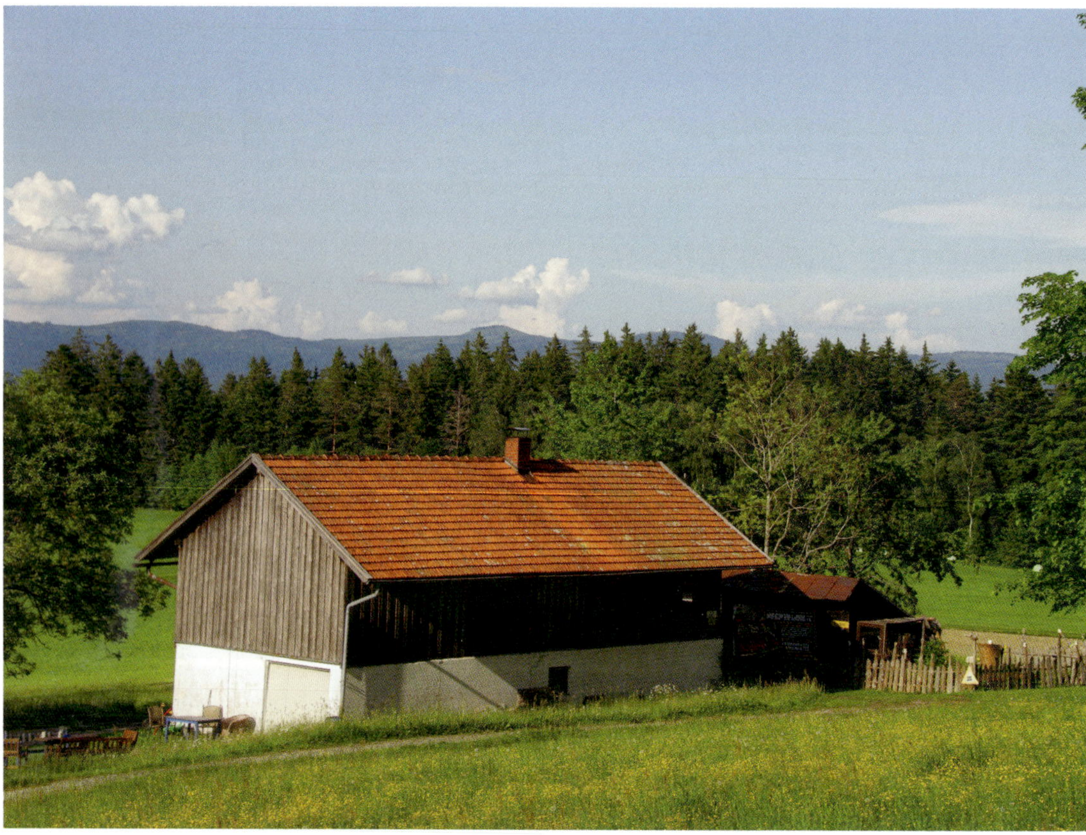

Am Weiler Häuslern

lädt zu einer Rast ein – die Aussicht ist ein Genuss! Am Horizont verliert sich der lange Rücken des Kaitersbergs in den sanften Hügeln des Oberen Bayerischen Waldes. Jenseits des Weilers laufen wir leicht abschüssig um einen Acker herum und biegen bald im spitzen Winkel nach rechts in einen Feldweg. Begleitet von der Fernsicht bis zum Rachel erreichen wir den Weiler Prenning. Auf Teer nehmen wir dann den letzten Kilometer über Steineröd zurück nach Schön.

Wichtiges zur Tour

Tourencharakter
Einfacher und panoramareicher Rundweg ohne große Höhenunterschiede

Ausgangs-/Endpunkt
Schön

Anfahrt
Bus & Bahn: Keine Anfahrt mit Bus oder Bahn; Auto: A 3 Ausfahrt Deggendorf, weiter auf der B 11 nach Ruhmannsfelden und dort an der Ampel links bergauf über Sündweging nach Schön.

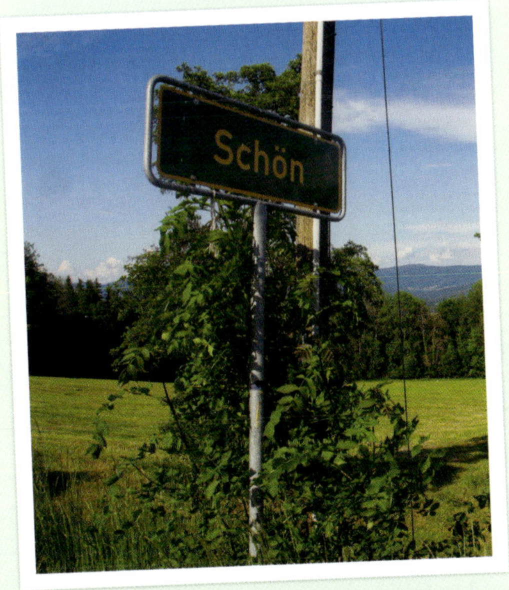

So ist es: »Schön«

Einkehr
Berggasthof Schön, Schön 1, 94265 Patersdorf, Tel.: (09929) 1330, info@berggasthof-schoen.de, www.berggasthof-schoen.de; Berggasthof Zottling, Zottling 1, 94265 Patersdorf, Tel.: (09929) 95900, info@berggasthof-zottling.de, www.berggasthof-zottling.de (Mo Ruhetag)

Karte
Kompass Wanderkarte Nr. 198, Blatt 1

Informationen
Touristinfo Teisnachtal, Am Rathaus 1, 94239 Ruhmannsfelden, Tel.: (09923) 841511, info@teisnachtal, www.teisnachtal.de

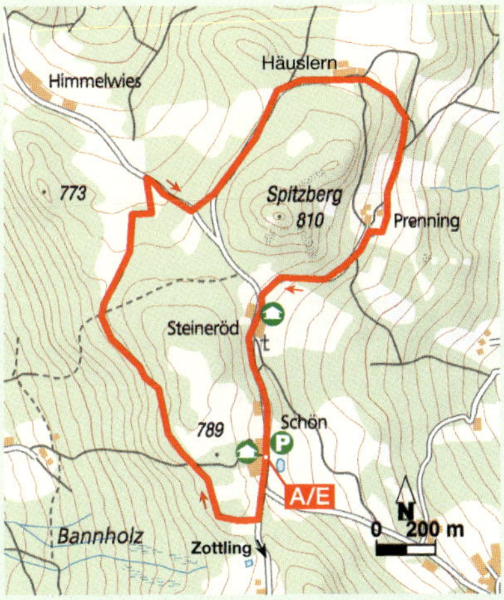

27 Rund um den Lindberg

Panoramaweg nördlich von Perlesreut

- leicht
- 1.30 Std.
- 57 Hm
- 4,2 km

In Reichweite der Ortsmitte von Perlesreut führt ein einfacher Rundweg aussichtsreich um den Lindberg. Der leichte Weg und nur wenig Anstieg machen die Wanderung zu einer panoramareichen Genusstour.

Schöne Rastplätze Von der Pfarrkirche St. Andreas in Perlesreut laufen wir Richtung Oberer Markt (Markierung Nr. 1), biegen rechts in die St. Guntherstraße und kurz darauf links in die Hochstraße ab. Vor uns erhebt sich der Waldbuckel des Lindberg. Sobald wir auf die Landstraße treffen, wechseln wir auf die andere Straßenseite und zweigen rechts in den Feldweg, der parallel zur Landstraße verläuft. Nach 200 m stoßen wir auf eine schmale

Beinahe der Höhenlinie folgend wandern wir um den Lindberg.

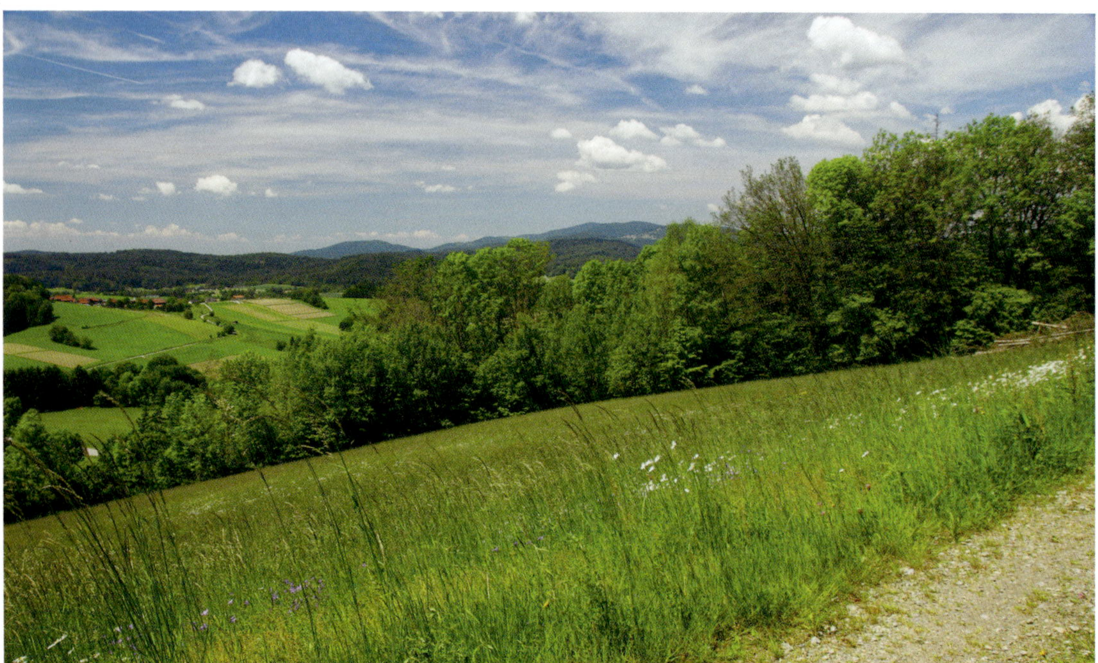

Flurstraße und folgen ihr nach links. Vor uns sehen wir eine kleine Baumgruppe mit einem Feldkreuz und einer Rastbank. Hier biegen wir links in den Feldweg, der Richtung Wald führt. Am Waldrand gabelt er sich erneut. Wir marschieren geradeaus weiter. Zunächst leicht begab, führt der breite Waldweg um die Nordhälfte des Lindbergs herum. Kurz nachdem sich der Wald talseitig lichtet – nach vielleicht 800 m –, biegen wir nach links und gehen ein kurzes Steilstück bergauf. Der Feldweg schmiegt sich an den Waldrand und eröffnet eine herrliche Weitsicht nach Süden und über Perlesreut. Schon bald findet sich links im Schatten des Waldrandes eine Rastbank – ideal, um sich dem Ausblick über die Wiesen und Hügelketten hinzugeben. Weiter geht es dann nicht auf dem Feldweg, sondern auf dem Pfad, der bei der Bank hinter den ersten Baumreihen verläuft. Der Weg wird später etwas breiter und steigt bisweilen leicht an, ist aber immer gut zu gehen. So umwandern wir die Südseite des Lindbergs im Schatten der ersten Baumreihen, die immer wieder schöne Panoramablicke freigeben, und gelangen am höchsten Punkt erneut zu einer Rastbank. Hier lassen wir die Rundwanderung aussichtsreich ausklingen. Schließlich folgen wir dem Feldweg vor uns geradewegs ins Tal zur Landstraße gegenüber der Hochstraße, über die wir zur Pfarrkirche zurücklaufen.

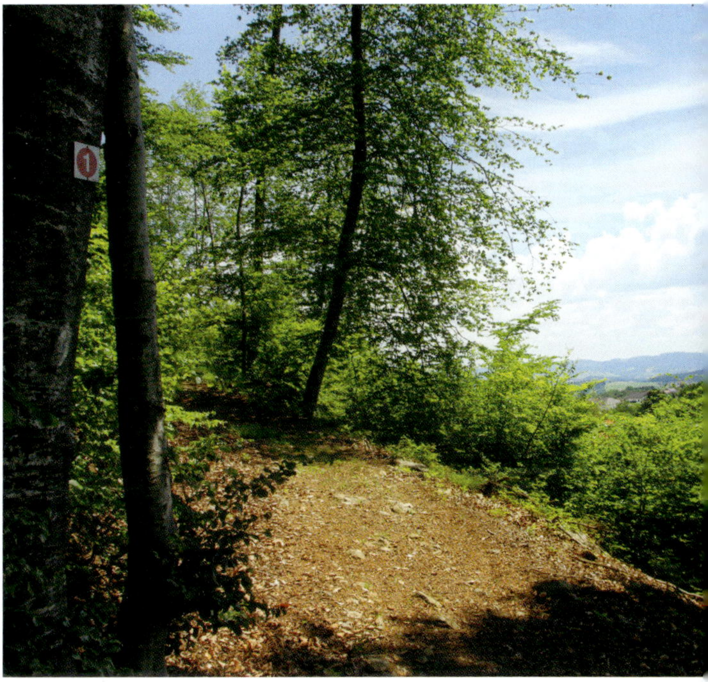

An der Südseite des Lindbergs bricht die Sonne durch das Laub.

Zigarren aus Perlesreut

Seit über 100 Jahren werden in Perlesreut Zigarren hergestellt, handgerollt mit Tabakblättern aus Brasilien, Sumatra oder Kentucky. Interessierte können bei der Herstellung über die Schulter blicken (www.wolf-und-ruhland.de).

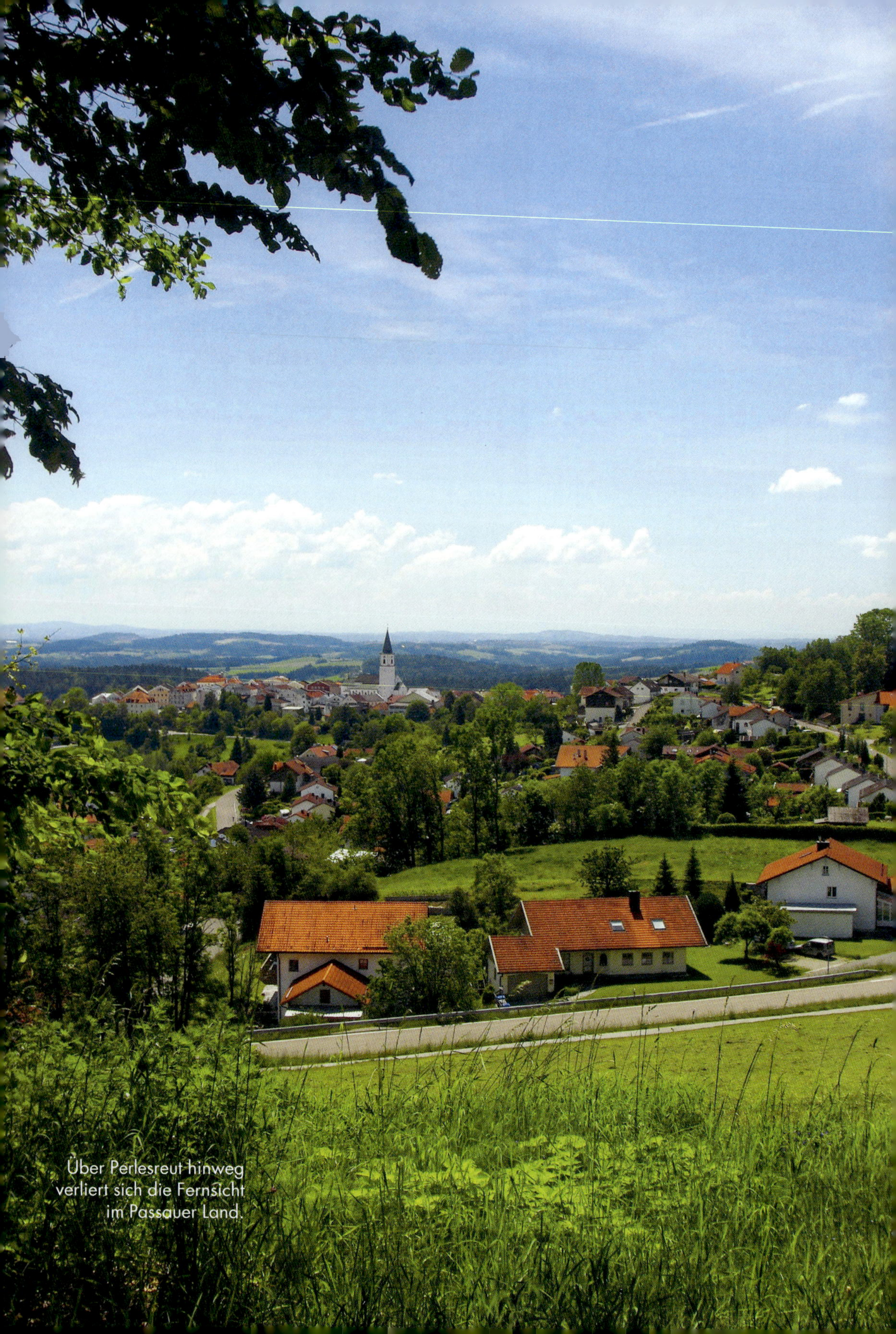

Über Perlesreut hinweg
verliert sich die Fernsicht
im Passauer Land.

Wichtiges zur Tour

Tourencharakter
Am Lindberg meist einfache Waldwege mit herrlicher Aussicht über den südlichen Bayerischen Wald und das Passauer Land

Ausgangs-/Endpunkt
Ortsmitte Perlesreut

Anfahrt
Bus & Bahn: Keine Anfahrt mit Bus oder Bahn; Auto: A3 Ausfahrt Aicha v. Wald, weiter nach Neukirchen v. Wald und auf der B85 Richtung Regen, Abfahrt Tittling und weiter nach Perlesreut

Einkehr
Keine Einkehr auf dem Weg

Karte
Kompass Wanderkarte Nr. 198, Blatt 3

Informationen
Touristinfo Perlesreut, Unterer Markt 3, 94157 Perlesreut, Tel.: (085555) 961910, info@perlesreut.de, www.perlesreut.de

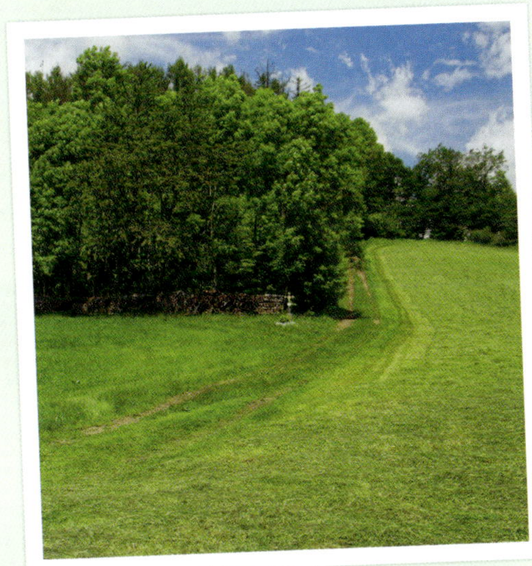

Oben am Waldrand wartet eine Bank mit herrlichem Panorama.

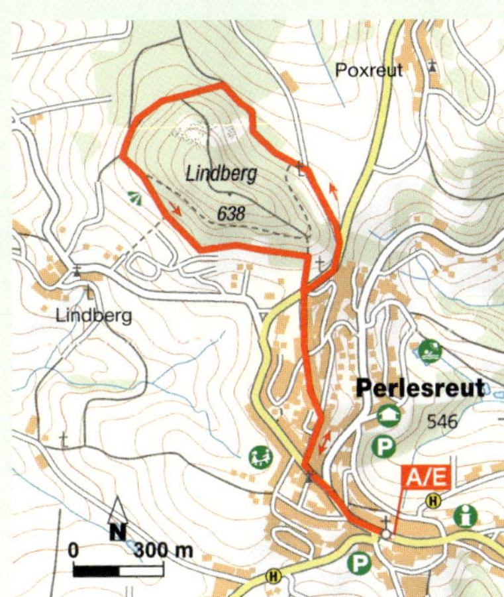

28 Romantischer Ilztalblick

Rundweg vor den Toren von Perlesreut

leicht

1.45 Std.

88 Hm

6,2 km

Westlich und östlich haben Ilz und Wolfsteiner Ohe tiefe Täler gegraben. Eine einfache Wanderung von Perlesreut führt uns zu einem idyllischen Plätzchen mit einer Aussicht über das Ilztal, die bis zum Horizont reicht.

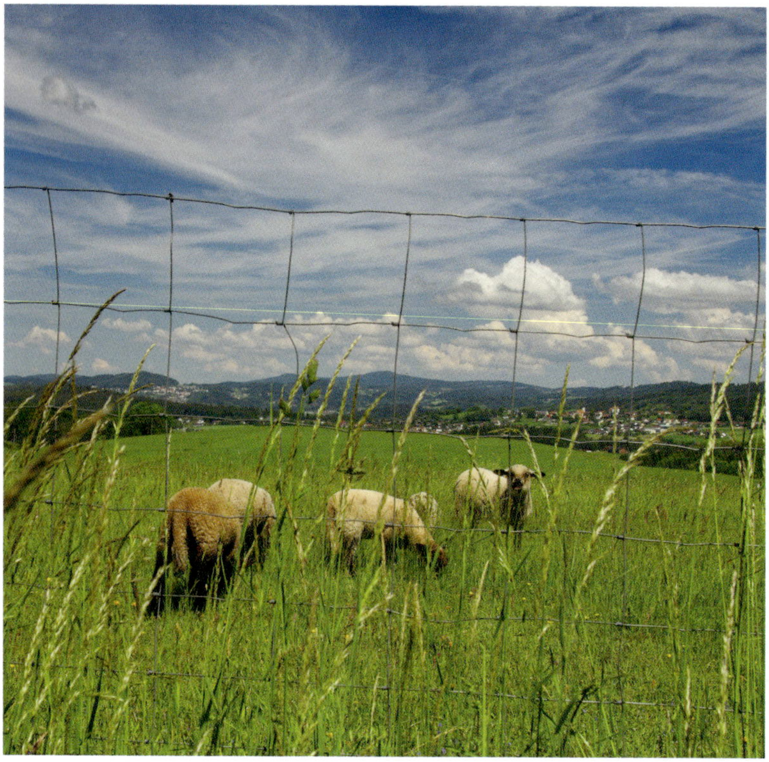

Zum Ilztalblick ist es nicht mehr weit.

Der Ruf des Ilztals Unsere Rundwanderung ist überwiegend nicht markiert, aber trotzdem einfach zu finden. Der Obere Markt in Perlesreut führt uns bergauf bis zur Abzweigung links in den Kranzlweg. Nach einer Rechtsbiegung mündet er in einen Feldweg, auf dem wir bergab spazieren und die Wiesen queren. Im Tal laufen wir an einem einsamen Gehöft vorbei und durchwandern auf einer geteerten Flurstraße die Senke, die vom Zapfengraben und Waldenreuter Bach durchflossen wird. Links und rechts erstrecken sich Wiesen und herrliche Aussichten, bis wir ein Waldstück erreichen, das uns rechts die Aussicht abschneidet. Wir treffen auf eine Gabelung und folgen der Straße nach links. Nun wieder über das freie Feld leitet uns der Weg nach Süden zum Perlesreuter Ortsteil Kirchberg, wo wir auf die Landstraße stoßen, auf der wir ein kurzes Stück nach links marschieren. Auf der

Ab an den Fluss

Nach dem herrlichen Ausblick muss man natürlich auch einmal am Ufer des Flusses stehen. Nächste Gelegenheit: Fahren Sie zum Gasthaus »Schrottenbaummühle« und verbinden Sie einen Spaziergang am idyllischen Flussufer mit dem Genuss einer fangfrischen Forelle (www.schrottenbaummuehle.de).

Nach einer Senke empfängt uns wieder die Weite des Hügellandes.

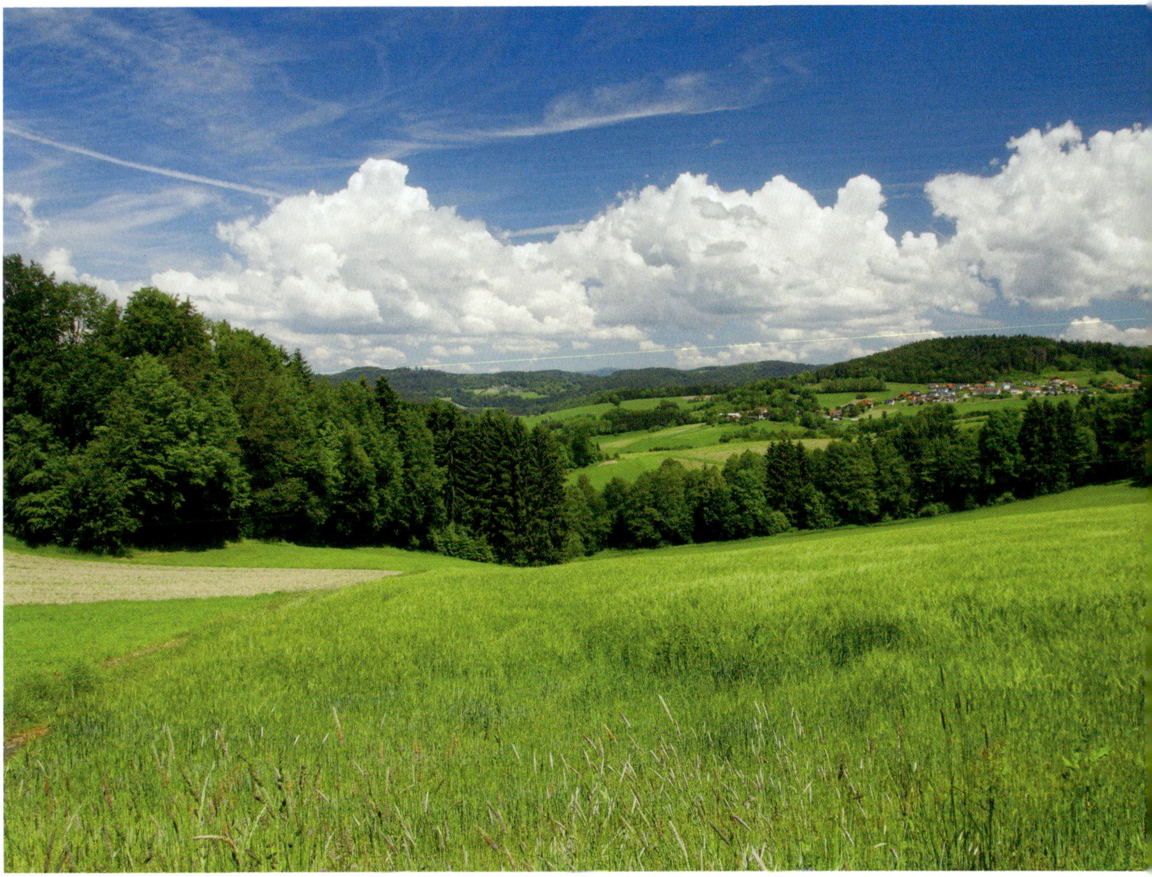

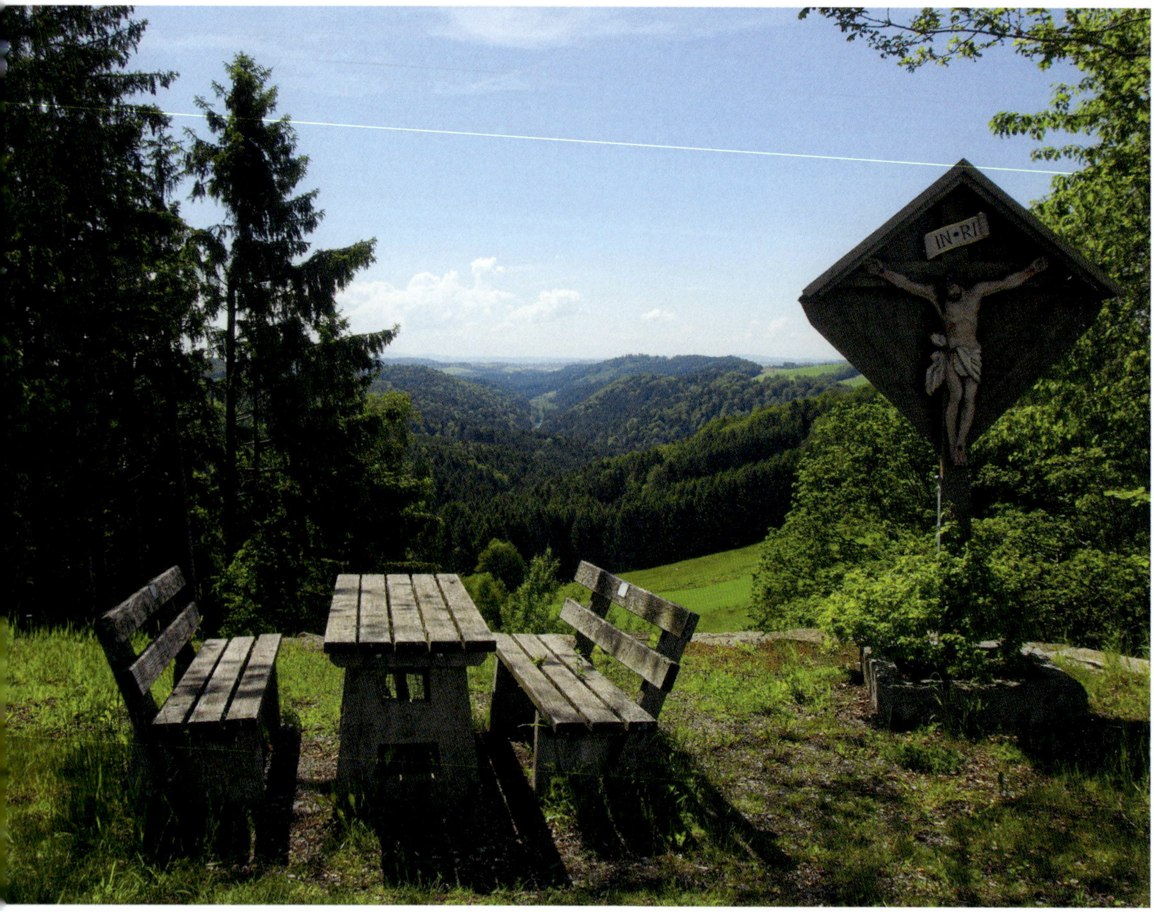

Vor uns gräbt sich die Ilz durch Wald und Tal.

anderen Straßenseite führt die Ortsdurchfahrt nach Kirchberg hinein. Wir nehmen den kurzen Anstieg an der Kirche vorbei und gelangen schließlich zum romantischen »Ilztalblick«. Vom Rastplatz aus können wir den Ausblick in aller Ruhe genießen. Vor uns zieht das bewaldete Flusstal nach Süden, wo sich bei Fürsteneck Wolfsteiner Ohe und Ilz auf ihrem Weg zur Donau vereinen. Die Landstraße hören wir nicht, schon eher die Schafe, die sich auf der Weide hinter uns tummeln. So wie wir hergekommen sind, wandern wir auch zurück zur Landstraße, wechseln dort erneut die Straßenseite und folgen dem Fußweg nach rechts zurück nach Perlesreut. Begleitet von Glasobjekten erreichen wir den Ausgangspunkt in der Ortsmitte von Perlesreut über die Waldenreuter Straße.

Wichtiges zur Tour

Tourencharakter
Einfache Rundwanderung auch bei schlechten Wetterverhältnissen mit traumhaftem Aussichtplatz über das Ilztal

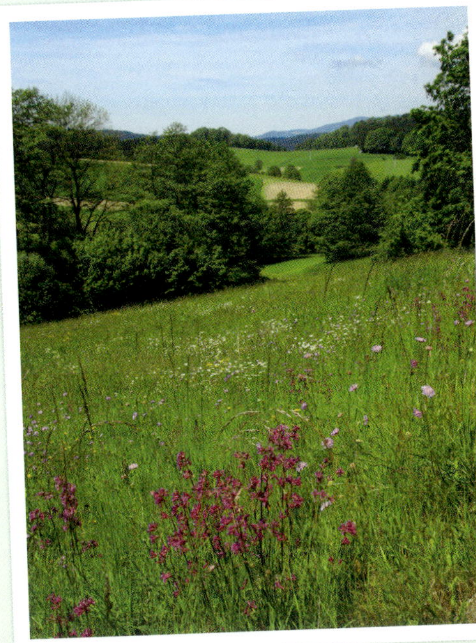

Sommerblüte

Ausgangs-/Endpunkt
Ortsmitte Perlesreut

Anfahrt
Bus & Bahn: Keine Anfahrt mit Bus oder Bahn; Auto: A 3 Ausfahrt Aicha v. Wald, weiter nach Neukirchen v. Wald und auf der B 85 Richtung Regen bis zur Abfahrt Tittling und weiter nach Perlesreut

Einkehr
Keine Einkehr auf dem Weg

Karte
Kompass Wanderkarte Nr. 198, Blatt 3

Informationen
Touristinfo Perlesreut, Unterer Markt 3, 94157 Perlesreut, Tel.: (08555) 961910, info@perlesreut.de, www.perlesreut.de

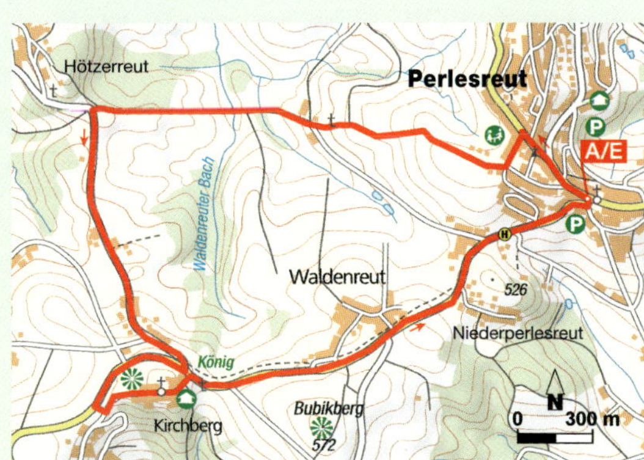

29 Im Herzen des Dreiburgenlandes

Aussichtsreich auf dem Tittlinger Kapellenweg

leicht

2.15 Std.

104 Hm

7 km

Südlich der bekannten Bayerwaldtausender ebbt der Bayerische Wald in die liebliche Hügellandschaft des Passauer Landes ab. Zwischen Ilz und Burghügeln bietet der Tittlinger Kapellenweg herrliche Ausblicke weit über die Region hinaus.

Kapellen und Gipfel Vom Marktplatz und der Pfarrkirche St. Vitus aus verlassen wir die 4000-Seelen-Gemeinde auf der Durchgangsstraße Richtung Süden. Unsere Route folgt der Markierung 10 »Kapellenrundweg«. Sogleich biegen wir rechts in die Färbergasse und erreichen via Insel und Gartenstraße die Passauerstraße. Hier geht es zu-

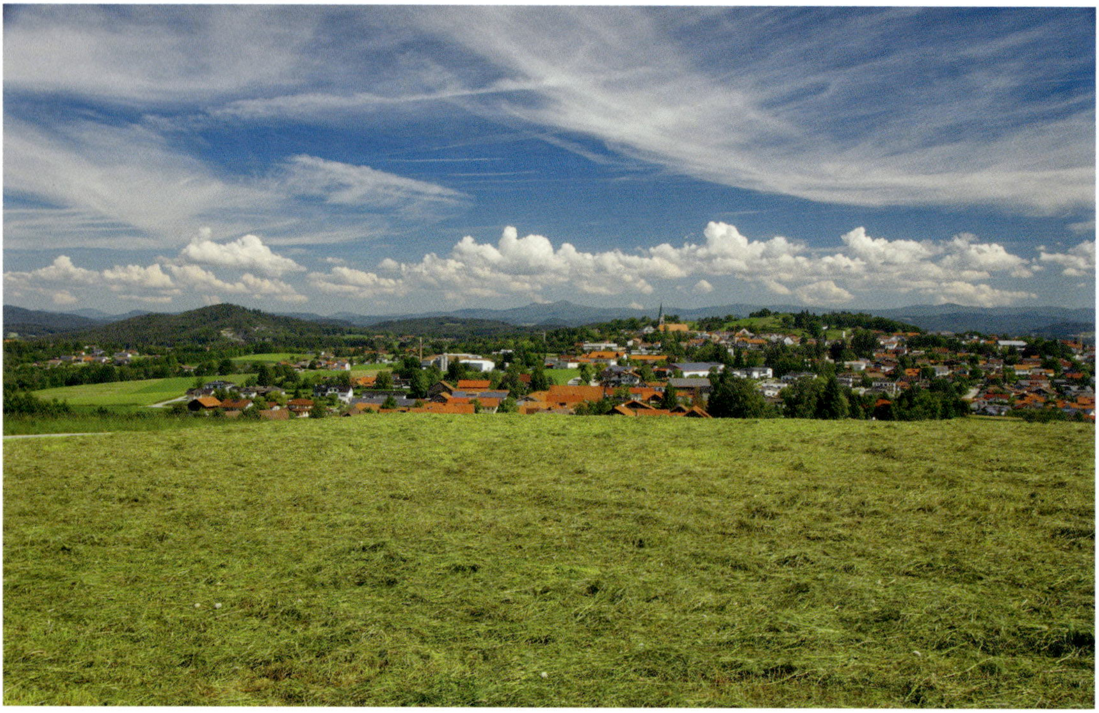

Vielleicht sieht so Freiheit aus.

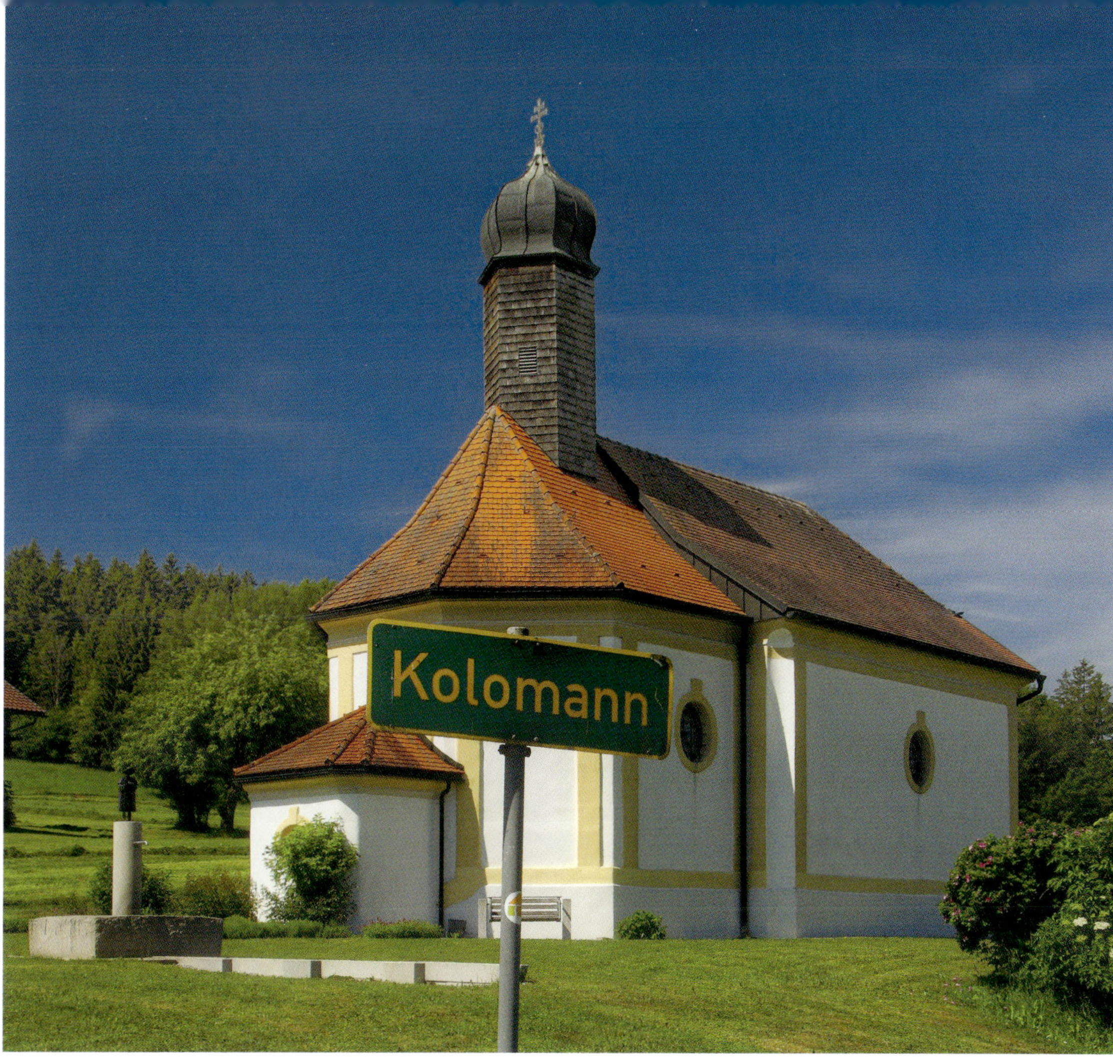

nächst rechts weiter nach Preming, wo wir am Ortsende links in die Pretzer Straße einbiegen. Nach wenigen Schritten halten wir uns rechts und wandern den Berg hinauf. Quer über Wiesen und Felder erreichen wir nach 500 m die Preminger Höhe. Im Schatten einer Baumgruppe erwarten uns ein Kreuz und ein Rastplatz – und eine Aussicht, wie wir sie nicht für möglich gehalten hätten. Obwohl wir nur auf 538 m Seehöhe stehen, reicht das Panorama über den Brotjackelriegel ins Herz des Bayerischen Waldes zum Arber, zu den Nationalparkgipfeln Falkenstein, Rachel und Lusen sowie dem Grenzkamm folgend über den Dreisessel bis nach Österreich. Links leuchtet weiß die Engelburg über den Baumwipfeln. Wir spazieren nun auf dem Teersträßchen zum Weiler Pretz, wo wir nach rechts der Flurstraße

Wir wandern ein Stück auf dem »Kapellenrundweg«.

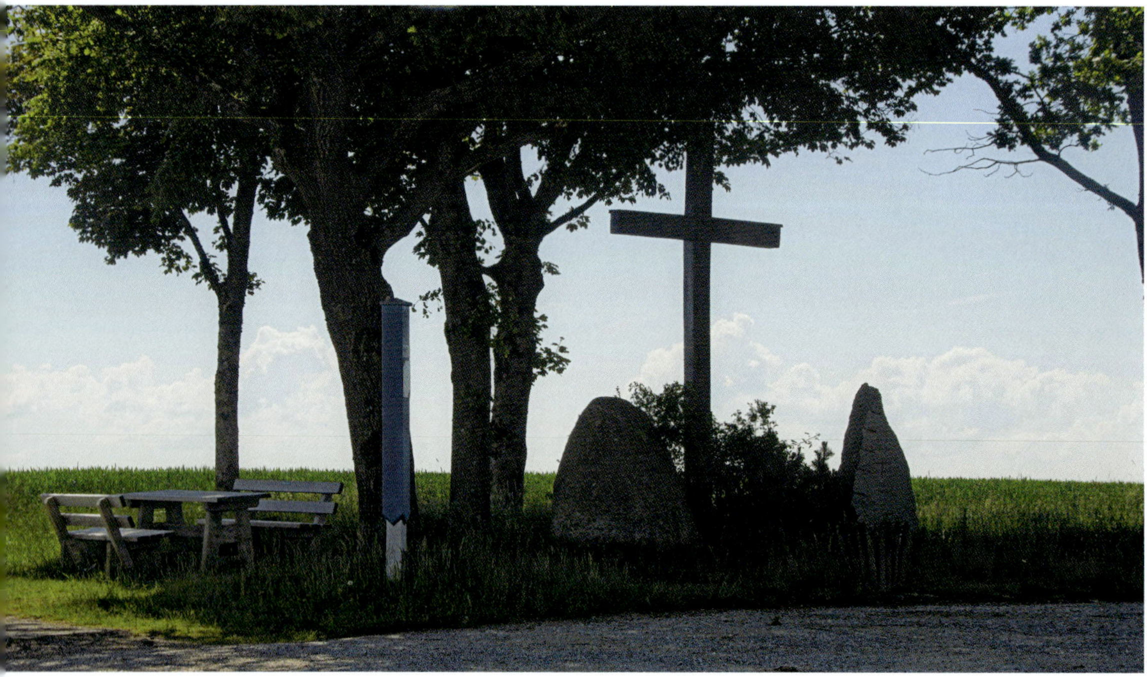

Auf der Preminger Höhe

über eine Kuppe folgen. Danach biegen wir links ab und gelangen nach etwa 200 m auf Schotter rechter Hand zur Kapelle St. Kolomann. Sonnseitig lädt dort eine Bank an der Kirchenmauer zu einer kurzen Rast, aus einem Brunnen sprudelt erfrischendes Nass. Mit der Kapelle im Rücken wandern wir geradeaus durch eine Senke an der Abzweigung vorbei, ehe wir auf eine Gabelung treffen. Der Wegweiser zeigt dort nach rechts, wir kürzen die große Runde jedoch ab, laufen links und erreichen wieder die Stallungen von Pretz, wo wir nun rechts einbiegen. An einer Kapelle vorbei bleiben wir links auf der Pretzer Straße bis zur Gabelung am Ortsende von Preming, wo wir auf demselben Weg wie zu Beginn nach Tittling zurückkehren.

Dreiburgensee

Nur einen Steinwurf von Tittling entfernt bietet der Dreiburgensee ein idyllisches Ausflugsziel und erholsame Abwechslung – egal, ob bei einem kühlen Bad, einer einfachen Seeumrundung oder einer Einkehr am Ufer. Das Museumsdorf in Ufernähe gibt Einblicke in den bäuerlichen Alltag und die Kultur einer fast vergessenen Zeit.

Wichtiges zur Tour

Tourencharakter
Auf überwiegend geteerten Wegen bieten die Hügel des südlichen Bayerischen Waldes überraschende Weitblicke

Ausgangs-/Endpunkt
Marktplatz in Tittling

Anfahrt
Bus & Bahn: Mit der Bahn nach Passau und weiter mit dem Bus nach Tittling; Auto: A3 Ausfahrt Aicha v. Wald, weiter nach Neukirchen v. Wald und auf der B85 Richtung Regen bis zur Abfahrt Tittling

Einkehr
Gasthof Habereder, Marktplatz 12, 94104 Tittling, Tel.: (08504) 91430, info@hotel-habereder.de, www.hotel-habereder.de (Mo Ruhetag, Di–So 9–23 Uhr)

Karte
Kompass Wanderkarte Nr. 198, Blatt 3

Informationen
Touristinfo Tittling, Marktplatz 10, 94104 Tittling, Tel.: (08504) 4010, info@vg-tittling.de, www.ilztal.de

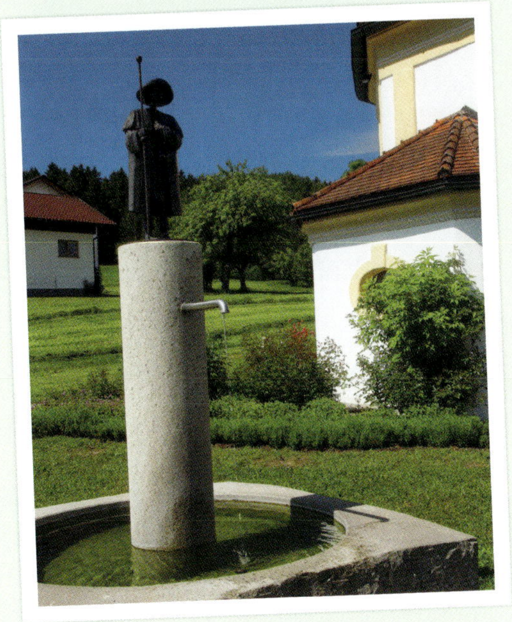

Willkommene Erfrischung

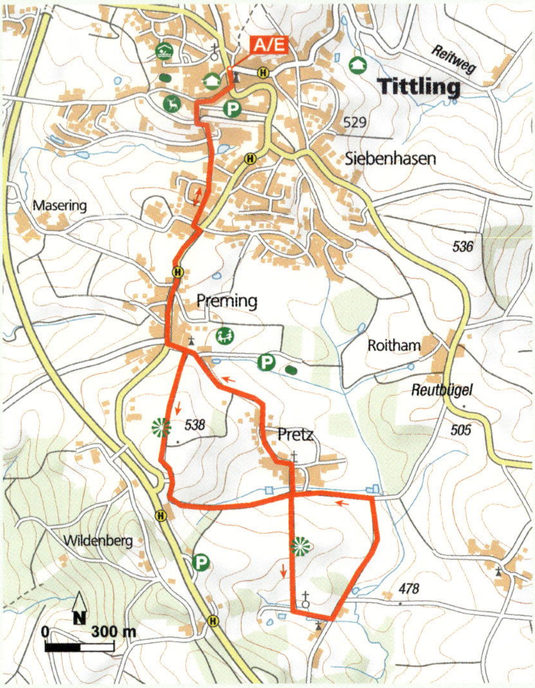

30 Im Sagenreich der Felsentürme

Rundwanderweg auf dem Dreisessel

leicht

1.15 Std.

112 Hm

3,3 km

Die Sage berichtet von drei Prinzen, die ein böses Spiel mit drei Prinzessinnen trieben. Man mag es glauben oder nicht – jedenfalls gibt es kaum einen Ort im Bayerischen Wald, der sich mit seinen bizarren Felstürmen besser als Kulisse für sagenhafte Geschichten eignet.

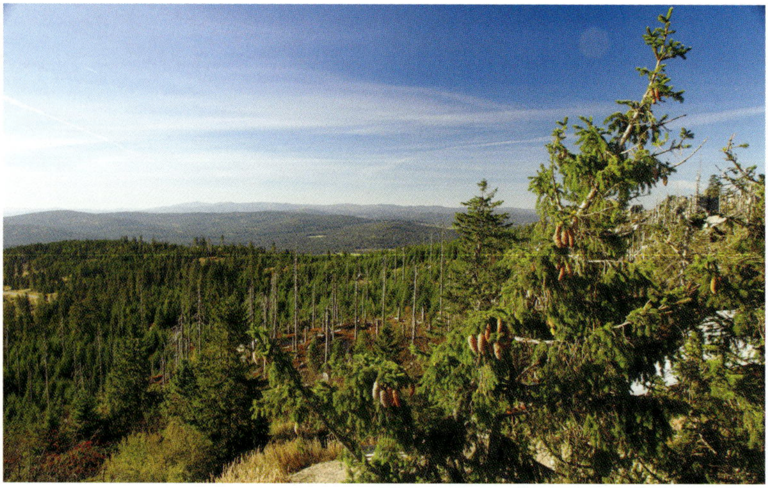

Dank der Bergstraße verlangt uns die Aussicht nicht viel Schweiß ab.

Hinauf auf 1300 m Dank der Bergstraße können wir bis kurz unterhalb des Gifelplateaus hinauffahren. Von dort folgen wir der Zufahrt zum Dreisesselhaus. Schon auf dem Weg hinaus fesselt uns der Blick über das Passauer Land und das angrenzende österreichische Mühlviertel. Der Sturm hat auch hier vor Jahren weite Teile des Waldes umgelegt. Am Ende der weitgezogenen Linkskurve passieren wir Infotafeln und eine Wegegabelung. Hier zweigt der Weg nach rechts zum Bayerischen Plöckenstein und zum Dreiländereck ab, aber wir gehen weiter links und haben nach dem vor uns liegenden Aufschwung das Dreisesselhaus erreicht. Der Weg leitet uns rechts daran vorbei. Vor

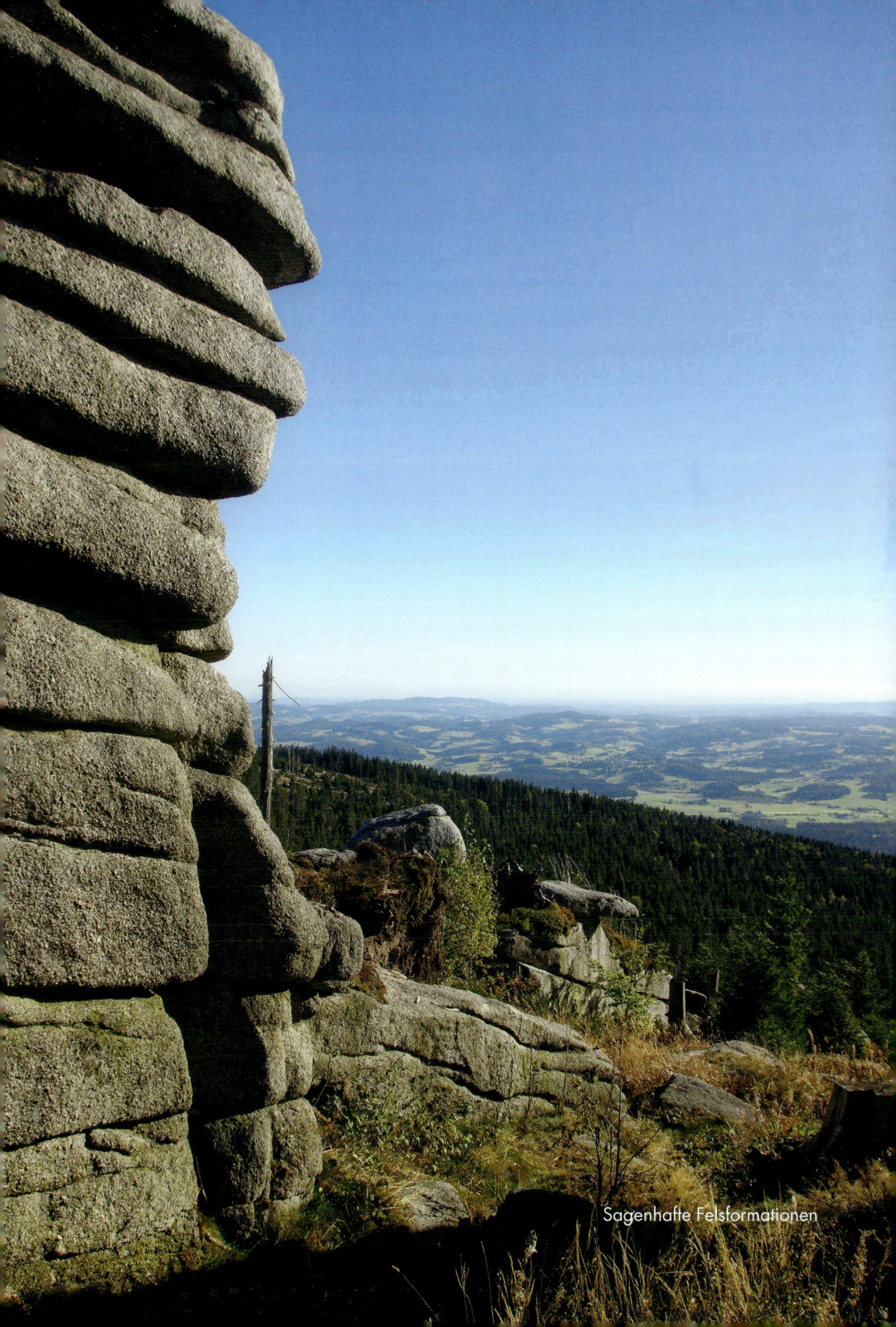

Sagenhafte Felsformationen

uns liegt eine Hochfläche mit skurrilen, mehrere Meter hohen Steinformationen. Rechts reicht der Blick weit bis ins Böhmische. Auf beinahe 1300 m Seehöhe und ohne Wald, der vor Wind, Sonne oder Regen schützen könnte, wandern wir über den breiten Bergrücken bis zum Hochstein, der höchsten Erhebung. Steintreppen führen auf den Felsen, der gut gesichert und deshalb auch für nicht ganz Schwindelfreie »erschwinglich« ist. Grenzkamm, endlose Hügelketten, die sich im Dunst verlieren … das Panorama kennt keine Grenzen. Nach dem Abstieg laufen wir zurück Richtung Berghaus, biegen jedoch auf halber Strecke rechts in den »Winterweg«. Breit und nicht zu steil bringt er uns hinunter zur Bergstraße und weiter unten dann auch wieder durch den Wald. Der Straße folgen wir schließlich nach links bergauf und haben nach wenigen Hundert Metern den Parkplatz wieder erreicht.

Adalbert Stifter

Der Bayerische Wald und Adalbert Stifter: Der Bayerwald-Dichter ist mit der Region rund um den Dreisesselberg eng verbunden. Viele Aufenthalte verbrachte er im Rosenberger Gut in Lackenhäuser, wo ihm ein Museum gewidmet ist. Am Berg erinnert ein künstlerisch gestalteter Wanderweg an den Dichter (www.neureichenau.de).

Die breiten Bergrücken südlich des Dreisessels vereinen Bayern, Böhmen und das Mühlviertel.

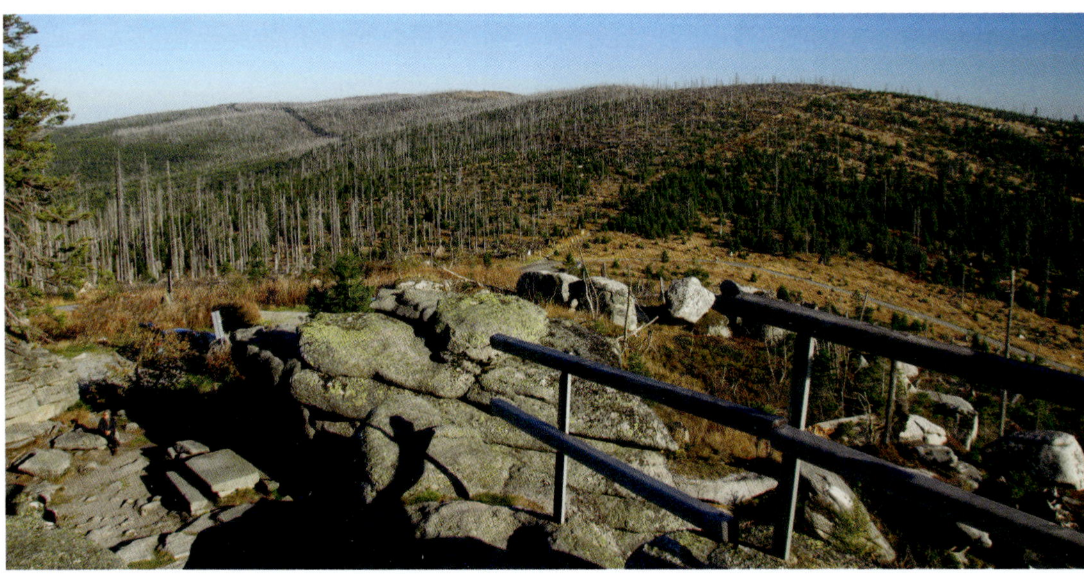

Wichtiges zur Tour

Tourencharakter
Einfache Rundwanderung auf dem Dreisesselberg mit Panorama über drei Länder; kaum natürlicher Wetterschutz

Ausgangs-/Endpunkt
Parkplatz am Dreisesselberg

Anfahrt
Bus & Bahn: Mit der Ilztalbahn von Passau nach Waldkirchen, weiter mit dem Bus nach Haidmühle zum Grenzbahnhof Nové Údolí. Anfang August bis Mitte September verkehrt Sa/So ein Bus der tschechischen Bahn zum Dreisesselberg; Auto: A 3 Ausfahrt Aicha v. Wald Richtung Hutthurm, weiter auf der B 12 nach Freyung und über Waldkirchen Richtung Haidmühle. Die Dreisesselbergstraße zweigt in Frauenberg kurz hinter der Skipiste ab.

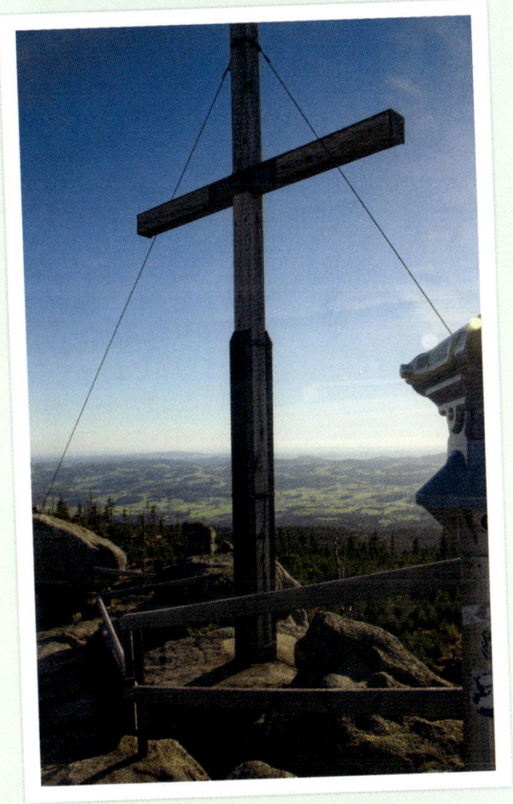

Zum Gipfelkreuz führen gesicherte Stufen.

Einkehr
»Dreisesselhaus« Berggasthof Dreisessel, Dreisesselhaus 1, 94089 Neureichenau, Tel.: (08556) 350, info@dreisessel.com, www.dreisessel.com

Karte
Kompass Wanderkarte Nr. 198, Blatt 3

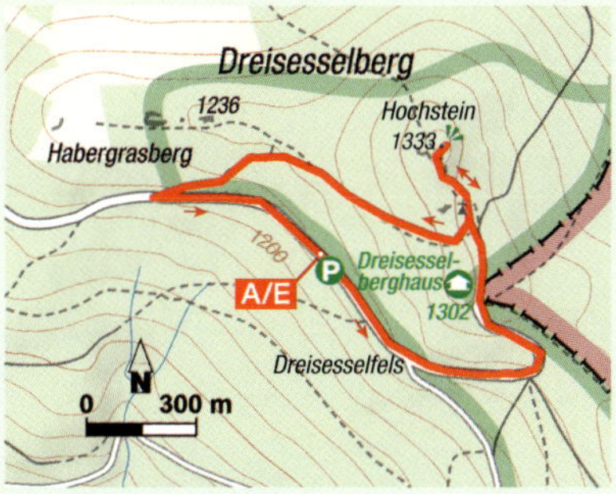

Informationen
Touristinfo Neureichenau, Dreisesselstraße 8, 94089 Neureichenau, Tel.: (08583) 960120, tourismus@neureichenau.de, www.neureichenau.de

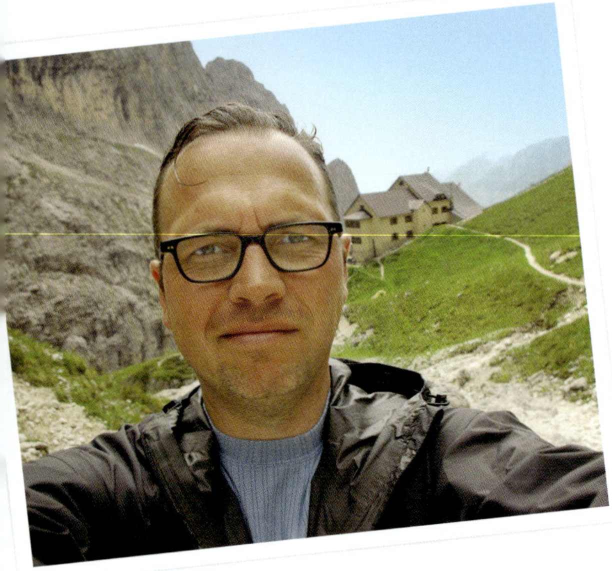

Zugabe

Der Bayerische Wald *ist eine Region der Geschichte und der Geschichten, der Sagen und der G'schichterln! Rau soll es hier sein, das Wetter – und auch das Wesen der Bewohner. Doch nicht alles ist, wie es scheint, und so manches auch übertrieben.*

»Ein halbes Jahr Winter, *ein halbes Jahr kalt.« Warum wird Gleißenberg nahe Furth im Wald dann »Bayerisches Meran« genannt, und warum der Lallinger Winkel die »Obstschüssel Bayerns«? Schneehöhen jenseits der drei Meter gibt es immer wieder, und der steife Ostwind, der »Böhm«, ist kein Gerücht. Doch genauso erfreut uns in den Sommermonaten das milde Klima, und das nicht erst seit der Landesgartenschau in Deggendorf, mit blühenden Gärten, wie etwa dem Klostergarten in Neukirchen beim Heiligen Blut oder dem Kurpark in Bad Kötzting.*

Im Gedenken – *Immer wieder begegnen wir auf unseren Wanderungen sogenannten Totenbrettern. In Reih und Glied, oft neben Wegekreuzen oder Feldkapellen, erinnern sie, einem Grabstein gleich, an die Verstorbenen. Tatsächlich hatten sie aber einen ganz praktischen Grund. Der Verstorbene wurde bis zur Beisetzung auf dem Brett aufgebahrt, und der Volksglaube folgerte, die Seele müsse so lange im Fegefeuer leiden, bis das Brett verrottet ist. So machte man aus dieser Not der Verstorbenen eine Tugend und fertigte das Totenbrett aus Weichholz. Und von ähnlichem Hintersinn getrieben findet sich auf den Brettern oftmals ein ironischer Seitenhieb auf den Verstorbenen.*

Des Teufels Gipfelschatz – *Der Sage nach hat der Teufel einen Goldschatz mit Granitblöcken zugedeckt: dem Lusengipfel. Wenn uns auf der Wanderung bei St. Oswald in der Nachmittagssonne das Blockmeer auf dem Lusen entgegenleuchtet, glaubt man an die Sage: Unter den Granitblöcken muss ganz einfach Gold liegen (Tour 22).*

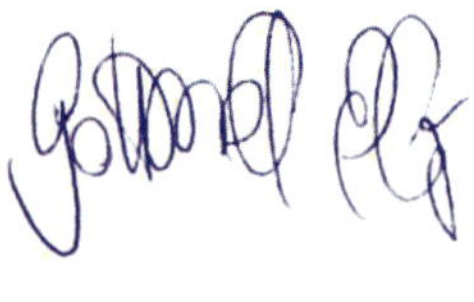

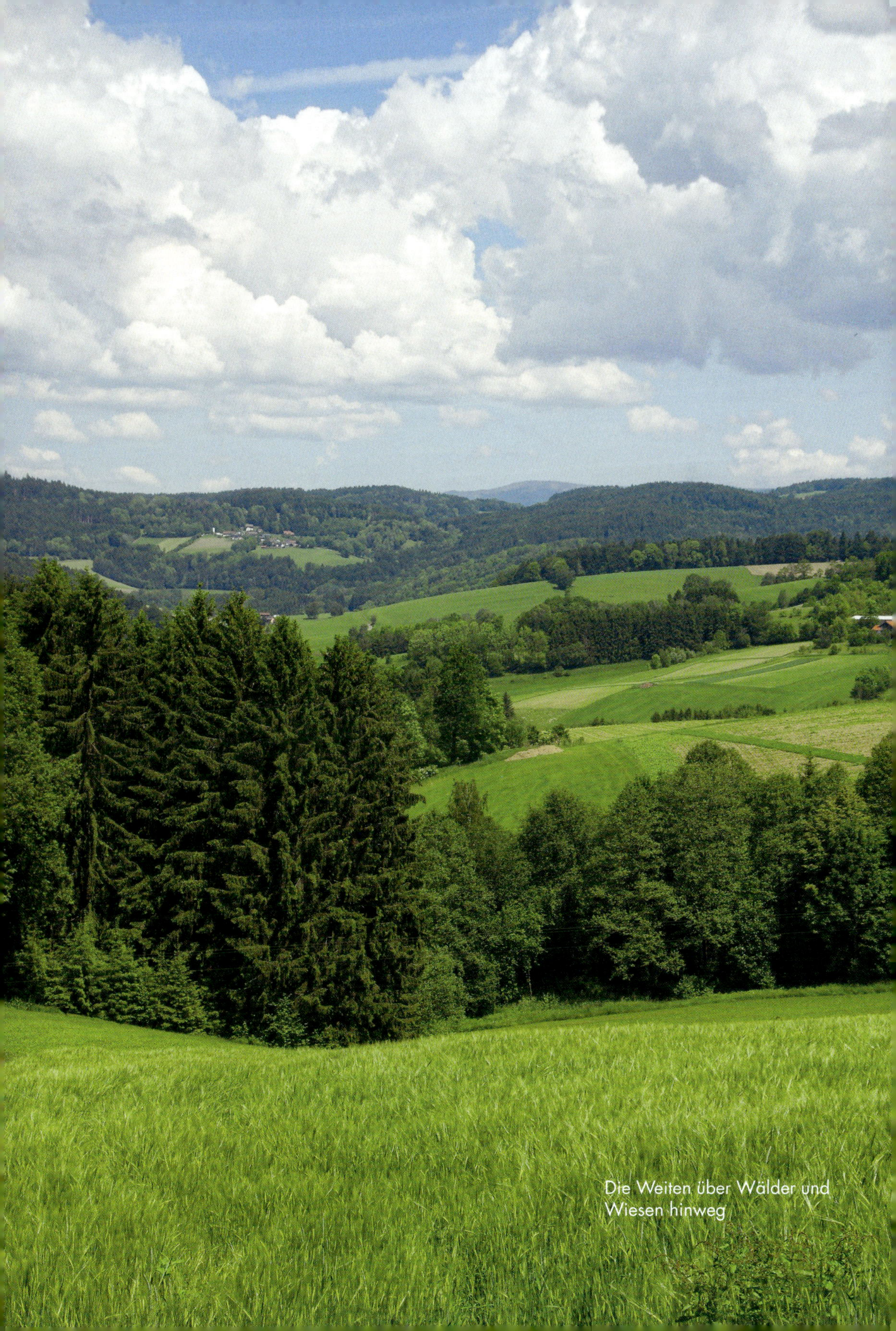

Die Weiten über Wälder und Wiesen hinweg

Register

Z

In gleicher Reihe erschienen ...

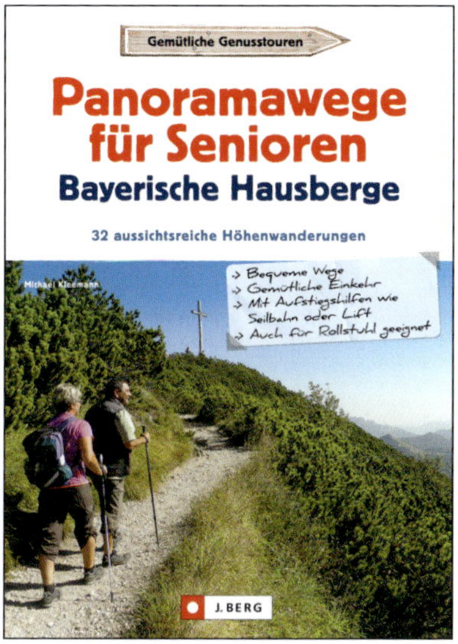

ISBN 978-3-86246-576-7

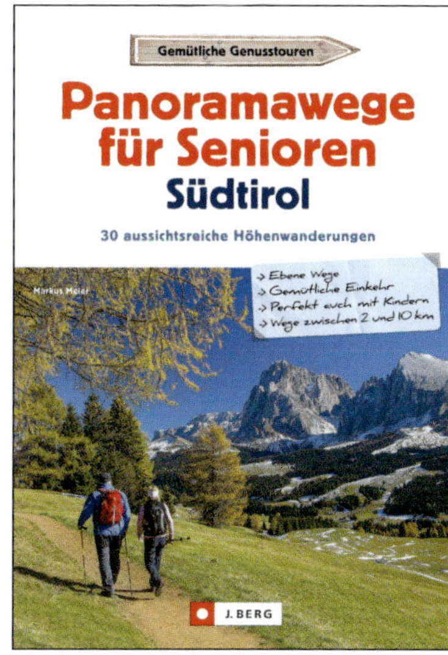

ISBN 978-3-86246-542-2

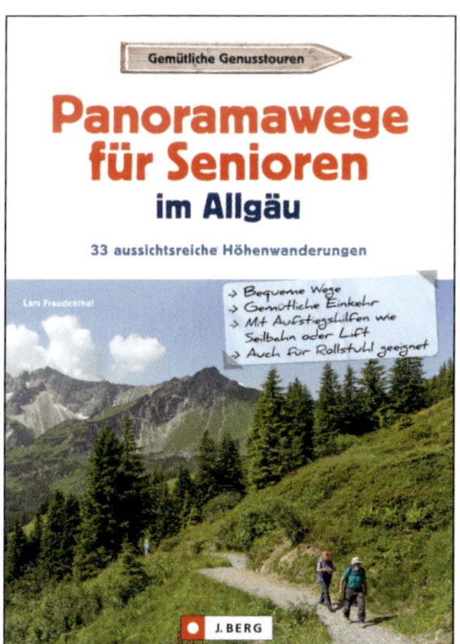

ISBN 978-3-86246-607-8

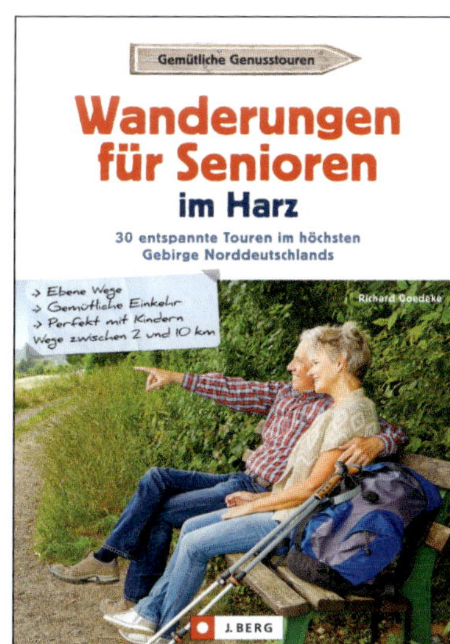

ISBN 978-3-86246-032-8

J. BERG

www.j-berg-verlag.de

Impressum

Verantwortlich: Sabine Klingan
Redaktion und Layout: Verlagsbüro Wais & Partner, Stuttgart
Repro: Cromika
Kartografie: Bruckmann Kartografie, Heidi Schmalfuß
Herstellung: Barbara Uhlig
Printed in Slovenia by Florjancic

★★★★★

Sind Sie mit diesem Titel zufrieden? Dann würden wir uns über Ihre Weiterempfehlung freuen. Erzählen Sie es im Freundeskreis, berichten Sie Ihrem Buchhändler, oder bewerten Sie bei Onlinekauf. Und wenn Sie Kritik, Korrekturen, Aktualisierungen haben, freuen wir uns über Ihre Nachricht an Bruckmann Verlag, Postfach 40 02 09, D-80702 München oder per E-Mail an lektorat@verlagshaus.de.

Unser komplettes Programm finden Sie unter www.j-berg-verlag.de

In diesem Buch wird aus Gründen der besseren Lesbarkeit das generische Maskulinum verwendet. Weibliche und anderweitige Geschlechteridentitäten werden dabei ausdrücklich mitgemeint, soweit es für die Aussage erforderlich ist.

Empfehlung der Redaktion
Sie sind auf der Suche nach weiterführender Literatur? Dann empfehlen wir Ihnen unseren Titel »Leichte Wanderungen Bayerischer Wald«. Oder Sie werfen einen Blick in die Zeitschrift »Bergsteiger«. Hier werden Sie bestimmt fündig.

Bildnachweis: Alle Aufnahmen stammen von unserem Autor Gottfried Eder.

Umschlagvorderseite: Aussicht über das Zellertal (Tour 15).
Umschlagrückseite: **Aussichts-Reich.** Der „Hoderngossnweg" in Neukirchen (Tour 7)

Die Deutsche Nationalbibliothek verzeichnet diese Publikation in der Deutschen Nationalbibliografie; detaillierte bibliografische Daten sind im Internet über http://dnb.d-nb.de abrufbar.

Infanteriestraße 11a
80797 München

ISBN 978-3-86246-688-7